20대＝독립은 끝났다!

20대 = 독립은 끝났다!

리처드 세터스텐, 바버라 E. 레이 지음 · 이경남 옮김

옮긴이 이경남

숭실대학교 철학과와 동대학원을 수료하고 뉴욕 한국일보 취재부 차장과 위원을 역임했다. 현재 인트랜스 소속 전문번역가로 활동 중이다. 옮긴 책으로《파워 오브 투 Power of 2》,《공감의 시대》,《권력의 기술》,《넥스트 그린 컴퍼니》,《내가 다섯 살이 되면》,《슬로 푸드》,《애덤 스미스, 경제학의 탄생》등이 있다.

에코의서재

20대 = 독립은 끝났다!
새로 쓰는 20대의 사회학

1판 1쇄 인쇄일 2012년 6월 15일
1판 1쇄 발행일 2012년 6월 20일

지은이 | 리처드 세터스텐 · 바버라 E. 레이
옮긴이 | 이경남

펴낸이 | 조영희
기획 | 최지아
편집 | 구윤회

펴낸곳 | 에코의서재
출판등록 | 2005년 1월 20일 제300-2005-62호
주소 | 서울시 마포구 서교동 335-16 201호(121-836)
대표전화 | 02-6365-6969
팩시밀리 | 02-6365-6924
블로그 | blog.naver.com/ecolib

ISBN 978-89-92717-27-4 03300
* 잘못 만든 책은 구입하신 서점에서 바꾸어 드립니다.
* 책값은 뒤표지에 있습니다.

NOT QUITE ADULTS

20대는 아직 어른이 아니다

얼마 전까지만 해도 고등학교 졸업 선물로는 단연 '트렁크'라
는 여행가방이 인기였다. 거기에는 나름대로 이유가 있었다. 여행 가
방은 독립성과 자율성을 의미하는 것으로, 어른이'라는 집단에 갓 편
입했음을 알리는 상징적 물건이었다. 가족과 친구와 이웃들이 모아준
돈을 지갑에 넣고, 대학 공부에 필요한 두터운 사전이나 아니면 공장
에서 일하는 데 필요한 작업용 부츠로 무장한 이 고교 졸업생들은 그
여행가방을 들고 이제 세상은 자기가 접수하겠다고 큰소리를 치며 보
무도 당당히 사회에 첫발을 내디뎠다.

이 영어덜트young adult들이 밟는 진로는 정해져 있었다. 첫 번째 정
거장은 대학이나 수습 과정이나 군대였다. 다음 정거장은 일터였다.
그다음은 결혼, 그다음은 아이였다. 결혼하고 아이를 낳는 사이에 집
을 장만했다. 이 모든 과정이 스물여섯 살 전후로 끝났다. 예외가 없

는 것도 아니고 우회하는 경우도 있지만, 대다수 젊은이들에게 청소년기를 마치고 어른으로 들어갈 때까지의 틈새 기간은 짧고 달콤했다. 이 단거리 경주는 평온했던 1950년대의 전형적인 풍경이었지만, 여행 가방을 들고 자립을 향해 달리는 열차의 급행표는 1980년의 고등학교 교실에서도 멀쩡하게 돌아다녔다.

오늘날의 부모나 열아홉 살짜리의 눈으로 볼 때, 성인으로 향해 가는 이런 직선 코스는 언뜻 납득이 가지 않는 풍경이다. 집을 떠나 독립한다고? 그럴 여유가 있는 사람이 몇이나 있는가? 스물두 살에 대학을 졸업하고 직장을 얻는다고? 어림없는 일이다. 스물여섯 살에 결혼하고 아이를 갖는다고? 금시초문이다. 열아홉 살에서 스물다섯 살까지의 요즘 젊은이들 중 절반이 어렸을 때부터 살던 방을 떠나지 못하고 있다. 그러니 직장이니 결혼이니 출산이니 하는 것은 감히 꿈도 꾸지 못할 일이다. 1970년과 비교해볼 때 나이가 찼어도 집을 떠나지 않는 젊은이들이 37퍼센트 증가했다. 스물여섯 살에서 서른다섯 살까지의 젊은이들에게서 흔히 볼 수 있는 이런 현상은 1970년 이후로 139퍼센트 증가했다. 처음부터 집을 떠나지 않는 젊은이가 있는가 하면 나갔다가 다시 들어오는 젊은이도 있다. 어쨌든 이런 젊은이들이 크게 늘었다는 사실을 보면, 성인기로 접어드는 과도기가 얼마나 길어졌는지 짐작하기 어렵지 않다. 이제는 졸업 선물로 GPS(위성항법장치)를 사줘야 할 판이다. 성인으로 가는 길을 알려주는 표지판들이 거의 다 사라졌으니 말이다.

어떻게 된 일일까? 신문 방송의 말대로라면 이런 변화는 요즘 영어덜트들이 너무 응석받이로 자란 데다 힘든 일이라곤 겪어보지 못했기 때문에 나타난 현상이다. 어디를 가나 버릇없고 제멋대로인 요즘 영어덜트들은 어른이라면 마땅히 져야 할 막중한 책임은 일단 피하고 보려는 발육 부진 피터팬이다. 15년 전만 해도 스무 살이 넘으면 더는 본가本家에서 살 수 없었다. 바퀴가 득실거리는 아파트에 살며 라면으로 끼니를 때운다 해도 도리 없는 일이었다. 그래도 그들은 이를 악물고 허리띠를 졸라맸고, 결국 살아남았다. 요즘은 본가에서 서른 번째 생일을 맞는 젊은이들도 적지 않다.

그러나 그렇게 쉽게 젊은이들을 매도할 일은 아닌 것 같다. 좀 자세히 들여다보면 훨씬 더 복잡한 사연이 숨어 있다. 이제부터 그 사연을 들춰내려 한다. 언론 매체들은 요즘의 영어덜트들을 버릇없는 게으름뱅이로 단정하면서, 아이들을 독립시키지 못하는 것을 은근히 부모 탓으로 돌리곤 한다. 그러나 그렇게만 볼 것도 아니다. 실제로 영어덜트들이 독립하지 못하는 것은 교육, 일, 사랑, 가정, 국가를 바라보는 그들의 시각이 많이 달라졌기 때문이다. 인도네시아에 있는 나비 한 마리의 날갯짓이 뉴욕에서 천둥번개를 부르는 것처럼, 지난 수십 년 동안 어디에선가 벌어진 사건과 사고가 이 같은 폭풍을 불러왔다.

그래서 요즘의 고등학교 졸업생들은 성인기로 들어서기 전에 좀 더 신뢰할 수 있는 진로를 찾아 먼저 갖춰야 할 것부터 준비했다. 언제 집을 떠날지, 대학을 얼마나 오래 다녀야 할지, 언제 결혼하고 정착할지 등을 규정했던 오래된 법규집을 이들은 철저히 무시했다. 그리고 지금도 새로운 법규집은 계속 만들어지고 있다. 따라서 젊은이들과 그 가족들이 헤쳐나갈 길은 여전히 불확실하고 불투명하다. 준비가 덜 된 상태로 이런 도박판 같은 세상에서 경쟁을 벌여야 하는 영어덜트들에게 이 시기는 특히 위험한 고비다.

요즘 아이들은 버릇없는 게으름뱅이?

이 책을 통해 우리는 먼저 영어덜트들을 바라보는 잘못된 인식부터 바로잡으려 한다. 아울러 그 과정에서 더 길어지고 우회적이 된 성인으로 가는 길을 두고 우리가 우리의 자식과 나누는 대화의 내용이 바뀌었으면 하는 마음이다. 대부분의 뉴스가 편견을 가지고 아이들을 부정적인 쪽으로만 이야기하는 탓에, 그런 뉴스를 접하는 부모들은 개인적으로 패배감을 떨치지 못한다. 어쨌거나 아이들이 날갯짓을 해대며 둥지를 떠나도록 준비시켰어야 하는 것 아닌가 자책하며, 부모로서 해야 할 중요한 역할을 제대로 해내지 못했다고 생각한다. 자신이 어떤 유형의 부모인지 따져보고, 아이들을 너무 오냐오냐 키우지는 않았는지 갸우뚱한다. 머리가 다 큰 아이들을 너무 늦게까지 끼고 있다고 자책하거나, 다 큰 녀석들이 미안한 기색도 없이 뻔뻔스레 집으로 다시 들어온다고 탄식한다. 다이애나 웨스트Diana West가 쓴 《어른의 죽음The Death of the Grown-Up: How America's Arrested Development Is Bringing Down Western Civilization》은 부모를 직접 겨냥하여 죄책감에 불을 질러놓았다. 그러고는 '영원한 젊음'이 어쩌고저쩌고 하며 어른이 되기를 포기한 녀석들이라고 영어덜트들을 비난한다. 아이를 키운다는 것이 결국 '말썽꾸러기를 만들지 않는' 일이었기 때문이다. 결국 성장을 거부하는 젊은 세대를 낳고 말았다는 것이 이런 책들이 내세우는 주장이다.

그러나 실상을 알게 되면 부모들도 죄책감과 수치심을 얼마간 덜어낼 수 있고, 아이들이 헤쳐나가는 20대라는 신세계를 열린 눈으로 바라볼 수 있을지도 모른다. 우리의 바람은 부모들이 이런 열린 시각으로 자식들에게 도움을 줄 수 있는 새로운 전략을 세우는 것이다. 아니면 아이들이 옛날과 다른 방식으로 성인기를 보내는 이유에 대해 적어도 다시 한 번 생각해보는 계기가 되었으면 하는 것이 바람이다. 아울러 앞날을 걱정하고 힘겨운 선택을 해야 하는 젊은이들에게 이 책이 뭔가 조언을 줄 수 있으면 더 바랄 것이 없겠다.

한 가지 우려스러운 점은 젊은이들의 운명이 자신들이 처한 환경에 따라 너무도 극명하게 갈리고 있다는 것이다. 한쪽에는 신중하고 계산적이긴 하지만 여유를 갖고 느긋하게 성인기로 진입하는 집단이 있다. 그들은 양질의 교육을 받고 나중에 그럴듯한 직업을 가질 수 있는 자원을 확보하고 있으며, 어느 정도 생활 기반이 잡힐 때까지 결혼과 출산을 미룬다. 한가롭게 보일지 모르지만 이들은 정확히 제 갈 길을 향해 가고 있다.

또 한쪽에서는 불리한 환경에서 자란 젊은이들이 살려고 발버둥을 친다. 그리고 이들은 규모가 훨씬 크다. 여기에 속한 영어덜트들은 죽어라고 애를 써도 별다른 진전이 없이 늘 제자리를 맴돌기만 한다. 요즘처럼 치열한 경쟁 시대에 별다른 준비도 없이 너무 빨리 성인으로서의 책임을 졌기 때문이다. 환경이 불리한 아이들은 성인기로 넘어가는 시기에 가장 중요한 교육과정을 거치지 못하거나, 아니면 중도에 포기하고 만다. 2005년에 열아홉 살에서 서른다섯 살까지의 젊은이들 가운데 최소한 전문대학도 졸업하지 못한 젊은이가 약 70퍼센트에 달했다. 이런 부류의 젊은이들은 학교를 더 다니고 싶어도 능력이 안 되고, 또 마땅히 지도해주는 사람도 없다. 따라서 그 이상의 교육을 받는다 해도 남들보다 시간이 훨씬 더 들거나 아니면 도중에 그만두고 만다. 그러나 그들은 내세울 만한 '스펙'도 별로 없기 때문에 취업도 마땅치 않다는 사실을 곧 깨닫는다. 그들은 보통 일찍 아이를 낳고, 그 때문에 소중한 꿈을 미루거나 포기해야 한다. 그들은 부모가 그랬던 것처럼 빨리 어른이 되어야겠다고 흉내 내보지만, 부모들이 살았던 시대와 달리 요즘엔 그것도 만만치가 않다.

이런 문제는 빈곤층만의 문제가 아니다. 노동계급 출신 아이들이나 심지어 중산층 아이들에게서도 흔히 나타난다. 이들은 교실과 사무실에서 고개만 돌리면 흔히 볼 수 있는 아이들이다. 이들은 바로 우리 옆집에 사는 아이들이다. 이들은 우리 친구들의 자식이고, 우리의 자식이다. 이들의 행복과 미국의 행복이 지금 위기에 처해 있다. 앞으로 나아가지 못하고 제자리에서 버둥거리는 아이들이 너무 많아지면 국가의 발전이 심각하게 위협받는다. 다음 세대에서 근로자와 부모와 납세자 역할을 할 이들의 3분의 2가 고등교육을 받지 못하고 중산층 진입에 필요한 발판을 확보하지 못한다면, 그 대가는 결국 우리 모두가 치러야 한다. 우리의 미래는 이 젊은이들의 운명에 달려 있다. 우리는 인구 구성비에서 적지 않은 규모를 차지하면서도 사람들의 관심에서 멀어진 이들에게 스포트라이트를 비추고, 유복한 사람과 환경이 불리한 사람들의 운명이 왜 이렇게 완전히 갈리는지, 그리고 그들의 운명이 젊은이 당사자들과 우리 가정과 국가에 어떤 결과를 초래하는지 설명하려 한다.

우리는 젊은이들에 대해 얼마나 알고 있는가?

먼저 그동안 '성인'으로 가는 길목에 서 있던 이정표가 어떻게 변했으며, 왜 변했는지를 살펴보면서 새로 조성되는 경로를 따라가보기로 하자. 우리는 대학과 직장에서 이 세대의 동태를 추적할 것이다. 우리는 그들이 진 빚과 재정 상태를 조사하고 대인 관계와 동거와 결혼으로 이어지는 과정을 살펴볼 것이다. 그리고 젊은이들이 결혼을 미루고 오랜 기간 자유분방하게 살아가게 되면서 그들에게 더욱 중요해진 친구라는 존재를 살펴볼 것이다. 마지막으로 이들이 다음 세대의 유권자이자 우리 사회를 위해 헌신할 자원봉사자이고 시민이라는 점에서 시민으로서의 그들의 공적 생활을 살필 것이다. 그 과정에서 또 우리는 이 세대에 대해 사람들이 갖고 있는 적잖은 그릇된 통념을 깰 것이다.

일을 예로 들어보자. 흔히들 요즘 젊은이들은 근면을 모른다고 비난한다. 노력은 하지 않고 성공에만 눈독을 들이는 세대라고 지적한다. 대수롭지 않은 일을 하는 경우라면 그런 면도 없지는 않다. 특별한 기술이 필요 없는 업무는 성실성이 따로 필요 없기 때문인지 노력하기보다는 꾀만 부리는 경향이 없지 않아 있다. 영어덜트들도 한 직장에서 평생을 보낼 생각은 하지 않는다. 이들은 지금 하고 있는 일을 평생 하게 되지나 않을까 은근히 걱정한다. 그래서 직업이나 직장을 자주 바꾼다.

그러나 자격도 갖추고 있고 자기가 하는 일을 좋아서 하는 근로자도 일에 흥미를 느끼지 못하는 사람들과 마찬가지로 직장과 직업을 자주 바꾸는 경우가 있다. 이렇게 구조조정이 일상화되고 세계화가 심화되어 가는 경제에서는 직업을 자주 바꾼다고 나무랄 일만은 아니다. '스펙'을 갖춘 사람들에게는 그쪽이 실속 있는 전략일 수도 있다. 그래서 그들은 직업 쇼핑job-shopping을 한다. 그러나 지식 경제에서는 유복한 사람이 그렇지 못한 사람보다 유리한 위치에서 협상할 수 있다. 반면에 스펙이 없는 사람들이 직업을 자주 바꾸는 것은 선택이라기보다는 어쩔 수 없어서인 경우가 더 많다. 이들은 흥정을 할 만한 지위에 있지도 않고, 직장을 옮긴다고 보수가 더 나아지는 것도 아니다. 경제적 상황 때문에 어쩔 수 없이 하는 선택일 뿐이다.

직업을 놓고 선택을 할 만한 여유가 있는 사람들은 대부분 교육을 많이 받은 사람들이다. 요즘처럼 교육이 젊은이들의 운명에 결정적인 역할을 한 적도 없을 것이다. 대학은 누구에게나 개방되어 있다고들 한다. 우리도 대부분의 아이들이 대학을 지망하거나, 더 정확히 말해 대학에 갈 준비가 되어 있다고 (잘못) 생각한다. 거의 모든 학생이 대학 졸업장을 갖고 싶어하지만, 대학에 용케 들어간 학생들 가운데 절반 가까이가 6년 안에 중도 하차한다. 이들은 대학을 꼭 나와야 한다는 말을 귀가 닳도록 들었으면서도, 놀랍게도 별다른 계획이나 학습 능력도 없이 대학 문을 두드린다. 소수 정예 학생들은 처음부터 대학 생활을 알차게 보낼 수 있는 교육을 받고, 그래서 실제로 원하는 성과를 거둔다. 그러나 대다수 학생들은 대학 시절 내내 갈팡질팡하다 결국 낙오하고 만다. 대학에 걸려 있는 부수 효과가 큰 요즘의 지식 경제에서 이런 중도 하차는 치명적인 실족이 아닐 수 없다.

교육을 제대로 받지 못하면 평생 경제적 불안에서 헤어나기가 어렵다. 경제적으로 어려운 시기라 그런지는 몰라도 사람들의 씀씀이에 대한 관심이 그 어느 때보다 높다. 일부 유복한 젊은이들의 방종한 생활 방식이 언론의 도마 위에 자주 오르내리는 것도 그 때문이다. 하지만 실제로 쇼핑 때문에 망하는 젊은이는 없어도, 대학 학자금 때문에 주저앉는 젊은이는 많다. 우리가 알아낸 사실은 그뿐이 아니다. 그 이야기는 유복한 환경에서 자란 젊은이들과 그렇지 못한 사람의 엇갈린 운명을 다시 한 번 돌아보게 만든다. 영어덜트들이 학자금 빚 때문에 자립하지 못하는 것이 아니다. 오히려 빚을 지지 않기 때문에 미래를 기약하기 어려운 것이다. 이들은 학자금 융자의 부담이 두려워서 중요한 시기에 자신에게 제대로 투자를 하지 못하고, 발등에 떨어진 불 때문에 장기적인 안정을 외면한다. 요즘 평균적인 대학 학자금 대출은 자동차 대출금 정도의 수준이지만, 학위를 받았을 때 받는 보답은 자동차에 비할 바가 아니다. 지식 경제에서 대학 학자금 대출을 피하려다간 그 대가를 비싸게 치러야 한다. 물론 무턱대고 아무런 계획도 없이 빚을 져서는 안 되겠지만 남들보다 잘살려면 나름대로 전략을 세워야 한다. 어떤 대학에 가느냐 하는 문제도 사실 대학 졸업장을 따는 것 못지않게 평생의 소득수준을 결정하는 중요한 요인이다.

영어덜트들에 대한 잘못된 인식은 또 있다. 이들이 결혼을 겁내 독신으로 산다는 것이다. 이들 세대는 분명 결혼을 보류한다. 그러나 미루는 것이지 포기하는 것은 아니다. 대다수의 젊은이들은 결국 결혼을 한다. 다만 준비가 된 다음에 할 뿐이다. 유복한 사람과 환경이 불리한 사람을 가장 확실하게 가르는 또 한 가지 요인은 결혼하고 아이를 갖는 문제다. 유복한 젊은이들은 결혼과 출산을 미루지만 그렇지 못한 젊은이들은 결혼은 미루더라도 아이는 미루지 않는 경우가 많다. 아이는 분명 인생을 새롭게 바라볼 수 있게 해주는 중요한 존재이고 심지어 구원이기까지 하지만, 너무 일찍 아이를 낳으면 출세에 타격을 입을 만큼 장애가 되기도 한다. 아이가 생기면 대학도 포기해야 하고 그래서 사회 진출에 지장이 생기고 취업 기회도 그만큼 줄어들 수밖에 없다.

결혼이 늦어지는 만큼 상대적으로 친구의 역할은 더욱 중요해진다. 예전에는 중요한 문제를 배우자와 머리를 맞대고 결정했지만, 요즘에는 배우자가 없어서인지 친구들과 상의하는 사람이 많다. 직장 알선, 네트워크, 사람 소개, 그리고 새로 살 도시를 알아보는 일까지 웬만한 일은 다 친구들이 나서서 알아봐준다. 실제로 친구는 크든 작든 나름대로 한 사람의 운명에 개입한다. 우리가 관여하고 있는 네트워크의 규모와 형태와 그 구성원의 면면은 직장을 구하는 문제에서부터 건강에 이르기까지 생활의 모든 면에 영향을 끼칠 수 있다. 여건이 불리한 사람의 경우에서 자주 볼 수 있듯이 가족이나 가까운 사람밖에 의지할 곳이 없을 경우, 그런 네트워크는 오히려 당사자의 기회를 가로막고 불이익을 초래할 수 있다. 욕을 많이 먹는 디지털 세대에게는 디지털이 오히려 이런 좁은 결속의 결함을 해스해줄 수 있는 묘약일지도 모른다. 사람들은 이 세대를 온라인게임에 중독된 외톨이라고 몰아붙이지만, 사실 온라인을 기반으로 하는 이들의 생활은 고립과는 거리가 멀다. 실제로 온라인 소셜 네트워크는 불리한 여건에 있는 젊은이들의 인간관계와 지평을 넓혀주는 결정적인 도구다. 디지털의 문호는 모든 사람들에게 열려 있다.

요즘처럼 자식에게 투자를 아끼지 않는 시대에는 무엇보다 부모의 역할이 중요하다. 실제로 유복한 사람과 그렇지 못한 사람을 가르는 가장 큰 요소는 확실하고 지속적인 부모의 뒷받침이다. 자녀의 일에 적극 개입하는 부모나 언론에서 자주 들먹이는 헬리콥터 부모는 그다지 큰 문제가 없다. 이들은 자식 뒷바라지를 전혀 하지 않는 부모와 좋은 대조를 이룬다. 지나치게 극성을 부리는 부모를 문제 삼는 사람들이 있지만, 그보다는 전혀 열의가 없는 부모가 더 큰 문제다. 부모의 극성스러움은 약점이 아니다. 오히려 조언을 해주고 경제적 지원을 아끼지 않고 비비람을 피할 집과 따뜻한 잠자리를 줄 수 있는 것은 물론 중요한 인맥과 연줄까지 제공해줄 수 있는 능력을 의미한다. 부모가 자식의 일에 적극적으로 관여할 수 있는 일은 한두 가지가 아니다. 사소하게는 딸아이가 대학에서 꼭 필요한 수업만 들을 수 있게 교과과정에 관해 조언을 해줄 수도 있다. 크게는 졸업 후에 시간을 두고 좋은 직업을 찾을 때까지 집으로 들어와 살도록 배려해줄 수도 있다. 집안이 여유롭지 못하다고 해서 부모들에게 열의가 없으라는 법은 없다. 하지만 이런 부모들은 대부분 자식들의 독립성만 강조하며 수수방관한다. 그리고 그들의 교육 방식이 자식들의 장래를 위해서도 좋다고 생각한다. 부모의 의도가 아무리 좋다 한들 이 험난한 세상에서 사회 초년을 헤쳐나가는 데 필요한 돈과 시간과 연줄을 뒷받침해주지 못한다면 자식의 홀로서기는 요원할 뿐이다. 부모들이 사회에 첫발을 내디뎠을 때와 비교해보면 지금 세상은 백팔십도로 바뀌어 있다. 그때처럼 서둘러 어른 흉내를 내는 건 아무 의미도 없을뿐더러 오히려 위험만 초래하기 십상이다.

정치적인 문제도 있다. 흔히 요즘 젊은 세대들은 투표를 하지 않고 신문도 읽지 않으며, 지역구 의원에게 관심도 없고 지역단체에 가입하는 법도 없다는 말을 많이 한다. 그러나 오바마 대통령을 뽑았던 선거에서는 이런 고정관념이 여지없이 깨졌다. 그러나 여기에서도 우리는 2008년에 투표소로 향했던 젊은 유권자 2300만 명 가운데 대학 교육을 받은 사람이 압도적으로 많았다는 엄연한 현실에 직면한다. 이런 차이는 시민 생활에서 뚜렷하게 드러나는데, 자칫 불평등을 고착화하고 민주주의의 운명에 심각한 그림자를 드리울 수 있다는 우려를 불러오고 있다. 유권자들은 보통 자신의 이해관계가 걸려 있는 일에만 투표한다. 엘리트만 투표하는 나라가 어떻게 진정한 민주주의를 유지할 수 있겠는가.

마지막으로, 우리는 영어덜트들이 독립하기까지 걸리는 긴 세월 동안 가족이 져야 할 재정적 부담과 그 밖의 크고 작은 부담을 덜어줄 아이디어와 해결책을 몇 가지 제시하려 한다. 특권층 젊은이들과 소외당하는 젊은이들을 대비하는 이야기가 전부는 아니다. 성인기로 옮겨가는 과도기를 적절히 활용할 여유가 있는 사람들과 기회도 제한되어 있고 개인적 자원도 부족하고 열악한 환경에서 생활하는 사람들을 비교하는 이야기만 있는 것도 아니다. 우리가 이야기하고자 하는 것은 젊은이들을 제도적으로 홀대하고 공적 혜택에서드 걸핏하면 소외시키는 처우 때문에 이들을 뒷바라지해야 할 부담이 더욱 커진 중산층의 이야기이기도 하다. 실제로 중산층 가족은 지금 그 어느 때보다 더 헌신적인 뒷바라지를 하고 있지만, 그 기간이 길어지면 계속해서 감당하기가 쉽지만은 않다. 중산층에서도 비교적 수입이 적은 중하류층 가족이 특히 이런 문제에 취약하다. 그들은 자산이 충분하진 않지만 그렇다고 아주 없는 것도 아니어서 학비 보조금 등 이런저런 정부 지원을 받을 자격이 되지 않는다. 중산층 가족은 특히 경기 침체기로 접어들 때 기반이 취약해지기 때문에 문제가 더 심각해진다. 그들에게는 당초에 계획했던 지원을 더 이상 자식들에게 제공할 여유가 없다.

'길어진 성인기'에 관한
8년간의 심층 연구

물론 밀레니엄 세대나 X세대, 트윅스터족Twixters(아이도 어른도 아닌 어정쩡한 세대─옮긴이)을 다룬 책도 많이 나와 있고, 연구 자료도 많이 발표되었다. 이 젊은이들에게 붙은 꼬리표는 그 밖에도 많다. 그러니 우리까지 나서서 근거 없는 의견을 보태고 싶은 생각은 없다. 다만 우리는 시카고의 '존 D. 및 캐서린 T. 맥아더 재단 John D. and Catherine T. MacArthur Foundation(이하 맥아더 재단)'이 각계를 대표하는 학자들을 한자리에 불러모아 네트워크를 구성하여 8년 동안 실시한 연구 결과를 소개하려고 한다. 이들은 20대들의 상황이 어떻게 변했는지, 그리고 그 변화가 가족과 국가에 어떤 의미가 있는지를 검토했다.

맥아더 재단의 '네트워크' 모델은, 세상은 복잡한 곳이며 아무런 이유 없이 진행되는 사회적 변화는 없다는 사실을 전제로 기획되었다. 이 네트워크 모델은 또 학계의 연구 작업이 지나치게 전문화되어 있다고 판단해 새로운 방법론을 모색했다. 그동안 심리학자는 경제학자와 교류하지 않고, 사회학자들은 신경학자와 의견을 나누지 않았다. 같은 주제를 연구하고 있어도 사정은 다르지 않다. 맥아더 재단의 네트워크 모델은 다양한 분야의 학자들을 '장벽이 없는 연구'라는 하나의 포맷으로 통합해 여러 방향에서 특정한 주제를 동시에 파헤치고 탐구하도록 했다. 현재 '자립하지 못하는' 영어덜트들은 그 어느 때보다 많다. 따라서 맥아더 재단은 한 세기 전의 청소년들이 사회에 첫발을 들여놓았을 때만큼 이들에게도 인생의 새로운 '시기period'가 주어지고 있는가 하는 문제를 제기하며 이번 프로젝트가 어른이 되어가는 전환기의 경로를 더욱 깊이 들여다볼 기회가 되리라고 판단했다.

맥아더 재단은 사회학, 경제학, 심리학, 범죄학 등의 각 분야를 대표하는 핵심 연구진 12명에게 기금을 후원했다. 이 단체는 "성인 전환기와 공공정책에 관한 맥아더 리서치 네트워크MacArthur Research Network on Transitions to Adulthood and Public Policy(이하 '네트워크')"로 발전했다. '네트워크'는 또 다른 분야의 전문가들에게도 특정 주제에 관한 심도 있는 연구를 위촉했다. 우리는 주로 집을 떠나 취직하고, 교육을 받고, 결혼하고, 인간관계를 맺고, 아이를 기르는 등 성인으로 가는 길목에 세워진 기존의 이정표를 모두 거치게 되는 연령인 19~35세의 젊은이들에게 연구의 초점을 맞췄다. 이런 과정은 대부분 30대에 접어들어도 계속되기 때문에, 긴 안목을 가지고 신중하게 그 경로를 살폈다. 우리는 젊은이들이 이런 단계별 경험을 통해 진로를 모색한다는 점을 감안해 각 단계의 초기 시절뿐 아니라 그 단계를 겪은 이후의 동태까지 파악하려 했다. 이 10여 년 동안의 상황이 어떤 식으로 전개되느냐에 따라 앞으로 수십 년 동안 성인으로 살아가는 방향이 크게 달라지기 때문이다.

'네트워크' 소속 사회학자들은 우리 모두에게 영향을 미치는 광범위한 사회적 변화를 검토했다. 부모의 집에서 오랜 기간 같이 사는 것이 용인되는 분위기인가? 그렇다면 사회적 인식은 왜 그렇게 바뀌었을까? 사회규범이 바뀌었다면, 그 배경에는 반드시 경제적인 요인이 있게 마련이다. 그러므로 '네트워크'의 경제학자들은 노동력과 임금, 기본 생계비와 그 밖의 여러 경제적 요소가 성인이 되어가는 과정에 어떤 영향을 주었는지를 분석했다. 연구진은 여러 정부 기관이 확보하고 있는 방대한 자료를 파고들었다. 그리고 특정한 결과가 나오게 된 주요 원인을 좀 더 과학적으로 분석하기 위해 되도록 최신 통계 방법을 사용했다.

이 폭넓은 사회·경제적 변화는 결과적으로 사람들이 생각하고 행동하는 방식을 바꾼다. 그래서 우리는 영어덜트들이 자신들 앞에 놓여 있는 길과 그 길의 변화된 모습을 어떻게 받아들이는지 조사하기 위해 심리학자들을 포함시켰다. 그들은 어른이 되어가는 순서를 뚜렷하게 인식하는가? 만일 그렇다면 순서대로 되지 않을 때 어떤 기분을 느끼는가? 그들이 생각하는 어른이란 정확히 무엇인가? 연구진은 젊은층을 대상으로 한 연구 결과와 삶의 다른 시기를 비교하면서 20대 초기와 30대, 중년의 삶이 어떻게 다른 모습을 보이는지 조사했다. 영어덜트들은 길어진 청소년기, 즉 인생 행로에서 다른 시기와 뚜렷이 구별되는 그 시기를 어떤 관점으로 바라보는가? '네트워크'는 또 후대의 학자들이 이 중요한 시기를 더욱 잘 이해할 수 있도록 일련의 질문을 만들어, 지속적으로 실시하는 대규모 조사에 덧붙였다.

모든 젊은이들이 단란한 가정에서 태어나 중산층의 안락함을 누리는 행운을 갖고 태어난 것은 아니다. 그래서 '네트워크'의 범죄학자들과 사회복지 전문가들은 열악한 환경에 놓인 젊은이들이 성인이 되는 과정을 추적했다. 그들 중에는 장애를 지닌 사람, 집안 형편이 어려운 사람, 양부모에게 버림받은 사람, 전과 기록이 있는 사람도 있었다. 연구진은 이 불우한 젊은이들을 지원하는 정부 프로그램이 열아홉 살이나 스물두 살 때 갑자기 중단되거나 축소되면 어떤 일이 벌어지는지, 또 그들이 성인기로 접어드는 과정에 어떤 영향을 끼치는지를 조사했다.

그동안 우리는 성인이 되는 과정이 이렇게 길어지는 현상이 우리의 시민 문화에 끼치는 영향을 너무 자주 간과해왔다. 그리하여 '네트워크'는 영어덜트 세대가 시민과 정부를 신뢰하고 문제 해결에 협력하려는 의지를 보이는지, 그리고 투표에 적극적으로 참여하는 모습을 보이는지 등 그들이 보이는 시민적 특징을 여러 각도에서 들여다보았다.

마지막으로, '네트워크'는 가장 도움이 필요한 사람들을 대상으로 이들이 성인기로 들어서는 과도기를 무난하게 넘길 수 있는 방법을 찾아보았다. 미성년과 성년 사이의 '틈새gap' 기간이 예전에 비해 10년 정도는 더 길어졌기 때문에 부모들은 어정쩡하게 나이를 먹은 자식을 경제적으로 뒷바라지해야 할 처지에 놓였다. 그런데도 우리의 사회제도는 이런 변화의 흐름을 제대로 좇아가지 못하고 있는 형편이다. '네트워크'는 뉴욕의 저명한 사회정책 연구소인 MDRCManpower Demonstration Research Corporation와 협력하여 영어덜트가 사회적으로 성공할 확률을 높이기 위한 사회 프로그램을 연구하고 검토하는 작업을 도왔다.

19~34세 영어덜트들의
생활 방식을 추적하다

'네트워크'는 이 모든 현안을 다루는 방법론으로 영어덜트의 생활 방식을 추적하는 과정에서 한 세기에 걸친 20여 가지의 대표적인 데이터 세트를 활용하기로 했다. 이 데이터들은 대부분 연방 정부의 연구 부서에서 위촉하고 승인한 것으로, 전국에 걸친 청년들과 그 가족들에 대한 정보로는 가장 훌륭한 자료일 것이다. 이 데이터들은 규모와 계획과 초점에 따라 분류된다. 10년마다 실시하는 인구조사나 그 밖의 상시 인구조사 등 정기적인 인구조사로 교육과 직장 생활, 가족 상황 같은 주제를 중심으로 수백 만 청년들의 환경을 포착할 수 있었다. 그 밖의 '고등학교와 그 이후High School and Beyond', '모니터링더퓨처Monitoring the Future', '전국청소년추적조사National Longitudinal Survey of Youth' 같은 조사 자료는 대상 규모가 수천 명밖에 안 되지만, 그래도 젊은이들의 생활과 가족, 세대 등을 포괄적으로 들여다볼 수 있는 창으로 부족함이 없다고 자부한다. 그리고 '청소년 발달 연구Youth Development Study'나 '청소년기에서 성인기로의 이행에 관한 미시간 연구Michigan Study of Adolescent and Adult Life Transitions'처럼 좀 더 규모가 작고 지역적인 연구도 있다. 이들은 아동기와 청소년기를 거쳐 성인기로 접어드는 청년들과 가족들을 수백 명 단위로 밀착 추적한다. 이들 중에는 동일인을 일정 기간 추적하는 추적 조사가 있는가 하면, 정기적으로 실시하지만 같은 설문을 가지고 매번 새로운 사람들을 대상으로 하는 패널 조사도 있다. '네트워크'

연구진은 이런 데이터 이외에도 다양한 데이터들을 동시에 조사하여 그 범위와 깊이에서 견줄 데 없는 수준의 기반을 조성했다.

'네트워크'는 이 대규모 조사에서 나타난 결과를 토대로, 좀 더 섬세한 이해를 끌어내기 위해 캘리포니아주의 샌디에이고, 뉴욕주의 뉴욕, 미네소타주의 미니어폴리스-세인트폴, 미시간주의 디트로이트, 아이오와주의 한 농촌 마을 등 전국의 5개 지역에서 19~35세의 젊은이 약 500명을 대상으로 심도 있는 인터뷰를 실시했다. 이 지역을 택한 데는 두 가지 이유가 있다. 첫째, 과학적으로 완벽한 데이터를 만들어낼 수 있는 표본을 뽑는 것이 무엇보다 중요했기 때문이었다. '네트워크'의 회원이나 관계자들은 5개 지역 가운데 샌디에이고의 이주자 자녀 추적 연구Children of Immigrants Longitudinal Study, 뉴욕의 2세 연구 New York Second Generation Study, 미니어폴리스-세인트폴의 청소년 발달 연구, 디트로이트의 청소년기에서 성인기로의 이행에 관한 미시간 연구 등 네 곳에서 확보한 확실한 표본을 가지고 이 프로젝트에 대한 조사 주체로 활동했다. 이 대규모 연구들을 위해 '네트워크' 연구진은 전화나 우편으로 인터뷰에 응한 청소년 표본 집단과 접촉했고 이들과 나눈 대화는 녹취 보관했다.

둘째, 이 지역들의 특별한 조합으로 매우 다양한 표본이 가능해졌기 때문이다. 표본의 다양성은 청소년들이 겪는 경험을 전반적으로 이해하는 데 매우 중요한 문제였다. 특히 표본의 다양성이 확보되어야만 이처럼 다양한 지역 환경에서 성인기로 접어드는 남녀들의 이야기를 다각도로 수집할 수 있다. 즉 교육과 직업, 주거와 생활비, 데이트와 결혼, 양육 등의 기회와 난관이 각 지역만의 독특한 상황에서 어떻게 달라지는지 비교하여 파악할 수 있다. 동서 양 해안에 자리 잡은 샌디에이고와 뉴욕은 매우 다양하고 규모가 큰 이주 집단을 가지고 있는 도시다. 미니어폴리스-세인트폴은 미국 중부에 자리 잡은 보통 규모의 도시로 한창 번영을 구가하는 곳이고, 디트로이트는 제조업에서 벗어나 지식 경제로 이행하는 제로 지점ground zero(핵폭탄이 터지는 지점―옮긴이)이 되어왔다. '네트워크'는 아울러 대도시가 아닌 소규모 마을에서 성장하는 청소년들의 상황을 파악할 수 있는 지역이 필요했기 때문에 아이오와주의 작은 마을을 선정해 연구를 위촉했다. 이 연구는 미국의 핵심 도시 주변에 널려 있는 수많은 소규모 공업도시나 농업도시에서 성년이 되는 것이 무엇을 의미하는지를 파악하는 데 단서를 제공했다. 이 지역들의 사회·경제적 구조는 다른 도시 지역과는 확연히 다를 수밖에 없다.

조사 대상 지역을 이런 식으로 분포시킨 덕분에 이주자 청소년을 비롯하여 광범위한 민족적·인종적 배경을 가진 청소년들의 실상을 좀 더 객관적으로 이해할 수 있었다. 각 표본에 속한 청소년들의 연령 또한 다양해서 갓 20대가 된 집단과 한창 20대를 보내고 있는 집단, 20대를 벗어나고 있는 집단 등 다양한 연령의 젊은이들을 만나볼 수 있었다. 500명에 이르는 대상을 직접 만나 2~4시간가량 인터뷰를 하면서 우리는 생활환경과 교육, 고용, 가족 정보, 병역, 공적 활동 참여도와 정치적 성향, 사법제도, 정체성, 미래관 등 폭넓은 주제를 두고 성인기 초기의 생활을 구조적으로 다양한 관점에서 들여다볼 수 있었다.

이 책을 읽다 보면 독자들은 이 젊은이들의 목소리를 직접 듣고 그들의 사연을 좀 더 구체적으로 이해하게 될 것이다. 여기에 소개된 젊은이들의 이름은 프라이버시를 존중해 가명을 썼다. 그들의 목소리를 통해 독자들은 청소년들이 어른으로 성장하면서 겪는 성공과 실패, 갈등과 노력을 직접 들어보는 기회를 갖게 될 것이다. 물론 '팩트'도 중요하고 정량적 트렌드quantitative trend도 무시할 수 없지만, 팩트와 트렌드에 생명을 불어넣는 것은 다름 아닌 이 젊은이들의 삶 그 자체다.

20대의 미래를 결정하는 '틈새 10년'

이 책은 이 시기의 극적인 변화를 포괄적이고 심층적인 관점으로 분석하면서 이 모든 것을 하나로 결집한 첫 시도다. 무엇보다도 중요한 것은 소외된 다수에 초점을 맞추면서 요즘의 영어덜트들의 운명이 극명하게 엇갈리는 원인을 밝혀내고 그 문제에 대한 대처 방안을 제시한다는 것이다. 그것이 무슨 새삼스러운 일이냐고 반문할 이도 없지 않을 것이다. 어느 시대에나 잘 해내는 아이들이 있는가 하면 그렇지 못한 아이들도 있게 마련이니까. 그러나 지금이 과거와 다른 점은 한순간의 선택이 너무 큰 차이를 만들어낸다는 점이다. 성인으로 가는 길목에서 단 한 번 판단을 잘못하거나 사소한 실수를 해도 나중에 큰 곤경을 치러야 하는 경우가 종종 있다. 10년 전만 해도 이 정도는 아니었다. 갈수록 승자가 독식하는 사회에서 실수는 용납되지 않는다. 이제 성공은 생존의 기반이고, 한 번의 실수로 성공의 기회는 영영 사라진다. 그래서 누구에게는 활짝 열린 문이 누구에게는 들어가기 힘든 좁은 문이다. 갈수록 가운데 낀 중간층도 기반이 약해지고 있다.

이 세대와 그들의 엇갈리는 운명에 관한 이야기는 우리 모두의 관심사다. 유복한 사람들에게도 고민은 있다. 성인기로 접어드는 첫 단계가 지연되면서 그 뒤의 모든 단계가 따라서 지연된다는 것이다. 공부하는 기간이 길어지면 직장을 구하는 시점도 늦춰진다. 완벽한 직장을 찾느라 시간을 끌게 되면, 그들이 맺는 사회적 관계도 미뤄질 수밖에 없다. 투기적 성격이 강한 세상에서는 각 단계마다 신중한 판단을 내리는 것이 바람직하겠지만, 신중하다 보면 결정이 너무 늦어진다는 문제가 있다. 사회 전체로 볼 때도 각 단계 사이의 기간이 너무 길어지는 것은 유익하지 않다. 예를 들어 결혼을 늦게 하게 되면 그만큼 아이를 덜 낳게 되고, 아이를 덜 낳게 되면 손자보다는 할아버지 할머니가 더 많아지게 된다. 경제에 좋을 리가 없는 현상이다.

성인이 되는 과정이 길어질 때 문제가 되는 것은 이뿐이 아니다. 최고 학위, 이상적인 직장, 완벽한 배우자를 찾는 요즘 추세를 보면 젊은이들의 눈이 자꾸만 높아진다는 것을 알 수 있다. 사람들의 기대치가 갈수록 높아지는 것이다. 버릇없는 응석받이로 자랐기 때문이 아니다. 오히려 이들은 그 어느 때보다 자신감이 강한 세대다. 그러나 그런 남다른 자존심에 승자만을 대우하는 사회가 배경으로 깔리면 서로 충돌이 불가피해진다. 모든 젊은이들이 승자가 될 수는 없다. 너도 나도 눈높이를 높인다면 실망도 그만큼 빠를 수밖에 없다.

이렇게 눈높이가 높아진 것이 이들 세대만의 책임은 아니다. 부모와 교사, 사회의 전반적인 분위기도 하나같이 이들의 자존심을 부추기고 이들에 대한 기대를 높였다. 아무리 경쟁이 치열해도 자기 아이만큼은 잘되어야 한다고 생각한다. 그래서 부모들은 자기 아이에게 더 많은 기회를 주기 위해 남다른 노력을 기울였다. 그러나 앞으로 살펴보겠지만 그런 과도한 노력은 큰 대가를 불러왔다. 부모들은 자기 아이가 뒤처지지 않을까 걱정하여 결국 소모적인 경쟁에 뛰어들고, 끊임없이 자신의 눈높이를 끌어올렸다. 더 좋은 학군에 가기 위해 분에 넘치는 집을 구해야 했고, 조금이라도 보수가 좋은 일을 하기 위해 먼 거리를 마다하지 않고 출근 전쟁을 벌여야 했다. 이 모든 것이 자식들에게 좀 더 유리한 기회를 주기 위한 선택이었다. 이런 눈물겨운 노력으로 가족들은 시간으로도 돈으로도 너므 큰 대가를 치르게 되고, 결국 헤어나기 힘든 재정적 곤란을 겪었다. 요즘처럼 경제적으로 어려운 시기에는 특히 그렇다. 보나마나 한 일이지만, 이런 소모전은 언제까지고 지속될 수는 없다.

두 번째 집단이자 규모가 더 큰 집단인 불리한 환경의 영어덜트들은 이와는 전혀 다른 어려움을 겪는다. 이들이 겪는 어려움을 단순히 개인의 잘못된 결정 탓으로 돌리는 사람들도 있다. 그러나 그들의 눈에는 잡히지 않는 많은 요인이 영어덜트들의 고통 속에 도사리고 있다. 아무래도 개인주의적 성향이 강한 사회이라 보니 개인의 운명을 집단의 운명과 묶어 생각하지 않으려는 경향이 있다. 그러나 이 영어 덜트라는 집단의 운명은 누구에게나 중요한 의미를 갖는다. 그 의미를 구체적으로 실감할 수 있게 해주는 예가 은퇴다. 그들이 30대에 안정적인 돈벌이를 시작하지 못하면 평생 벌어들이는 예상 수입은 줄어들 수밖에 없다. 그렇게 되면 베이비붐 세대가 은퇴했던 때에 비해 우선 세수가 크게 줄어든다. 그리고 교육을 제대로 받지 못하고 우왕좌왕하는 이 집단의 방황을 그대로 방치한다면, 혁신적 기술과 막강한 경제력으로 무장한 중국과 인도에게 덜미를 잡히는 것은 시간문제다. 사회적으로 이런 문제가 안고 있는 잠재적 비용은 엄청나다. 한 가지 예를 들자면 어린 시절의 가난은 아이들을 갖가지 위험한 상황으로 몰아넣는다. 그에 대한 사회적 비용은 한 해에 약 5000억 달러에 이른다. 이는 국내총생산액의 4퍼센트에 해당하는 액수다.

오늘날 성인의 의미를 규정했던 법규집을 전부 다시 써야 할 정도로, 모든 면에서 복잡하면서도 뚜렷한 변화가 눈 깜짝할 사이에 일어나고 있다. 문화, 사회, 경제 전반에서 일어난 이 변화는 여러 가지 모습으로 그 위력을 과시하고 있다. 이런 현상을 지켜보며 잃어버린 세계를 한탄할 수도 있고, 그 시절의 낭만을 그리워하며 옛날이 좋았다고 하염없이 넋두리할 수도 있다. 하지만 실제로든 상상으로든 그 시절로 돌아갈 길은 영원히 존재하지 않는다.

제1장

NOT QUITE ADULTS

교육, 교육, 교육

대학 진학은 어른을 향해 가는 첫 길목에서 가장 중요한 관문이다. 4년제 대학을 가야 할지, 간다면 어떤 대학을 갈지를 결정하는 것은 쉽지 않은 문제다. 이 시기는 기대와 한숨이 교차하는 시기다. 내가 과연 대학에 갈 수 있을까? 늘 꿈꿔왔던 학교에 갈 수 있을까? 전공은 무얼 해야 할까? 그럴 여유가 있을까? 브모닏이 어느 정도나 도와주실까? 어느 것 하나 가볍게 풀리지 않는 문제다. 당사자인 학생뿐 아니라 부모도 걱정스럽기는 마찬가지다. 특히 부모는 자신들을 쳐다보는 자식과 눈을 맞추기가 겁난다. 나름대로 하노라고 했다. 지금까지 아이들을 키우느라 온 인생을 다 바쳤다. 많은 것을 걸었다. 대학 졸업장은 단순한 졸업장이 아니다. 요즘 부도들은 대학 졸업장의 의미를 누구보다 더 잘 안다. 대학을 직접 다녀보고 대학 졸업장으로 혜택을 본 부모들이라면 특히 그렇다. 대학 졸업장은 이제 사치품이 아니라 필수품이다. 대학 졸업장은 성공적인 인생을 향해 던지는 도전장이자 좋은 직업으로 가는 길의 통행증이다. 어떤 계층의 부모든 누구나 이런 사실을 잘 알고 있지만, 모든 부모가 아이를 대학에 보낼 수 있는 것도 아니고 또 무난히 대학을 졸업시킬 수 있는 것도 아니다. 빚을 지고 등골이 휘도록 일을 해서 어떻게든 자식을 일류 대학에 보내고 졸업을 시키는 부모가 있는가 하면, 무엇을 어떻게 해야 할지 몰라 우왕좌왕하는 부모도 있다.

경험 많은 진학 상담사나 입학사정관들에게 옛날에 비해 가장 크게 변한 것이 무엇이냐고 물으면 그들은 한결같이 똑같은 대답을 한다. "부모들이죠!" 생각할 것도 없다는 듯이 답이 나온다. 2008년 겨울에 만났던 오리건 주립대학의 베테랑 상담사 킴 매칼렉산더Kim McAlexander는 다음과 같이 말한다. "16년 전에, 그러니까 제가 상담을 처음 시작했을 때만 해도 부모들은 오리엔테이션 장소에 아이들을 내려놓고 돌아가면 할 일을 다 했다고 생각했습니다. 신학기에 아이들을 차에 태우고 나타났던 부모를 두 번 다시 본 적이 없습니다. 그런데 요즘은 몰려드는 부모들을 감당할 공간도 마땅치 않아요."

극성스러운 부모들 때문에 고개를 절레절레 흔드는 경우도 있지만, 어쨌든 이런 변화는 중산층 가정의 교육열에 근본적인 변화가 생겼음을 보여주는 현상이다. 부모들은 아이들이 원하는 대학에 가도록 도울 의무가 있다고 생각한다. 또 아이들이 학교와 전공을 선택할 때는 물론 대학 졸업 후의 장래 계획 같은 어려운 결정을 내려야 할 때에도 직접 나서서 적당한 훈수를 두어야 한다고 생각한다. 안타까운 일이지만 이런 열성적인 부모들이 무한 경쟁을 가속화하는 장본인이다. 어떤 부모의 말대로, "미친 짓이라는 건 알지만, 그렇다고 우리 아이만 낙오시킬 수는 없다."

이런 '미친 경쟁'의 결과는 무엇인가?

이런 '미친 짓'의 결과는 무엇인가? 가족들은 스트레스에 시달리고 재정적으로 쪼들려야 한다. 아이들은 부모의 기대를 좇아가느라 힘겨운 나날을 견뎌야 한다. 이런 과열 증상은 수십 년 동안 계속해서 그 강도를 높여왔다. 부모들은 그야말로 모든 것을 건다. 조금이라도 좋은 학교가 있는 동네로 이사하고 감당하기 벅찬 대출을 받는다. 주립대학을 외면하고 일류 대학만 고집한다면 재정적 압박은 더한층 가중된다. 결국 식구들은 더 많은 일을 하고 더 먼 거리로 출퇴근하지만 저축을 할 여유는 없다. 교육 경쟁은 무한 경쟁이다. 퓨리서치센터Pew Research Center가 최근 실시한 조사에 따르면, 중산층을 시름에 젖게 하는 현실에는 교육열이 큰 몫을 한다고 한다.

교육을 둘러싼 무한 경쟁을 이야기할 때마다 빠지지 않고 등장하는 한 가지 음울한 소식이 있다. 로버트 H. 프랭크Robert H. Frank는《부자 아빠의 몰락Falling Behind: How Rising Inequality Harms the Middle Class》에서 "한 사람씩 볼 때는 똑똑하지만 전체를 보면 멍청하다"고 했다. 은행이 곧 파산할지도 모른다는 정보를 입수했다면, 아마도 아무에게도 알리지 않고 조용히 내 돈만 인출하는 것이 똑똑한 판단일 것이다. 그러나 은행이 파산하고 경제 전반이 흔들리면서 결국 그 때문에 내가 직장에서 쫓겨난다면 나는 과연 똑똑한 판단을 내렸다고 할 수 있을까? 한 사람씩 보자면 똑똑하지만 전체로 보면 멍청한 짓이다. 교육 경쟁도 마찬가지다. 모두가 자제하지 않으면 어느 누구도 경쟁에서 먼저 손을 떼려고 하지 않을 것이다. 누구든 돈만 있다면 얼마가 들든지 자녀들을 대학에 보낼 것이다. 과외 선생도 두고 사립 초등학교에도 보낼 것이다. 그런 건 자기 마음대로 할 수 있다. 하지만 다른 부모들이 자식들에게 투자하는 돈은 내 뜻대로 되지 않는다. 그러니 수요는 계속 증가할 수밖에 없다.

교육의 무한 경쟁은 경쟁을 계속할 수 있는 사람과 계속하지 못하는 사람을 가르면서 중산층의 두께를 줄인다. 결국 평균도 없고 중간도 없이, 오로지 정상에만 머물기 위해 치열한 경쟁을 계속해야 하는 양극화 사회로 치닫고 만다. 예전 같으면 자동차 앞유리창에 '툭' 소리만 내고 그쳤을 충격이 이제는 유리창을 '쩍'하고 갈라놓는다.

그 한쪽에는 부유층 자녀들이 있고, 또 한쪽에는 열악한 환경에서 버둥거리는 무리가 있다. 막 어른으로 들어가는 초입 단계부터 이들의 운명은 갈라지고, 그 간격은 시간이 갈수록 확연히 커진다.

운이 좋은 특권층은 꿈을 크게 잡아도 성공할 가능성이 높다. 그러나 자립심을 길러주어야 한다며 자식들 스스로 문제를 해결하게 하거나, 아니면 노하우가 없다는 이유만으로 일정 수준 이상의 교육에 대해 간섭하지 않으려는 부모들은 본의 아니게 자식들을 어려운 처지로 몰아넣는다.

무한 경쟁으로 빚어지는 문제는 그뿐만이 아니다. 청소년들의 눈높이와 특권 의식은 이미 끈이 풀린 헬륨 풍선처럼 솟아올랐다. 뒤에서 좀 더 자세히 살펴보겠지만, 젊은이들은 갈수록 연봉과 권한이 많은 직장에서 일하려 할 뿐, 그런 자리를 얻기 위해 시간과 에너지를 투자할 생각은 하지 않는다. 가만히 누워 감이 떨어지기만을 기다리는 꼴이다. 좋은 대학에 가서 다들 부러워하는 전공을 공부하겠다고 포부를 다지는 젊은이들은 사실 많지 않다. 하지만 잘 따져보지도 않고 서둘러 일류 대학 일류 학과를 목표로 잡았다가 땅을 치며 후회하는 학생들도 적지 않다.

조사 결과에 따르면, 고등학교 3학년 학생 열 명 가운데 일곱 명 정도는 졸업 후에 직업교육을 받거나 어떤 종류의 대학이든 들어갈 생각인 것으로 드러났다. 그러나 대학 1학년 때 캠퍼스에 모습을 드러내는 300만의 젊은이들 가운데 끝내 졸업하지 못하고 중도에 탈락하는 학생들이 거의 절반에 이르고, 이들은 6년 이내에 학자금 대출 상환 요구를 받는다. 커뮤니티 칼리지community college(우리나라의 전문대학에 해당하는 2년제 지역 초급대학 — 옮긴이)에서 시작하는 학생들은 중도 탈락할 확률이 훨씬 더 높다. 요즘 와서야 밝혀진 사실이지만, 26~35세의 영어덜트들 가운데 학사 학위 소지자는 4분의 1에 지나지 않는다. 그러나 세상의 모든 직종 가운데 거의 절반 정도는 어떤 종류이든 학위나 자격증을 요구하고 있다.

포부는 크지만 졸업률이 낮은 이런 걱정스러운 모순은 어른이 되는 과정이 길고 위태로워지게 된 핵심 원인 중 하나다. 교육에 대한 수요는 높아졌는데도 많은 젊은이들이 그런 교육을 받으며 제대로 시동을 걸지 못하다 보니, 한 사람의 '성인'으로 완성되어가는 길목에 세워진 각각의 이정표도 그만큼 뒤로 밀려버렸다. 이런 현상은 일부에서 주장하는 것과는 달리 생활비나 심지어 학자금 융자로 인한 부담과는 상관이 없다. 고등교육의 첫 단계부터 지지부진하고, 그 때문에 곤란을 겪는 젊은이들이 많다 보니 다른 이정표도 지연되는 것이다. 이 초기 단계에 빚어지는 예기치 않은 차질은 이후의 삶에 적지 않은 영향을 끼친다.

그렇다면 어째서 이런 일이 일어나는가? 왜 그렇게 많은 젊은이들이 대학에 가려 하면서도 실패하고 마는가? 무엇보다도, 성인이 되는 첫 단계에서부터 겪게 되는 이 힘겨운 싸움이 우리 사회에서 의미하는 바는 무엇인가?

어른이 되는
멀고 험한 길

생활비를 댈 수 있는 봉급과 아울러 이런저런 혜택까지 받으려면 그에 어울리는 고등교육을 받아야 한다. 그런 점을 생각할 때 젊은이들이 대학 진학 준비나 계획에 소홀한 요즘의 현실은 오히려 납득이 가지 않을 정도다. 언론 매체는 이 세대의 똑똑한 두뇌와 잘난 점만 부각한다. 에릭 딩Eric Ding이나 존 파브로Jon Favreau는 언론에 자주 등장하는 젊은이다. 에릭 딩은 유방암 조기 치료를 위한 재단 설립에 관심을 쏟고 있는 스물여섯 살의 하버드 대학 암 연구원이고, 존 파브로는 서른 살이었던 2005년에 버락 오바마의 연설문 작성을 도운 것을 계기로 2009년에 행정부에 들어가 수석 연설문 작성자로 활약하고 있는 인물이다. 이런 젊은이들은 처음부터 엘리트가 되기 위한 교육을 받았고, 실제로 엘리트가 되었다.

그런 신동까지는 아니더라도 전문가 경력을 순탄하게 시작한 젊은이들도 있다. '네트워크'가 인터뷰했던 벤과 릴리가 그런 경우다. 벤은 동부 대서양 연안의 엘리트 학부 프로그램에 참석했고, 나중에 뉴욕 대학교 로스쿨에 들어갔다. 요즘 벤은 시카고에서 첫손으로 꼽히는 합동법률사무소에서 수십만 달러의 연봉을 받는다. 릴리는 캘리포니아의 한 주립대학에서 수학을 전공하고 스물여섯 살이 된 지금은 석사과정을 밟으면서 중학교에서 수학을 가르친다.

대학 졸업장이나 전문학위professional degrees(2년제 전문대학이나 학원에서 주는 학위—옮긴이)를 가진 최상위 학생들의 성공담만 듣다 보면 가혹한 현실은 놓치기 십상이다. 영어덜트들에게 이런 사례는 대부분 전혀 다른 세계의 이야기일 뿐이다. 실제로 서른다섯 살까지 대학 졸업장이나 전문학위를 받는 사람은 5퍼센트가 고작이다. 오히려 대부분의 학생들은 안젤리나나 피터와 사정이 비슷하다.

안젤리나는 고등학교를 졸업한 후에 뭘 하며 살아야겠다는 생각이 별로 없었다. 평범한 가정에서 자란 안젤리나는 막연히 2년제 대학을 나와 결혼하고 아이를 낳고 살아가게 되지 않을까, 하고 생각하는 정도였다. 안젤리나는 커뮤니티 칼리지에 등록했지만 자신이 사는 곳과는 정반대쪽에 있는 디즈니월드에서 몇 달 정도 일할 수 있는 기회가 생기자 미련 없이 비행기 표를 살 돈을 마련했다. 하지만 그녀는 디즈니월드에서 일하는 동안 크게 느낀 바가 있어 마음을 고쳐먹었다. 디즈니월드에서 돌아온 안젤리나는 집에서 한 시간 반이 걸리는 4년제 대학에 등록했다.

그러나 학교생활은 결코 만만치 않았다. 농장에서 일하는 노동자로, 초등학교 학력이 전부인 안젤리나의 부모는 대학 문턱에도 가본 적이 없기 때문에 딸에게 어떤 조언도 해줄 수가 없었다. 안젤리나가 다닌 고등학교도 어려운 대학 공부를 따라가는 데 필요한 기초를 마련해주지 못했다. 안젤리나의 성적은 계속 떨어졌다. 그녀는 결국 전공을 바꿨고, 아르바이트나 그 밖의 과외 활동에 많은 시간을 빼앗겼다. 그런데도 안젤리나는 상담사를 찾아갈 생각은 하지 못했다고 한다. 어느새 스물일곱 살이 된 안젤리나는 6년째 대학을 다니고 있다. 그녀는 특권층 아이들이 공부에만 전념하여 4년 만에 학위를 받아 나가는 모습을 부러운 눈으로 바라보고 있다. 안젤리나는 자신에게는 왜 그런 행운이 없는지 납득할 수가 없다.

안젤리나의 경우는 대학을 나오지 못한 부모를 가진 학생들에게서 흔히 볼 수 있는 사례다. 전문학위를 가진 부모를 둔 학생들의 61퍼센트가 4년제 대학을 마치는 반면, 안젤리나 같은 경우는 14퍼센트만이 4년제 대학을 졸업한다. 안젤리나는 다른 학생들보다 나이가 많기 때문에 위화감을 느낄 때가 많다. "가끔 그들이 부러워요. 그들은 대학 4년을 단숨에 마치잖아요. 이번에도 그들은 졸업장을 받겠죠. 나도 그럴 수 있다면 얼마나 좋겠어요. 진작 졸업했어야 했는데 말이에요. 아직도 캠퍼스를 벗어나지 못하고 어린 신입생들 이야기를 듣는 것도 지쳤어요. 빨리 졸업해서 제 인생을 시작하고 싶어요."

그래도 포기하지 않고 버티는 안젤리나의 끈기만은 인정해주어야 한다. 그녀와 비슷한 처지에 있는 수많은 학생들은 대부분 학사경고를 받거나, 너무 많은 아르바이트에 매달리거나, 엉뚱한 과목을 듣는 소위 '루키 미스테이크rookie mistake'를 흔히 저지른다. 바뀐 전공을 극복하지 못하는 것도 문제이지만, 바뀐 학교에 적응하지 못하는 경우는 더욱 치명적이다. 부모의 조언이 있고 없고에 따라 부유한 사람과 가난한 사람이 분명히 갈리는 것도 바로 이때다. 충분히 일류 대학에 들어갈 능력이 있어도 안젤리나처럼 집안에서 처음 대학 문턱을 넘어본 경우는 수준이 낮은 대학을 택하는 경우가 많다. 그나마도 제때 졸업을 못 하고 세월만 보내는 경우도 적지 않다. 사회학자 엘리자베스 암스트롱Elizabeth Armstrong은 최근 인디애나 대학교 학생들을 대상으로 실시한 연구에서 한 가지 뚜렷한 현상을 찾아냈다. "대학 교육을 받은 부모들은 아이들에게 말합니다. '심리학 개론은 절대 듣지 마라.' 대학에 들어갈 때가 되면, 부모들은 자식들에게 아낌없이 적극적으로 조언을 하고, 좋은 수업을 듣게 합니다. 반면에 부모들에게 아무런 조언도 받지 못하는 학생들은 학교의 상담 제도에만 기댈 수밖에 없지요."

그래도 안젤리나는 졸업이 멀지 않아 그나마 다행이다. 피터는 그녀보다 더 심각하다. 피터는 퀸스 고등학교에 다니는 평범한 학생이었다. 피터의 부모는 아들이 대학에 가주었으면 했지만 그에게 딱히 인생 계획이 없었다. 음악을 유달리 좋아한 피터는 교회 악단에서 연주를 해보기도 했지만, 그 정도 취미와 실력을 직업으로 연결할 수는 없었다. 컴퓨터공학을 공부해볼까 생각해봤지만 수학 실력이 달렸다. 그래서 피터는 친구들이 하는 대로 가까운 커뮤니티 칼리지에 등록했다. 하지만 진학지도를 해줄 사람이 아무도 없었던 탓에 어떤 과목을 들어야 할지도 알 수 없었다. "어떤 과목이 좋아 보여서 수강 신청을 하러 갔더니 정원이 다 찼더라고요. 남아 있는 과목은 내키지 않는 것뿐이었어요. 회계학이 있었죠. 난 그쪽은 영 아니거든요. 프랑스어도 있었는데 전혀 아는 것이 없는 과목이었어요." 피터는 두 과목 모두 F학점을 받았다. 수학도 마찬가지였다. 결국 학사 경고를 받았다.

피터는 이모가 있는 조지아주로 옮겨가, 그곳에 있는 커뮤니티 칼리지에 등록했다. "거기도 크게 다른 건 없었습니다. 차라리 4년제 대학을 갈 걸 그랬어요. 교양학부 필수과목인 사회학, 수학, 영어, 체육을 신청했죠." 그는 거의 모든 과목에서 낙제했다. "대학은 가야 한다고들 말합니다. 하지만 대학이 누구에게나 도움이 되는 건 아니에요. 대학에 가야 한다는 건 알지만, 대학이랑 인연이 닿지 않는 사람도 있는 것 같아요."

피터 말이 백번 옳다. 하지만 고등학교를 나온 후에도 공부를 하거나 직업훈련을 받는 과정은 반드시 필요하다. 어떤 형태로든 교육을 받지 않으면 월급이 적은 일을 전전할 수밖에 없다. 육체노동보다는 정신노동을 더 대우해주는 냉정한 경제체제에어서 그런 선택은 평생 고생을 의미한다. 버젓한 일자리는 하나같이 학위나 스펙을 요구한다. 고급 교육을 받은 사람과 받지 못한 사람의 연봉은 큰 차이를 보이는데, 그 격차는 갈수록 더 벌어질 것이다. 그렇다면 피터처럼 대학에 갈 형편이 되지 않는 친구들은 어떻게 해야 할까?

이런 학생들의 부모는 대부분 이런 문제를 겪어본 경험이 없다. 1960년대나 70년대에 성년이 된 세대는 고등학교를 졸업하고 몬태나주의 구리 광산이나 디트로이트의 조립라인에서 일자리를 구했고 보수도 만만치 않았다. 월급도 꾸준히 올랐고 무엇보다도 마음만 먹으면 더 안정된 진로를 모색할 수도 있었다. 광부나 인쇄공도 얼마든지 직업의 사다리를 타고 올라갈 수 있었다. 발파 기술을 배우면 광부도 갱도를 벗어날 수 있었다. 노동자에게는 숙련공이 되는 방법이 있었다. 아예 기술직을 그만두고 경영에 참여하는 수도 있었다. 사다리를 타고 오르기 위해 따로 교육을 받을 필요도 없었다. 이 직장인들에게는 무엇보다 현장 경험과 훈련이 중요했고, 고용주들은 기꺼이 그에 걸맞은 훈련 프로그램을 제공했다.

그러나 1970년대가 지나고 80년대에 접어들면서부터는 이런 직업은 하나둘 사라졌다. 광산은 폐쇄되었고 디트로이트 공장은 규모를 줄였다. 비숙련 직종은 노동력이 더 싼 해외에 공장을 지어 자리를 옮겼다. 이제 보수가 좋은 일자리는 하나같이 숙련도가 높고, 따라서 늘

공급이 부족하다. 요즘같이 불경기가 계속되고 실업률이 호전되지 않는 경기회복기에는 특히 그렇다. 경쟁은 점점 더 치열해지고, 고용주들은 신입 직원들을 교육할 책임을 더는 떠맡지 않으려 한다. 그런 책임은 커뮤니티 칼리지나 기술 전문학교로 넘어갔다. 고등학교를 졸업하고 나서도 남들에게 뒤처지지 않으려면 평생 교육과 훈련을 게을리하지 말아야 한다.

미국이 글로벌 경쟁에서 뒤처질지도 모른다는 위기의식을 느낀 오바마 대통령은 2009년 연두교서에서 모든 근로자들에게 교육 및 훈련 기간을 1년 더 가질 것을 촉구했다. 오바마는 대통령 직권으로 2020년까지 커뮤니티 칼리지 학생을 500만 명 더 배출하기 위해 120억 달러의 예산을 확보한다는 계획을 발표했다. 이 계획은 2010년 3월에 통과되었지만 안타깝게도 최종안에서 20억 달러로 삭감되었다.

하지만 이런 조치가 요즘 영어덜트들에게 어느 정도 자극을 준 것만은 틀림없다. 우리가 인터뷰한 젊은이들은 하나같이 출세하려면 고등학교를 나온 뒤에 대학에 가거나 별도의 교육을 받아야 한다고 입을 모았다. 고등학교 3학년생 중 대학에 가겠다고 답한 학생이 70퍼센트에 달하고 작년 대학 신입생 수가 300만 명에 이른 것도 다 그 때문이다. 그렇다면 왜 안젤리나는 대학을 6년이나 다녀야 했고, 피터는 도중에 그만두어야 했을까? 그들의 열망에 찬물을 끼얹은 단단한 현실의 벽은 무엇이었을까?

부의 대물림에서
학력 대물림으로

시카고 대학교 교수이자 시카고교육연구컨소시엄Consortium on Chicago School Research의 공동 의장인 멜리사 로더릭Melissa Roderick은 《뉴욕타임스New York Times》와의 인터뷰에서 다음과 같이 말했다. "부모가 자식에게 바라는 건 예나 지금이나 달라진 것이 없습니다. 부모는 자식이 중간 정도는 살기를 바랍니다. 문제는 경제 사정이 달라졌다는 겁니다. 그러니 웬만큼 살려면 대학을 가지 않을 수 없는 세상이 된 것이죠. 그런데 대학에 가려면 누군가가 요령을 일러줘야 합니다. 부모들도 모르니까요."

미국인의 약 70퍼센트는 대학 문턱에도 가본 적이 없다. 그런 집안에서 자란 아이들은 집에서 대학 애기를 들을 기회가 좀처럼 없다. 대학 애기가 나온다고 해도 막연하고 포괄적인 내용이 대부분이다. 이 청소년들에게 대학은 미지의 세계다. 오리건 주립대학의 진학 상담사 킴 매칼렉산더의 말대로 대학은 "TV의 납량 특집 프로그램을 뛰어넘는 두려움"이다. "특히 집안에서 처음으로 대학에 간 세대라면 장학금을 어떻게 신청하는지, 학교생활을 어떻게 해야 하는지도 모릅니다. 그렇다고 딱히 도움을 청할 곳도 마땅치 않습니다. 부모가 제대로 뒷바라지를 해주는지, 아니면 진로 설정에 도움이 필요한 학생인지는 한눈에 알 수 있습니다."

1970년대 이후 대학을 졸업한 부모와 고등학교만 나온 부모를 둔 학생들이 대학 과정을 마치는 시간 차이가 16퍼센트나 벌어졌다. '네트워크'의 연구를 살펴보면 이런 격차가 생기는 원인을 정확히 알 수 있다. 교육 정보를 얻을 수 있는 부모의 능력, 학생 개인의 유전적 특성, 그리고 갈수록 심해지는 가계소득의 불평등이 그 주요 원인이다.

미네소타 출신인 타일러는 대학에 가야 한다고 생각했다. 하지만 부모나 고등학교 선생님들이 그래야 한다고 일러준 것은 아니었다. "그냥 4년제 대학 학위가 있으면 근사하겠다고 생각했어요. 딱히 하고 싶은 건 없었어요. 진로 계획 같은 것도 전혀 없었죠."

타일러가 다녔던 학교는 미네소타주에서 중간 규모의 도시인 세인트폴에 있는 평범한 공립학교였다. 타일러는 성적이 그저 중간쯤 되는 눈에 띄지 않는 학생이었다. 고등학교를 중퇴한 어머니는 평생을 공장에서 일했다. 타일러는 학교에서 배우는 것이 장래와 무슨 관계가 있는지 알 수 없었다. 그것을 설명해주는 사람도 전혀 없었다. 타일러는 학교의 진학 상담 교사들이 C학점 수준의 학생들에게 아무런 관심도 두지 않았다고 했다.

"상담 선생님과 한 번 이야기한 적이 있어요. 졸업하기 직전이었죠. '뭐 하러 굳이 대학엘 가려 하느냐'고 묻더군요." 타일러가 난생 처음 만났던 상담 교사는 업무량이 많아서인지 그의 성적만 보고 장래성을 판단한 것 같았다. 타일러는 뒤늦게 아쉬워했다. "어떻게 보면 어이없이 당한 건지도 모르겠어요. 그때 누가 사소한 격려라도 한마디 해주었다면 큰 힘을 냈을지도 모르겠다는 생각이 들어요. 그러니까 '대학을 가는 게 좋지 않을까?'라든가 '공부를 해야 하는 세상이야'라고 말해준 사람이 있었다면, 지금 어떻게 됐을지 누가 알겠어요?"

　　요즘 상담 교사라는 직책이 하는 일은 많고 보수는 적기 때문에 타일러처럼 어정쩡한 학생에게 성의 있는 충고를 해주기가 어렵다. 공립고등학교의 상담사는 녹초가 될 정도로 많은 업무량에 시달리고 있다. 공립학교 상담사는 보통 한 해에 311명의 학생을 상대한다. 어쩔 수 없는 일이지만 대학 진학 상담은 전체 업구 시간의 23퍼센트밖에 되지 않는다. 이와는 대조적으로 사립학교의 상담사는 학생들의 대학 진학을 상담하는 데 절반이 넘는 시간을 할애하고 있으며, 한 사람이 맡는 학생도 한 해에 234명이다. 타일러가 고등학교를 다녔던 미네소타는 상담 교사 1인당 학생 비율이 전국에서 두 번째로 높은 주였는데, 상담 교사 한 명이 담당한 학생은 무려 799명이었다. 이쯤에서도 무한 교육 경쟁은 어김없이 그 추악한 고개를 다시 쳐든다. 일류 학교와 일류 학군의 부모들은 모든 학생들에게 더 나은 서비스를 제공할 것을 요구하지 않는다. 그보다는 일류 대학 진학 전문 상담교사를 찾아가 엄청난 돈을 쏟아붓는다. 그들은 자식을 일류 학교에 보내기 위해 할 수 있는 일이라면 무엇이든 마다하지 않는다. 문제는 타일러의 어머니 같은 부모들은 대부분 그런 경쟁에 끼어들 여유가 없다는 사실이다.

경쟁이 치열하면
방황에도 요령이 필요하다

타일러는 교육제도 안에서 철저히 무시당하는 청소년의 전형적인 사례다. 선생님의 눈에 띌 정도로 성적이 우수한 것도 아니고 경찰의 눈에 띌 정도로 못된 짓을 하는 학생도 아니었다. 집이나 학교에서 진학지도를 해주는 사람도 없었고, 보란 듯이 성공하겠다는 의욕도 없어서 사람들의 관심에서 서서히 잊혀져가는 경우였다. 타일러도 8학년 때는 학력평가시험에서 전교 상위 2퍼센트에 드는 우수한 성적을 올릴 만큼 똑똑한 학생이었다. 하지만 고등학교에서는 C학점짜리 학생이 되고 말았다. "제가 좀 감정적인 편이라 그런지 그때는 뭔가 알 수 없는 분노로 가득 차 있었어요. 세상이든 뭐든 다 증오했어요. 결국 그런 취급을 당하는 바람에 내 자신에 대해서도 별로 가치 있는 인간이란 생각을 하기 어려웠습니다."

당연한 이야기이지만 대학을 잠깐 다니다 그만둔 것은 타일러에게 애석한 일이었다. 명문 고등학교를 나온 학생들과 달리, 타일러는 어떤 기준으로 학교를 선택해야 할지, 원서 접수는 어떻게 해야 하는지, 필요한 서류는 무엇인지, 학자금 융자는 어떻게 받아야 하는지에 대해 아는 것이 전혀 없었다. 좋은 학교에 다니는 엘리트 학생들은 관심 있는 학교를 직접 찾아가보고 여러 학교에 지원서를 내는 등 치밀한 계획을 세워 학교를 탐색하지만, 타일러는 복잡하게 생각할 것 없이 가까운 대학에 응시하기로 했다. 이유는 단순했다. 어느 날 차를 몰고 지나가다 우연히 원반던지기 놀이를 하는 학생들의 모습이 재미있어 보였기 때문이다. 학교 성적은 대단하지 않았지만 ACT(미국 대학수능 시험) 점수는 대학에 가는 데 전혀 문제가 되지 않았다(중간 수준의 학교에서 상위 2퍼센트의 점수를 받은 것을 봐도 분명히 알 수 있듯이 그의 타고난 능력은 의심할 바가 없었다).

타일러는 별다른 계획이나 목적의식 없이 별다른 준비도 하지 않은 채 대학에 진학했다. 미네소타 대학교는 학생 수가 5000명이 넘는 큰 학교다. 철저한 계획이 있어도 길을 잃기 십상이다. 타일러는 구체적인 계획도 없이 심리학과 수학을 신청했고 이런저런 과목에 조금씩 손을 댔다. 그는 대학 먹이사슬의 가장 아래 단계에 있는 미네소타 대학 교양학부의 보충수업을 들락거렸다. 그는 정보학을 전공으로 선택했지만 그것 역시 충동적인 결정이었을 뿐이다. 그는 정보학이 무엇인지도 몰랐다.

"아마 전공 목록을 봤던 것 같아요. 상담 선생님이 몇 가지 기본적인 학과를 제안했고, 그중에서 정보학을 택했을 거예요. 정확한 이유는 기억나지 않아요."

그는 금방 뒤처졌고 일 년도 못 되어 그만두었다

"상담 선생님들이야 할 만큼 했겠죠. 하지만 저 게는 아기 돌보기 같은 일이나 딱 어울린다고 속으로 생각하셨을지도 모르죠. 그렇다고 그분들이 그런 말을 할 수는 없는 거 아니겠어요? 아마 그때 저는 대학에 갈 준비가 되어 있지 않았던 것 같아요."

치열한 경쟁을 통과해야 대학에 갈 수 있는 요즘 같은 상황에서 타일러는 인내심이 부족한, 어디에서나 흔히 볼 수 있는 제도권의 학생이었다. 이것은 또 다른 문제로 이어진다. 학생들의 능력을 놓고 언제 사실대로 말해주어야 하는가? 자격이 없는 학생에게 솔직하게 포기하라고 말하는 것이 나쁜 일인가? 결과가 빤히 보이는데도 '넌 할 수 있을 거야'라고 무조건 부추기는 것은 과연 옳은 일인가? 타일러의 상담 교사가 가혹한 현실을 그대로 말해주었다면 어땠을까? 그래서 그때 그에게 대학이 어울리는 선택이 아니라고 적어도 말해주는 것이 옳지 않았을까? 그렇다면 가뜩이나 없는 돈을 쓸데없이 낭비하지는 않았을 것 아닌가?

타일러는 용케 학자금 지원을 받았지만, 학자금 융자 제도가 원체 복잡해서 뭐가 뭔지 알 수 없었다. 그래서 그에게 가장 유리한 융자 방법을 찾지도 못했다. 대신 그는 이자율이 높은 돈을 빌렸고 6년이 지난 지금도 그 돈을 다 갚지 못해 쩔쩔매고 있다. 그런 일이 없었다면 타일러는 직업학교에 들어가 졸업하고 쉽게 취직했을지도 모른다. 지금도 직업학교는 운영되고 있지만, 그 대부분이 '낙오자'들이 택하는 코스로, '쓰레기 하치장' 같은 인상을 주는 것이 사실이다. 이렇게 마땅한 대안이 없기 때문에 학생들은 더욱더 분에 넘치는 대학만 꿈꾸고, 그래서 잘못된 판단을 하게 되는지도 모른다. 흔히 대학은 모두에게 열려 있다고 생각하지만, 워비건 호수 효과Lake Wobegon Effect(게리슨 테일러가 만든 용어로, 미네소타의 가상 마을 워비곤 호숫가 사람들이 모두 자신들이 보통 사람들보다 잘났다고 생각하는 착각 현상을 가리킨다―옮긴이)처럼 모든 학생들이 평균 이상인 세상은 그 어느 곳에도 없다.

매칼렉산더는 다음과 같이 말한다.

"세상이 많이 변했습니다. 누구나 대학에 가야 한다고 생각하니까요. 하지만 전혀 준비가 안 된 학생도 있습니다. 이제 대학은 막연한 기대치입니다. 그렇다 보니 무슨 과를 가서 어떤 식으로 공부를 해야겠다는 생각도 없이 일단 들어가고 봅니다. 게다가 대부분은 이쪽저쪽 기웃거리다가 썩 내키지도 않는 전공을 택하고 맙니다. 그러니 성적이 제대로 나올 리가 있겠어요? 간신히 한 학기를 넘긴다고 해도 뭘 어떻게 해야 할지는 여전히 모릅니다. 그냥 버티는 것이죠. 그러니 재미도 없고요."

안타깝게도 타일러를 비롯한 그 많은 학생들에게 '대학엔 가야 한다'는 절대 명제 외에 달리 택할 수 있는 대안이 딱히 없다. 리틀 야구단 실력으로 프로 선수가 되려 했던 타일러는 결국 대학을 그만두었다.

베니는 타일러보다 더 좋은 고등학교를 나왔지만 그 역시 대학을 중퇴했다. 하지만 사정은 조금 달랐다. 그에게는 부모의 뒷바라지가 있었지만 무엇을 하며 살아야겠다는 생각이 없었다. 그는 방향을 잃고 우왕좌왕했다.

베니는 샌디에이고에 사는 필리핀 대가족 출신이다. 고등학교에서는 평균 B학점 정도를 받았고 선생님이나 부모는 모두 그의 장래에 적잖은 관심을 가져주었다. 베니는 커뮤니티 칼리지에 들어가고 싶었지만 어머니가 종합대학에 가기를 바랐기 때문에 샌디에이고 주립대학에 등록했다. 베니는 우리와 상담할 때에도 여전히 "장래에 대해 구체적인 생각을 해본 적이 없다"고 했다.

베니는 처음에 생물학을 전공할까 생각해봤지만 누나의 말을 듣고 인문대학 쪽으로 바꾸었다. 그도 그편이 좀 더 자유분방하고 생물학보다 한결 공부하기가 수월하리라고 생각했다. 스무 살짜리들이 대부분 그렇듯이, 베니는 쉬운 길을 택했다. 그에게는 조언해주는 사람이 없었고, 어디를 어떻게 찾아가야 그들을 만나는지 잘 알지 못했다. 베니의 부모는 아들이 대학에 들어갔을 때 무척 기뻤지만, 그만두었을 때는 더 기뻐했다. '쏠쏠한 돈벌이'가 될 만한 장사를 할 기회가 생겼기 때문이다. 그는 그 장사 말고도 아르바이트를 두 군데 더 뛰었다. 하나는 말리부그랑프리였고 다른 하나는 디즈니스토어였다.

베니는 누나가 먼저 대학에 갔기 때문에 안젤리나나 피터와는 달리 대학이 낯설지 않았다. 베니는 소셜 네트워크의 도움도 받았다. 고등학교 때는 인기 있는 학생이었고, 여러 모임에서도 활약했다. 다시 말해 나름대로 대학 생활을 하는 데 필요한 설계도는 있었던 셈이다. 그러나 결정적으로 자신의 마음속에 있어야 할 나침반이 없었다. 방향을 잃고 떠돌던 그는 40퍼센트의 학우들과 함께 낙오했다. 또 그 많은 학우들이 그랬듯 다시 돌아왔다.

이번에는 커뮤니티 칼리지였다. 하지만 그는 다른 많은 학생들처럼 두 번째 시도에서도 결국 실패할 것이다. 열아홉, 스물한 살, 스물세 살 때는 대부분 미래에 대해 구체적인 설계를 하지 않는다. 일류 대학이란 곳도 사정은 크게 다르지 않다. 일류 대학을 다니는 학생들도 학창 시절에 인생을 구체적으로 설계해볼 기회를 갖지 못한다. 부모들이 자식들에게 특정 분야에 관심을 가져보라고 권하고 구슬리고 잔소리도 해보지만, 아이들은 귀담아듣지 않는다. 그들은 변호사, 의사, 경찰 등 이런저런 사람들의 말을 듣고 '인터넷을 검색한 후' 이렇게 말한다. "아니야, 이건 내게 안 맞아." CEO 연설문 작성자나 비영리 재단의 홍보 책임자로 일하려면 어느 정도 글쓰기를 좋아해야 할까? 그건 어떻게 알 수 있을까? 법에 흥미가 있으면 세관원을 꿈꾸는 것도 좋다는 것을 아는 학생은 몇이나 될까? 이런 식으로 선택할 수 있는 직업을 나열하자면 끝도 없다. 그러나 이렇게 흥미롭고 폭넓은 선택을 제시하며 설명해주는 사람은 거의 아무도 없다. 베니는 생물학을 좋아했지만 그런 적성으로 어떤 직업을 선택할 수 있는지는 알지 못했다. 진로를 두고 중요한 결정을 해야 할 때 그가 택할 수 있는 길을 제시해준 사람은 아무도 없었다.

베니뿐만이 아니다. 뒷바라지를 제대로 받든 안 받든 진로 선택은 어려운 문제다. 아이들에게 다양한 선택을 제시할 수 있는 부모들도, 번듯한 직업을 가진 부모들도 이 무렵이 되면 다들 초조해하고 당황하기는 마찬가지다. 아이들은 '충고'를 듣기에는 너무 커버렸고, 그렇다고 혼자서 판단하기에는 아직 어리다. 결국 갈팡질팡할 수밖에 없다. 요즘은 열아홉 살이 넘어서도 부모 집에 얹혀사는 것을 그다지 이상하게 여기지 않는 분위기 때문인지, 독립해 나갔다가도 다시 돌아오는 젊은이들이 많아졌다.

예나 지금이나 방황하고 당황하고 딱히 하는 일 없이 빈둥거리는 것이 젊은이들의 특성이라지만, 요즘처럼 팍팍한 사회 분위기에서는 하찮은 실수도 너그럽게 봐주지 않는다. 그래서 기회도 많지 않다. 여기에는 앞서 말한 무한 경쟁으로 몰아가는 사회 분위기 탓도 어느 정도 있다. 보통 수준은 넘어야 고용주의 선택을 받을 수 있다. 졸업을 하지 못해 학력에 오점을 남기면 아무리 멀쩡한 학생이라도 취업하기가 쉽지 않다. 최근 경기 침체가 불어닥치면서 나이 많고 경험도 많은 노동력이 취업 시장에 대거 풀렸다. 그래서 관심 있는 분야가 있어도 발판을 마련하기가 쉽지 않다. 이처럼 경쟁이 치열해지면 방황을 해도 요령 있게 해야 한다.

캐나다 출신 숀 에이킨은 나름대로 진로를 정했지만 적성에 맞는지 확신이 서지 않아서 일 년 동안 여러 가지 일을 일주일씩 해보기로 했다. 재치와 매력이 넘치고 마케팅에 남다른 소질도 있는 에이킨은 자신이 섭렵한 여러 직종의 일들을 블로그에 올렸다. 블로그가 〈굿모닝 아메리카Good Morning America〉(미국 ABC TV의 아침 프로그램—옮긴이)에 소개되면서 그는 출판 계약까지 맺었다. 누구라도 할 수 있는 일이다.

자신을 도와줄
응원 부대를 만들어라

바나도 타일러와 사정이 크게 다르지 않았다. 그녀의 부모 역시 딸이 대학 과정을 정상적으로 마치는 데 필요한 여건을 마련해줄 처지가 못 되었다. 그러나 바나에게는 올바른 멘토를 찾을 수완과 능력이 있었기에 어려운 고비를 넘길 수 있었다. 바나의 경우를 보면 대학 시절에 멘토가 얼마나 중요한 역할을 하는지 다시 한 번 확인할 수 있다. 모범적인 학생이었던 바나는 도와줄 사람을 쉽게 찾을 수 있었다. 그런 사람이 없었다면 바나도 타일러나 베니처럼 방황했을 것이다.

바나의 부모도 딸을 도와줄 방법을 몰랐지만, 그녀는 영리해서 제 앞가림을 스스로 잘해나갔다. 그리고 필요할 때 중요한 사람들이 나서서 그녀의 재능을 발견하고 키워주었다. 미니어폴리스에 사는 스물여덟 살의 대학원생 바나는 원래 라오스에서 가족들과 함께 미국으로 건너온 난민이었다. 그녀의 부모는 라오스에서 중산층이었지만 미국에서는 쉽게 적응하지 못하고 있었다. 바나는 제 앞가림을 하는 것은 물론, 말이 안 통해 애를 먹고 있는 부모를 도와 새로운 터전에 빨리 적응할 수 있도록 했다.

동양의 많은 나라들이 그렇듯이 라오스에서도 딸에게 아들만큼 투자를 하지 않는다. 딸은 결국 출가외인이다. 바나는 이렇게 말했다. "여자들이 배우는 것은 정해져 있습니다. 밥하고, 살림하고, 현모양처가 되고, 며느리 노릇 잘하는 것이죠." 바나의 부모는 그녀가 대학에 다니는 것을 말리지는 않았지만 자신의 의사를 적극적으로 표현할 수 있게 키우지도 않았다. "그래서 대학에 가겠다는 말을 하기가 더 어려웠던 것 같아요."

부모가 딸의 능력을 길러주고 대학에 갈 수 있게 이끌어주지는 않았지만 바나는 폭넓은 인적 네트워크를 통해 자신을 도와줄 사람들을 많이 만날 수 있었다. "저는 운이 좋아서 멘토도 있었고 절 사랑하고 키워주신 부모님도 있었어요. 그래서 제 갈 길을 찾을 수도 있었죠."

바나의 고등학교 시절은 평탄했다. 그녀의 주위에는 부모의 적극적인 뒷바라지에 힘입어 공부를 잘하는 친구들이 많았다. 그들은 선행 학습을 하고, 여름 수학 캠프에 가고, 해외 교환학생 프로그램에도 참여했다. 그러나 그녀에게도 소중한 지지자가 있었다. 그중에서도 그녀에게 가장 큰 영향을 끼친 사람은 주일학교 선생님 두 분이었다. "두 분은 우리 학생들과 많은 시간을 같이 보내주셨어요. 대학 교육을 받은 분들이라 우리보고도 늘 대학에 가야 한다고 말씀해주셨죠."

바나는 영리했던 탓에 여러 선생님들에게 각별한 사랑을 받았다. 2학년 때, 바나는 진학지도 상담 교사를 따라 여러 대학교를 방문했다. "처음에는 왜 그런 절차가 필요한지 알지 못했어요. 하지만 그분은 우리를 데리고 대학교를 탐방했지요. 몇 군데를 찾아갔어요. 그분은 근무시간이 아닐 때에도 우리와 함께 다녔어요. 그래서 그분을 잊을 수 없어요. 제게는 정말 소중한 경험이었죠." 그런 기회를 통해 바나는 대학에 왜 가야 하는지, 그리고 대학이 자신의 미래와 어떤 연관이 있는지를 어렴풋하게나마 생각할 시간을 가질 수 있었다. 바나에게는 매우 중요한 순간이었다. 바나는 자신의 인생에서 대학이 차지하는 의미를 찾았다. 이미 대학생감으로 손색이 없었던 것이다. 그녀의 부모는 딸이 대학을 다니도록 길잡이 노릇을 해줄 수 없었지만 다른 사람들이 그 역할을 해주었다.

바나는 부모와 가까운 곳에 있어야 했기 때문에 트윈 시티스Twin Cities(미니어폴리스와 세인트폴 — 옮긴이)에 있는 대학 네 군데에 지원서를 냈다. 바나는 학생 수가 많지 않은 여학교를 택했다. 열아홉 살짜리들이 대부분 그렇듯 바나도 평생 무얼 하고 살아야 할지 언뜻 감이 잡히지 않았다. 다만 고등학교 때 영어 성적이 좋았기 때문에 영어를 전공할 생각이었다. 그러던 차에 교수의 권우로 한 의사가 주제 발표를 하는 세미나에 참석할 기회를 얻었다. 그때 갑자기 머릿속에서 번쩍하는 것이 있었다. 의사가 되어야겠다는 생각이었다. 바나는 전공을 생물학으로 바꾸고 대학원에 갈 목표를 세웠다. 우리가 인터뷰한 것은 그녀가 대학원에 다니고 있을 때였다.

요즘 젊은이들에게는 치어리더 같은 응원 부대가 절실히 필요하다. 부모든 멘토든 상담사든 선생님이든 상관없다. 삶은 경쟁이고, 너무 많은 사람들이 경쟁에서 뒤처진다. 엘리트 부모들은 헬리콥터처럼 자녀의 주위를 떠나지 않는다. 실패가 다반사이고 돈이 많이 드는 경쟁이라는 것을 잘 알기 때문이다. 학생으로서도 부모와 가족에게 받을 수 있는 도움을 인정하고, 충고와 안내를 기꺼이 기다리는 편이 낫다. 2007년 대학생들을 대상으로 실시한 조사에서 자신이 대학에 갈지 말지, 또 간다면 어느 대학을 가야 할지, 신청서를 몇 군데 작성할지, 대학교에서 직원들을 어떻게 상대해야 할지, 심지어 어떤 과목을 수강해야 할지 결정할 때 부모가 '적당한(너무 적지도 많지도 않은)' 도움을 주었다고 말한 학생은 4분의 3 정도였다. 안타깝게도 저소득 계층의 아이들은 부모에게 충분한 도움을 받지 못했다고 말하는 경우가 훨씬 많았다. 대학에 들어간 후에는 더욱 도움을 받지 못했다. 멘토나 그 밖에 도움을 주는 사람이 있다고 대답한 학생들도 더러 있었지만 대부분 대학 생활 내내 우왕좌왕하며 방황한다. 어디를 가나 "대학에 가라"는 말뿐이지만, 막상 대학에 들어가서 실제로 졸업하기까지는 너무 많은 난관이 도사리고 있다. 그럴 때 부모나 멘토의 도움이 없다면 성공할 확률은 크게 떨어진다.

바나는 인생 설계를 도와주고 대학에 가기 위해 밟아야 할 단계를 일러주는 어른들이 있었기 때문에 미래를 생각할 수 있었다. 그녀에게 대학은 4년제 대학을 의미했다. 바나는 대학에 가야 할 재목이었고 필요한 순간에 필요한 어른들이 나서서 그녀의 소질을 일찍 발견해주었지만, 타일러나 베니는 아무에게도 주목받지 못했다. 그렇다고 달리 선택할 길이 있는 것도 아니었다. 적어도 분명하게 알아차릴 수 있는 선택이 그들에겐 없었다. 타일러나 베니 같은 그 수많은 젊은이들이 가는 대학은 결국 정해져 있다. 바로 2년제 커뮤니티 칼리지다.

실패, 도전
실패, 도전······

커뮤니티 칼리지는 고등 교육 체계를 이끄는 견인차다. 미국커뮤니티칼리지협회American Association of Community Colleges, AACC에 따르면 2008년에 커뮤니티 칼리지에 등록한 학생은 전국 대학생의 46퍼센트에 해당하는 1150만 명이었다. 아울러 최소한 준학사 학위를 요구하는 직업이 대학 경력을 전혀 필요로 하지 않는 직업보다 두 배 빨리 성장할 것으로 예측되었다. 커뮤니티 칼리지는 4년제 대학만큼은 매력이 없지만, 적은 예산과 실속 있는 교수진으로 간호, 보육, 소방, 치안, 그리고 그 밖의 수많은 의미 있고 실용적인 직업에 필요한 능력을 학생들에게 가르치고 있다.

'네트워크'가 확인한 자료에 따르면, 커뮤니티 칼리지는 성적이 시원치 않고 4년제 대학으로 진학하기 전에 실력을 보충해야 할 고등학생들에게 적절한 교육 기회를 주고 있다. 실제로 커뮤니티 칼리지 학생의 절반 가까이는 처음부터 보충수업을 받아야 할 정도로 학업 능력이 떨어진다. 커뮤니티 칼리지는 또한 나이가 좀 있거나 소득이 적거나 노동계급이거나 유색인종인 학생들에게 좋은 선택이 될 수 있다. 참고로 커뮤니티 칼리지 학생들의 평균연령은 서른 살이다.

커뮤니티 칼리지 학생들이 학교에 다니는 이유는 4년제 대학에 다니는 학생들과 조금 다르다. 일부는 자신이 하는 일과 관련된 교육을 다시 받거나, 아이를 가진 후에 다시 공부를 하기 위해 등록한다. 또 무엇을 전공해야 할지 몰라 아무 생각 없이 건성으로 수업을 듣다가 자신에게 맞는 분야를 찾아내는 학생들도 있다. 하지만 대다수는 일정한 학점을 이수한 후에 4년제 대학으로 옮길 계획으로 커뮤니티 칼리지를 선택한다. 어쨌든 그것도 하나의 방법일 수는 있다. 그러나 그들은 구체적인 미래 계획이 없고 학교에 다녀야 할 분명한 이유를 의식하지 못한 경우가 대부분이다. 그래서 어떻게든 졸업해야겠다는 생각도 하지 않는다.

MDRC의 수석 부의장이자 교육 및 사회 정책 전문가로 잘 알려진 로버트 이브리Robert Ivry는 실제로 이런 미적지근한 태도 때문에 많은 학생들이 중도에 탈락한다고 말한다. '네트워크'와 MDRC는 공동으로 커뮤니티 칼리지 학생들을 더 많이 유치하고 확보하기 위해 '오프닝도어스Opening Doors'라는 프로젝트를 개발했다. "많은 학생들이 수강 신청을 할 때 신청 과목을 유기적인 관점에서 선택하지 않습니다. 교수나 전문 상담사에게 조언이나 지도를 받지도 않습니다. 학생들은 보통 '계발 과정development courses'을 먼저 신청해야 하는 경우가 많습니다. 예전에는 보충수업이라고 했던 과정이죠. 학생들은 무엇을 전공해야겠다는 확신이 없기 때문에 서로 어울리지 않는 교양과목을 잡다하게 신청합니다."

피터의 경우도 목적이 불분명했다. 뉴욕의 한 공립학교를 나온 피터는 인근 퀸스의 커뮤니티 칼리지에 등록했다. 그는 대학에 가야 한다고 생각은 했지만 왜 가야 하는지는 잘 알지 못했다. 마땅히 지도해 줄 사람도 없는 환경에서 이런저런 과목을 두서없이 신청했고, 결국 대부분 낙제를 면치 못했다. 학교를 옮겨 조지아에서 다시 도전해봤지만 적응을 못 하기는 마찬가지였다. 피터는 영어 수업에서 F학점을 받았고, 필수과목인 수학에서 보충수업을 들었다. 커뮤니티 칼리지 학생들 가운데 피터 같은 경우가 절반이 넘는다. 보충수업을 들으면 그 학기에 치르는 시험을 모두 통과해야 한다. 피터는 'F'를 세 번 받았다. "그래서 관뒀죠, 뭐." 피터는 그렇게 말했다.

이런 반응은 흔히 볼 수 있다. "커뮤니티 칼리지 학생들 가운데 6년 안에 졸업장을 받는 경우가 채 절반이 안 됩니다. 보충수업에서 많이 탈락하죠. 고등학교를 졸업했는데도 대학 수업을 받을 준비가 전혀 안 된 학생들이 많습니다. 요령만 반복적으로 가르치는 수업이 너무 많아요. 그런 수업은 대개 일방적인 주입식이죠. 학생들로서는 전혀 흥미를 느낄 수 없는 지루하고 맥 빠지는 수업이죠."

다른 학생들도 피터와 크게 다르지 않다. 학교를 계속 다녀야 할지 말아야 할지 잘 판단하기가 힘들다. 어떤 형태로든 교육이 필요하다는 것은 알면서도 딱히 뭘 해야 할지는 잘 모르는 20대 초반의 젊은이들에게 커뮤니티 칼리지는 '그저 한번 해볼 만한' 호기심의 대상일 뿐이다. 《US 뉴스 & 월드 리포트U.S. News & World Report》에 열거된 대학은 엄두가 나지 않고, 그래서 커뮤니티 칼리지를 택하지만 그 이유도 가관이다. "친구들이 전부 갔거든요." 한 학생은 그렇게 말했다. "이 도시를 벗어나고 싶었어요"라고 말한 학생이 있는가 하면 "이 도시에 남고 싶었어요"라고 말한 학생도 있었다. 그 밖에도 이유는 많았다. "그 정도 여유는 있었거든요." "누나가 거기 다녔어요." "집에서 가까웠어요." 심지어 "주차할 수 있어서" 택했다는 학생도 있었다.

미라벨은 친구들이 다니고, "게다가 카풀이 가능하기 때문에" 지금의 학교를 택했다고 했다. 미라벨의 결정을 보면 학생들이 학교에 대해 갖고 있는 양가감정을 알 수 있다. 미라벨은 고등학교 때 절대 불량 학생은 아니었다. 그저 멋 부리고 친구 만나길 좋아했을 뿐이었다. 대학 입학사무처에서 과외활동으로 무엇을 했느냐는 질문을 했을 때, 미라벨은 언뜻 머리에 떠오르는 것이 없었다. "뭘 하긴 했었어요. 근데 뭐였는지 이름을 잊었어요." 장래 생각은 애초에 없었다. 그저 친구들이 가니까 그녀도 커뮤니티 칼리지에 갔을 뿐이다. "딱히 하고 싶은 것이 없었어요. 간호사가 되고 싶었던 것도 같고, 경영이나 회계 쪽도 괜찮아 보였어요. 뭐 그런 것들이었죠. 확실하지 않았어요. 그때는 정말로 몰랐어요. 전공도 뭣도 없었어요." 그녀는 교양학부에 등록했다.

미라벨은 아르바이트도 했다. 그녀의 말로는 그 때문에 학교에 적응하기가 더 힘들었다고 했다.

"그때는 친구들과 몰려다니는 게 좋았어요. 아무래도 공부는 게을러질 수밖에 없었죠. 일하고 수업받고 친구들과 쏘다니고. 공부할 시간이 도통 없었죠. 사실 뭘 해야 할지도 잘 몰랐고요. 그래도 대학은 가야 할 것 같아요. 대학 갈 생각이 있어야 해요. 그게 정상이라고 생각해요. '고등학교에서 누구 하나 그런 말을 안 해줬잖아'라고 말하면서 남의 탓만 해서는 안 돼요. 정말 자기가 원해서 대학에 가야 하고, 갔으면 열심히 해야 할 것 같아요."

올해 스물여섯 살인 미라벨은 최근에 아이 아빠와 헤어지고 부모와 함께 살면서 두 살배기 딸을 키우고 있다. 미라벨은 지금 부동산중개소에서 대출 처리 일을 한다. 정식 직원이다. 그녀는 일에 만족하긴 하지만 다시 공부할 생각도 아주 배제하지는 않고 있다. 물론 시간이 지날수록 그 가능성은 희박해질 것이다. 4년제 대학에 갈 생각이 있느냐는 질문에 그녀는 이렇게 대답했다. "당연하죠. 학교에 가서 모자란 부분을 채우고 싶어요. 지금 말고. 나중에요."

미라벨이 다시 학교에 가게 될 확률은 거의 없다. 커뮤니티 칼리지 학생들 대부분이 4년제 대학에 가고 싶어하지만, '네트워크'와 MDRC

가 공동으로 조사한 자료에 따르면 커뮤니티 칼리지에서 시작하는 전체 학생 가운데 거의 절반이 도중에 그만두고, 그만둔 다음 다른 곳에 등록하지 않는다. 왜 그럴까? 그들은 학점이 없는 보충 과목을 신청한 후에 의욕을 잃거나, 학점이 4년제 대학으로 이체되지 않는다는 사실을 알고 포기하는 것 같다.

대학 졸업장의 위력이 보기보다 더 만만치 않다지는 세상이 되고 있지만, 나무만 보고 숲을 보지 못한 탓에 공부를 해야 할 동기를 잃어버리는 사람도 있다. 그런가 하면 공부에 전념하기 어려워 포기하는 경우도 있다. 타냐가 바로 그런 경우다. 커뮤니티 칼리지 학생들이 으레 그렇듯, 타냐는 한꺼번에 여러 가지를 다 하려 한다. 타냐는 아이 엄마이고 아르바이트를 두 가지 하고 있으며, 가계부를 이리저리 맞추느라 쩔쩔매고 있다. 타냐처럼 나이 든 학생이야말로 미라벨 같은 나이 어린 학생들과 달리 '돌파구를 마련해야 할' 동기가 분명히 있지만, 그들 앞을 가로막고 있는 현실은 만만치 않다.

타냐는 세인트폴에서 자랐다. 싱글맘인 타냐의 어머니는 미네소타 대학을 고학하며 다녔다. 그녀의 어머니는 딸에게 교육의 중요성을 강조했다.

"어머니는 제가 선택을 해야 할 때마다 도와주셨어요. 여러 곳에 지원서를 내는 것을 도와주셨지만 그때는 방사선학과를 염두에 뒀어요. 이유는 지금 생각해도 모르겠어요. 그때는 그게 멋있어 보였던 것 같아요. 하지만 결국 생각을 바꿨죠. 그리고 여기저기 여러 곳에 지원했지만 여전히 뭘 해야 할지 막막했어요. 그리그 막상 때가 되니까 겁이 나더군요. 지금은 AA학위Associate in Arts(인문 과정 준학사 학위―옮긴이)를 받는 것이 일차 목표예요. 일단 시작한 게 어디예요."

그동안의 과정은 굴곡의 연속이었다. 고등학교 때 질 나쁜 친구들과 어울리면서 지금 열두 살인 큰 딸을 임신했다. 그러다가 남자친구가 "손찌검을 하기 시작했고 사람들에게 멍든 얼굴을 보이기가 싫어" 고등학교를 중퇴했다. 타냐는 딸을 낳은 후(그녀는 딸을 '모닝콜'이라고 불렀다) 검정고시general educational development, GED를 준비하기로 했다. 타냐는 아이를 둘 더 낳았고 남자친구 잭슨과 동거하면서 다시 한 번 학교로 돌아가 한 학기에 두 강좌를 들었다. 낮에 상근 보조 교사로 일하고 비상근으로 승합차 운전을 했으며, 저녁에는 매주 10시간씩 레크리에이션 프로그램 보조원 일을 병행했다. 그녀의 희망은 지방대학에 진학하여 준학사 학위를 교육관리학 학사 학위로 바꾸는 것이다. 타냐는 여러모로 요즘 커뮤니티 칼리지에 다니는 학생들의 전형적인 유형이다. 커뮤니티 칼리지 학생의 평균연령인 서른 살이고, 아이를 기르며, 소수집단에 속한다. 학우들 대부분이 그렇듯 타냐도 일부 과목만 수강하고, 정식으로 근무하는 직장이 있으며, 4년제 대학에 가는 것이 최종적인 희망이다. 졸업에 필요한 64학점 가운데 현재 20학점을 딴 타냐는 사실 갈 길이 아직 멀다. 타냐는 늘 긍정적으로 살려고 애를 쓰지만 학위를 받을 때쯤에는 그녀의 말대로 "나이가 좀 더 들어 있을" 것이다. "10년은 더 다녀야 할 것 같다"고 말하는 그녀의 얼굴이 그리 밝지만은 않았다. "걱정이 이만저만이 아니에요. 이런 식으로는 어렵겠죠. 생각만큼 속도가 잘 나지 않아요."

성인기로 접어드는 많은 젊은이들은 이렇게 실패와 재도전을 반복한다. 학교에 대한 생각도 이랬다저랬다 상반된 감정이 교차한다. 학교를 마치지 못하면 취업을 할 수 없고, 취업이 된다고 해도 박봉에 시달릴 수밖에 없다. 좋은 일자리나 대학 졸업장이 없으면 이 사회에서 당당한 일원으로 살아나가기가 어렵다는 것을 그들은 뒤늦게 깨닫는다. 그래서 커뮤니티 칼리지로 돌아가 뭔가 다른 진로를 모색해보려 하지만 사는 일이 녹록치 않고, 생활 전선에 뛰어들다 보면 그렇게 바라는 학위는 자꾸 미뤄지고, 연봉 인상도 기대할 수 없다. 대학 졸업장이 있는 사람은 대학을 중퇴한 사람들보다 평균 54퍼센트 더 번다. 평생 그렇게 번다고 생각하면 결코 작은 차이가 아니다.

대학보다
목표가 먼저

하지만 커뮤니티 칼리지에도 희망차고 힘이 되는 성공담은 얼마든지 있다. 사실 불리한 환경에서 출발한 젊은이들에게 커뮤니티 칼리지는 인생의 중요한 전환점이고, 심지어 구원의 계기가 될 수도 있다. 또한 커뮤니티 칼리지를 꼭 학사 학위를 받기 위한 징검다리로 볼 것만은 아니다. 오히려 특정 직업에 필요한 전문적 훈련이나 스펙이 필요한 학생들에게 커뮤니티 칼리지는 완벽한 해결책이 될 수도 있다.

아이오와주 출신인 맷은 고교 시절에 아버지의 조경 사업을 틈틈

이 도왔다. 주말에는 10시간씩 일하고 주중에는 방과 후에 네댓 시간씩 일했다. 고등학교를 졸업해도 계속 아버지의 사업을 같이 할 것이고, 아버지가 은퇴하면 그 사업을 이어받게 되리라 기대했다.

"다른 일도 생각해봤어요. 하지만 조경 일을 몇 년 해본 탓인지 그 일이 마음에 들었어요. 그리고 소질도 있는 것 같아요. 그게 결정적인 이유예요. 그만한 일자리도 그리 쉬운 게 아니잖아요."

맷은 인근에 있는 호크아이 커뮤니티 칼리지Hawkeye Community College를 택했다. 용접공, 간호사, 자동차 정비사, 트럭 운전사 양성소로는 아이오와주 중부에서 확고한 위치를 차지한 기술학교였다. 맷은 12개월짜리 원예 프로그램을 신청했다. "4년제 대학에 갈 생각은 처음부터 없었어요. 그런 곳에 시간을 쏟아붓고 싶지는 않았으니까요." 프로그램은 재미있었다. 특히 아버지의 일을 도우면서는 해보지 못했던 경험을 할 수 있다는 점이 좋았다. "다른 조경 업체 일을 할 기회가 있었어요. 거기서 많은 아이디어를 얻었죠. 또 해야 할 일과 하지 말아야 할 일을 구분하는 법도 배웠어요." 학교를 다니면서 그는 자신에게 필요한 구체적인 기술과 통찰력을 터득했다. 더없이 완벽한 조합이었다.

맷의 포부는 크지도 작지도 않았다. 어떻게 보면 이렇게 치열한 세상에서 그런 안일한 꿈은 젊은이로서는 바람직하지 않을지도 모른다. 그러나 조경이라는 그리 대단할 것도 없는 길을 택한 것은 성인기로 진입하는 데 필요한 티켓일 뿐이다. 맷의 앞날이 어떻게 될지는 그 이후의 노력에 따라 얼마든지 달라질 수 있는 문제다.

에두아르도 역시 그 못지않게 '평범한' 목표를 가지고 있었다. 고등학교를 졸업한 후 에두아르도는 여행사 고객 서비스 부서에서 일을 했고, 그 밖에도 잠깐 '이것저것 기웃거리다가' 학교를 갈 때가 되었다고 생각했다. 에두아르도는 샌디에이고에 있는 미라코스타 커뮤니티 칼리지Mira Costa Community College를 선택했다. 거기서 그는 사혈瀉血 수업을 듣는 친구들과 어울리게 되었다. 목적의식이 분명한 친구들을 만나면서 에두아르도에게도 의욕이 생겼다. 여섯 달이 채 되기 전에 의료보조사 자격증을 딴 그는 그쪽 분야의 일자리를 얻었다. 1년 동안 열심히 일한 덕에 승진도 할 수 있었던 에두아르도는 어느 날 간호사가 되어야겠다는 생각을 했다. 그는 다시 미라코스타에 들어가 간병 전문 간호사 프로그램에 등록했다.

마침 그쪽 분야에 있던 친구들이 적극 지지해주었다. "내 친구 톰은 간병 전문 간호사예요. 또 보건교육사인 친구도 있고요. 공인 등록 간호사나 사혈사 친구도 있는데 다들 괜찮은 직업이고 돈도 잘 벌어요." 사혈 쪽 일을 하면서 보낸 '틈새' 세월은 그 분야의 인적 네트워크에 접근할 수 있는 중요한 계기를 마련해주었다. 그런 네트워크가 있었기에 그는 공부가 힘들어 그만두고 싶을 때에도 포기하지 않고 계속 할 수 있는 힘을 얻었다. 그런 틈새 세월을 겪으면서 그 직종에 필요한 것이 무엇인지 파악할 수 있었고, 그것을 얻으려면 어떻게 해야 하는지 분명히 알 수 있었다.

에두아르도는 여러 면에서 운이 좋았다. 그는 학교를 다니는 동안 파트타임으로 일을 했지만, 그 때문에 졸업이 늦어지자 부모님이 나섰다. 에두아르도는 대학 등록금을 내주겠다는 아버지의 제안을 받아들였다. 단, 조건이 있었다. 직장을 그만두고 공부에만 전념해야 한다는 것이었다. 그는 자신의 성공을 가족의 강력한 뒷받침 덕으로 돌렸다. "무엇보다 부모님 도움이 가장 컸어요. 부모님은 재정적인 문제뿐 아니라 다른 면에서도 뒷바라지를 많이 해주셨어요. 예를 들어 과제물이 나오면 검토해보시고 도서관에 가서 찾아볼 수 있는 책의 목록을 뽑아주셨어요. 또 공부할 시간을 아끼기 위해 엄마가 대신 책을 구해다주곤 했죠. 책값이나 그 밖에 필요한 것도 다 엄마가 내주셨어요. 차도 사주시고요." 결론은 또다시 부모의 문제로 귀결되지만, 그 중요성은 아무리 강조해도 지나치지 않다.

부모의 도움 덕분에 에두아르도는 3년 만에 그 프로그램을 마칠 수 있었다. "두 분 다 너무 좋아하셨어요. 제가 졸업식장에 들어갈 때 그렇게 자랑스러워하실 수 없었죠. 제가 빚진 돈은 그것으로 다 갚은 셈이라고 말씀하셨어요. 덕분에 돈 걱정은 하지 않아도 됐죠."

에두아르도는 스스로도 매우 대견하게 생각한다. "사람들이 바라보는 눈도 달라지더라고요. '에두아르도 소식 들었어? 대학을 졸업하고 간병 전문 간호사 학위를 받았대. 이제 간호사로 일한다더구나.' '학교도 졸업하고, 모든 걸 다 잘해냈어.' 그런 말을 듣는 게 무척 뿌듯해요." 에두아르도의 경우에서 드러나는 분명한 사실이 하나 있다. 장래가 불투명해도 부모와 친구의 격려와 함께 커뮤니티 칼리지나 기술학교를 마칠 수 있는 여건만 갖춰진다면 보수가 더 좋은 직업을 구할 수 있는 길은 얼마든지 열린다는 사실 말이다. 굳이 4년제 대학에 가지 않아도, 맷처럼 구체적인 목표를 가지고 학교에 들어가거나, 에두아르도처럼 일단 학교에 들어가놓고 나서 차차 진로를 찾고 자신의 삶을 꾸려가는 사람들은 이런 교육적 경험을 통해 한층 성장할 수 있고 심지어 전혀 다른 사람으로 거듭날 수 있다.

에두아르도의 부모는 자식을 자랑스레 여길 만하지만, 여기에서도 부모의 역할은 여전히 중요하다. 꼭 일류 학교가 아니더라도 자녀들이 커뮤니티 칼리지나 주립대학을 다닌다면, 부모들은 자식의 스케줄을 검토하고 공부하는 내용을 철저히 조사하여 불필요한 강의를 듣지 않도록 적극 개입해야 한다. 학생에 대한 지원이 체계적으로 이루어지는 학교와 그렇지 않은 곳의 차이는 의외로 크다. 펜실베이니아 주립대학교나 존 C. 스미스 대학교처럼 명성이 자자한 일류 학군의 학교들은 여러 가지 특전을 제공하는 것 이외에도 '부모의 역할'을 적극적으로 포함시킨다. 그런 학교들은 여러 제도적 장치와 지원을 통해 학생들을 밀착 관리하여 이들이 쉽게 실패하지 않도록 도움을 준다. 그런 환경에서는 웬만해서는 낙오하는 학생이 나오지 않는다. 일류 학교들은 재학생의 약 90퍼센트 이상을 졸업시키는 반면, 그 밖의 대학의 졸업률은 약 3분의 1 정도에 그친다. 자원도 오령도 부족한 가정에서 자란 취약한 학생이라면 이런 일류 대학을 지원해 훨씬 더 많은 혜택을 누릴 수 있다. 단지 등록금이 부담스러워 중간에 낙오한다면, 그것은 두고두고 후회할 결과를 초래할 것이다. 그런 판단 착오의 대가는 학생 자신뿐 아니라 사회에도 큰 부담으로 작용할 것이다. 그래도 이래저래 걱정거리가 많은 어중간한 계층으로서는 선뜻 결론을 내리기 어려운 문제다.

정말 누구에게나
4년제 대학이 필요할까?

그렇다면 준비가 되어 있지 않거나 미래에 대한 뚜렷한 계획이 없는 학생들이 왜 대학에 등록하는 것일까? 오리건 주립대학의 가족지원국 국장인 크리스 윈터Kris Winter는 다음과 같이 말한다. "그렇다고 달리 해야 할 것도 마땅치 않아요. 남들 다 가니까 으레 가는 거죠."

하지만 그보다는 뚜렷한 대안이 없기 때문에 대학을 선택한다는 말이 더 그럴듯한 설명일 것이다. 평판이 좋은 학교와 교외의 일류 고등학교들은 우수 학생들을 위한 여러 가지 지원 프로그램을 통해 이들이 원하는 대학에 들어가서 좋은 열매를 맺을 수 있도록 사전에 철저히 준비시킨다. 대학은 학생들을 유치하기 위해 홍보에 열을 올리기 때문에 그들의 말에 솔깃하는 학생들은 많지만, 실제로는 대학에 갈 자격을 갖추지 못한 학생들이 너무 많다. 머리가 나쁜 것도 아니고 끈기가 없어서도 아니다. 단지 대학을 갈 때가 다 되어서도 막상 대학에 대해 아는 것이 없기 때문이다. 그들은 책에서 배우는 것이 현실에서 어떻게 적용되는지 그 연관성을 알지 못한다. 아니면 공부가 적성에 맞지 않을 수도 있다. 그렇다고 그 점을 부끄러워하지도 않는다.

그러나 현재 고등학교 교육 시스템은 타일러처럼 공부에 소질이 없거나 공부할 형편이 되지 않는 학생들을 은근히 실패자로 몰아붙인다. 결국 그들은 소외되거나 기술 계통으로 빠질 수밖에 없다. 게다가 기술 계통은 흔히 품행에 문제가 있거나 학업 능력이 부족한 학생들이 가는 곳으로 생각한다. 품행 불량과 학업 능력 부족, 이 두 가지만 보고 사람들은 아이들의 미래를 쉽게 단정해버린다. 그래도 어쨌든 고등학교를 졸업한 학생들이 택할 수 있는 차선책은 커뮤니티 칼리지에 들어가고 보는 것이다. 그러고는 영어나 역사에서 적당히 학점을 받아놓으면 된다. '나중에' 4년제 대학으로 옮길 일이 생길지도 모르니까 말이다. 하다 보니 의외로 대학 생활이 잘 맞는 학생도 없지 않아 있을 것이다. 그러나 커뮤니티 칼리지 학생의 절반 이상이 낙오한다는 점을 생각해보면, 그렇게 성공하는 학생들은 어디까지나 예외적인 경우로 보아야 한다. 따라서 학생들에게 정작 필요한 것은 각자의 재능을 찾아주어, 나중에 이들이 부딪히게 될 현실 세계의 직업으로 이어줄 수 있는 시스템이다. 물론 대학에 가지 않는 학생들이 선택할 대안이 별로 없다는 점은 여전히 문제로 남는다.

두말할 필요 없이 대학 진학 여부를 결정하는 가장 중요한 요소는 고등학교 성적이다. 그러니 고등학교 중퇴율이 높은 것은 매우 우려할 만한 일이다. 국립교육통계센터에 따르면 2006년 17~25세의 중퇴율은 9퍼센트였다. 다른 통계에서는 그 수치를 더 높게 잡아 9학년 학생 열 명 가운데 세 명이 4년 후 졸업을 하지 못한 것으로 보고하고 있다. 히스패닉과 흑인, 아메리카 원주민들은 절반이 졸업을 하지 못한다. 가장 최근에 조사한 2000년도의 자료에 따르면, 19~25세의 영 어덜트들 가운데 학교에 등록하거나 취직하거나 입대하지 못하고 고등학교 졸업장이나 GED를 갖지 못한 사람의 수가 전체의 14퍼센트에 해당하는 370만 명에 이르는 것으로 나타났다. 이 비율은 그 이후에 일어난 경기 침체와 맞물리면서 급격히 치솟았다. 이 청소년들은 제도권 안에서 철저히 무시당했다. 대학 교육을 받을 준비는 되어 있지 않았지만 이들에게도 사회와 교류하고 사회에서 나름대로 제 역할을 다할 기회가 주어져야 한다. 이런 기본적인 사실조차 이해하지 못한다면 고등교육을 개선하고 다양성을 확보할 길은 요원하다.

'네트워크'에서 발간한 《인적 배경이 없는 외톨이들On Your Own Without a Net: The Transition to Adulthood for Vulnerable Populations》의 편집자이자 범죄학자 겸 사회학자인 D. 웨인 오스굿D. Wayne Osgood은 교육이 인생의 성패를 가름하는 핵심 요소라고 강조한다. 전문 직종에 종사하는 부모의 자녀들은 대학 진학에 더 적극적이고, 학교 생활도 잘해내고 공부에 전념한다. 하지만 노동계급의 자녀들도 제대로 지도만 한다면 얼마든지 신분 상승이 가능하다. 많은 부모들의 사례를 통해서도 알 수 있는 일이지만, 부모가 경제력이 있다고 해서 자녀의 학교 성적이 보장되는 것은 아니다. 부모가 아무리 확실하게 길잡이 노릇을 하고 적극적으로 개입해도, 아이들이 탈선하거나 학교에 흥미를 잃는 경우는 얼마든지 있다. 잘사는 집 아이들도 교육을 제대로 받지 못하면 순탄치 못한 삶을 살아야 한다. 앞으로 보게 되겠지만 성인기로 들어가는 과정의 첫 단계는 누구나 잘못된 길로 빠지기가 너무 쉬운 위험한 시기다.

오스굿은 다음과 같이 말했다. "대학에 가지 않는 아이들이 큰 문제인 것 같습니다. 직업학교에 들어가 기술 분야나 건축 관리, 제조업종에서 틈새시장을 찾는다면, 그것도 나름대로 든든한 발판이 되겠죠. 하지만 고등학교 때부터 철저히 소외당하는 아이들이 너무 많습니다. 그러면서 다들 대학에 가니까 나도 가야 한다고 입버릇처럼 말합니다. 하지만 그 아이들은 공부에 소질이 없고 공부를 잘할 확률도 적습니다. 문제는 어떻게 이 아이들에게 더 많은 교육을 베풀고, 이들이 학교에서 소외당하지 않게 배려해주느냐 하는 겁니다."

해결의 실마리는 문제가 있음을 인정하는 것에서부터 시작된다고 그는 말한다. "자료를 보면 아이들이 교육에 거는 기대가 얼마나 비현실적인지 알 수 있습니다. 충격적이죠. 어디를 가나 대학을 가야 한다고들 말합니다. 학교 다니기 싫어하는 아이도 마찬가지입니다. 꿈을 크게 갖는 것은 좋지만, 그 아이들에게는 도움을 줄 사람들이 있어야 합니다. 그리고 더 많은 대안이 필요합니다. 아이들이 힘겨워 해도 일단 택한 길이 그것이라면 어떻게든 학교를 마치도록 도와주어야 한다는 말입니다. 이런 고질적인 문제를 언제까지 외면하고만 있을 수는 없습니다. 학교를 싫어하는 아이들이 많은데도 그것은 그들 개인의 문제라고 안일하게 생각하는 의식이 문제입니다."

'네트워크'의 연구 결과를 보면 이런 질문을 하지 않을 수가 없다. '정말로 누구에게나 4년제 대학 학위가 필요한 것일까?' 현재 정책의 방향으로 보면 부적절한 질문일지 모르지만, 이런 의문을 떨치기 어려운 것 또한 부인할 수 없는 현실이다. 경제가 힘차게 굴러가고 국가가 지속적으로 발전하기 위해서는 대학 졸업자가 반드시 필요하겠지만, 4년제 대학 졸업장이 필요 없는 다른 자리도 국가적으로 중요하긴 마찬가지다. 고등교육의 목표가 꼭 좋은 직업을 구하는 것만은 아니다. 그러나 결국 가장 중요한 것은 더 좋은 직업을 구하는 일일 것이다. 윈터는 이렇게 말한다. "학교에 들어가는 것도 따지고 보면 더 좋은 직업을 얻고 싶어서입니다. 좀 더 깊이 있는 공부를 하기 위해 학교에 가는 학생들도 있습니다. 하지만 결론은 마찬가지입니다. 졸업장을 따야 좋은 직업을 얻는다는 것이죠."

4년제 대학 학위를 받을 만한 실력이 없고 공부에 흥미도 없는 학생들에게는 그들의 재능에 맞는 길을 찾아줄 수 있다. 고등학교를 나오는 것으로 만족할 수 있는 세상이 아니다. 고등학교를 나와도 따로 어떤 식으로든 교육이나 훈련을 받아야 한다. 아울러 고등학교는 4년제 대학을 가지 않는 학생들을 위해 가시적이고 실질적인 선택의 기회를 주어야 한다. 아이들에게 4년제 대학이나 학위에 못지 않은 실용적 대안이 있고, 그 대안이 가치가 있다는 것을 알려주어야 한다. 간호사나 경찰관, 보육사나 조경사가 '별 볼일 없는 인생' 취급을 받기 시작한 것이 언제부터였는지 찬찬히 따져봐야 한다. 대학에 가지 않는 것이 실패를 의미해서는 안 된다. 학생 스스로도 아무리 노력해봐야 소용없다며 자신을 비하해서는 안 된다.

아직 딱히 하고 싶은 것이 없는 학생들에게는 사회 체험 기간gap year(고등학교를 졸업하고 대학 생활을 시작하기 전에 일을 하거나 여행을 하면서 경험을 쌓는 1년—옮긴이)이 한 가지 방법이 될 수 있다. 영국에서는 학생들에게 대학을 1년 늦게 들어가는 방안을 권장한다. 영국의 학생들은 대학 생활을 시작하기 전에 어떤 직업을 미리 체험해보거나 해외로 자원봉사를 가거나 유럽 배낭여행을 가는 시간을 갖는다. 해마다 25만 명에 이르는 영국 학생들이 이런 사회 체험 기간을 갖는다. 이들과 달리 대학 준비를 철저히 하고 장래 계획이 분명한 학생들은 학부 과정 3년으로도 충분하다. 예를 들어 커뮤니티 칼리지 과정을 이수했거나 고등학교에서 AP Advanced Placement(우수 고교생에게 주어지는 대학 학점 이수 과정―옮긴이) 학점을 많이 받은 학생은 4년을 다 채우지 않아도 대학 졸업장을 받을 수 있을 것이다. 이런 여러 가지 선택들은 다양한 소망이나 요구 사항을 가진 학생들에게 더 많은 길을 열어주겠다는 취지에서 나온 것으로, 교육에 관한 고정관념을 깨는 계기가 되었다. 이 문제는 마지막 장에서 자세히 다룰 것이다.

엘리트층에 속하는 부모들도 해야 할 일이 있다. 아주 간단한 일이다. 한 발 양보하는 것이다. 자녀들을 대학에 보내지 말라는 말이 아니다. 자녀들에게 최고의 역량을 발휘할 기회를 주지 말라는 말이 아니다. 그러나 지금처럼 끝이 보이지 않는 무한 경쟁을 계속한다면 이 사회는 결국 보이지 않는 장벽으로 양분될 것이다. 경기 침체는 진작 했어야 할 재분배를 강요하는 외부적 간섭이었는지도 모른다. 우리는 지금의 위기를 더욱 평등한 사회로 갈 수 있는 절호의 기회로 삼아야 한다. 중산층의 입지는 아직 크게 우려할 정도로 좁아지진 않았지만 이들의 심사가 마냥 편한 것만은 아니다. 장래에 대한 결정은 각 개인과 가족에게 달린 문제라는 것이 보통 사람들의 일반적인 생각이다. 자유롭고 개방적인 시장 원리야말로 이 나라에 가장 잘 어울리는 체제이고, 이런 체제 덕분에 우리는 지속적인 개혁을 추진하고 자신의 우월성을 스스로 입증할 수 있었다. 그러나 모든 것을 개인에게 맡기다 보면 뜻하지 않았던 결과가 나타날지도 모른다. 집안 형편이 되는 학생은 개인 지도를 받고 자원봉사를 하고 대학 진학 상담을 받을 수 있다. 그러나 따지고 보면 그들에게도 남모르는 아픔은 있다. 그들의 부모는 길어진 출퇴근 거리와 늘어난 근무시간과 한층 가중된 긴장과 서서히 나빠지는 건강을 감수해야 한다.

한 사람에게 좋은 것이라면 모두에게도 좋아야 한다. 우리가 요구해야 할 것은 바로 그것이다. 먼저 모두에게 똑같은 기회가 돌아가도록 교육을 개혁해야 한다. 아이들이 이제 더는 공립학교에서 낙오하지 않고 공립학교와 주립대학에서 더 좋은 결과를 내도록 관계 기관에 요구해야 한다. 부모들이 좀 더 나은 교육을 위해 의견을 모으고 책임을 분담한다면 아무도 그들의 요구를 무시하지 못할 것이다. 더 좋은 상담 교사를 더 많이 고용할 것을 요구하고, 노련하고 자질이 뛰어난 멘토의 네트워크를 만들어내야 한다. 사내 교육이나 수습 교육이 더 나은 선택이라고 판단했으면, 의미 없이 학위에 매달리는 미련을 과감하게 버리라고 요구할 수 있어야 한다. 그것은 하나를 위한 모두, 모두를 위한 하나를 현실로 받아들이는 것을 의미한다. 그것이 불가능하다면 우리가 맞을 미래의 현실은 황량할 수밖에 없다. 교육이 날이 갈수록 출세의 수단이 되어가는 이 나라에서 교육을 받지 못한다는 것은 불이익의 대물림을 의미한다. 2009년에 고등학교를 졸업한 학생이 320만 명에 달했다. 역사상 가장 큰 규모였다. 우물쭈물할 시간이 없다.

미래를 위한 돈

20년 동안 여유로운 생활을 즐기며 지내온 영어덜트들은 2009년에 자신들에게 붙은 'R세대'라는 새로운 별명에 정신이 번쩍 들었을 법하다. '경기 침체recession'를 뜻하는 호칭이었다. 축제는 너무 갑작스레 끝났고 숙취의 후유증은 깊었다. 그들이 현재의 혼란을 초래한 당사자는 아니지만, 그렇다고 해서 그 영향에서 벗어날 수는 없을 것이다.

최근의 연구에 따르면 경기 침체기에 성인이 된 사람일수록 노력보다는 운이 자신의 인생을 좌우한다고 믿는다. 불경기 때문에 해고된 사람은 그렇지 않은 사람보다 평생 20퍼센트 정도의 봉급을 덜 받는 것으로 나타났다. 높은 초봉과 수월한 돈벌이를 생각했던 이 세대의 기대는 2008년 가을 석 달 동안 월스트리트가 붕괴하면서 산산조각 났다. 부모들의 통장 역시 401(k)(미국의 기업 연금 제도—옮긴이)가 무너지면서 텅 비었다. 자식들을 위해 마련해두었던 아파트 값은 폭락했다. 아이비리그 학위는 웬만한 사람은 꿈도 꾸기 어려운 대상이 되었다. 갑자기 은행들은 대출금을 회수하기 시작했고, 빌린 돈으로 흥청망청 살아온 사람들은 나이와 관계없이 빚더미에 올라앉았다.

R세대의
탄생

2008~2009년의 경제 위기가 찾아왔을 때, 미국인들은 버는 돈보다 더 많은 지출을 즐기고 있었다. 빚은 한때 지탄의 대상이었지만, 나이가 많건 적건 요즘 사람들은 적자 생활을 너무 당연히 여겼다. 저축률은 사상 최저로 떨어졌다. 가족들은 가파른 집값 상승이 무한정 계속되리라 생각하여 모기지를 재융자했고, 그렇게 생긴 돈을 물 쓰듯 했다. 그러다 집값이 폭락하면서 이들은 빚더미에 올라앉았다. 파산하는 사람이 속출했고 압류당하는 주택은 두 배로 늘어났다. 지역에 따라서는 세 배가 된 곳도 있었다. 타격을 받지 않은 사람이 거의 없었다. 빚은 더 이상 남의 이야기가 아니었다.

경제 위기가 닥치면서 영어덜트들에 대한 관심이 잠깐 수그러들었다. 얼마 전만 해도 언론에서 젊은 세대들을 다룰 때는 어김없이 그들의 낭비벽이 도마 위에 올랐다. 그들은 젊은이들이 '자립하지 못하는' 이유를 과도한 학자금 융자나 신용카드 빚 탓으로 돌렸다. 이를테면 2007년 8월 《USA투데이》에 실린 기사는 이렇게 목청을 높였다.

"수만 달러의 융자금이 학생들의 목을 조르고 있다. 빚 부담으로 많은 사람들이 은퇴, 결혼, 주택 구입, 자녀 교육 등을 위해 하려 했던 저축을 미룰 수밖에 없다."

젊은 아이들이 철이 안 들었다는 기사는 그나마 조금 나은 편이다. 그런 기사들은 요즘 아이들은 바라는 것이 너무 갈고 필요한 것도 너무 많으며 너무 빨리 얻으려 한다고 단정한다. 요즘 아이들은 주머니에 1000달러는 있어야 하고 플라스마 스크린 TV를 봐야 하고 고급 아파트에 살아야 한다. 또 아버지의 신용카드를 가지고 도시를 어슬렁거리며 클럽에 고급 술을 맡겨놓고 마시고, 옷장에는 디자이너의 옷을 걸어놓고 있으며, 부모 덕에 비싼 아파트에서 집세도 내지 않고 산다. 그들은 그럴 자격이 있다. 지금껏 그런 대접을 받으며 살았고 앞으로도 그럴 것이다. 이런 설명대로라면 그들은 방종에 빠진, 저밖에 모르는 철부지들이다.

'경제 개념이 없는' 아이들 운운하며 호들갑을 떨어야 신문 판매 부수가 올라가는지는 모르겠다. 하지만 그런 식으로는 실상을 파악할 수 없다. 앞으로 살펴보겠지만 재정 파탄을 간신히 면할 정도로 아슬아슬하게 사는 젊은이들이 많은 것은 사실이다. 그러나 학자금 융자나 낭비벽 때문은 아니다. 그들이 재정적으로 심각한 곤란을 겪는 진짜 이유는 다른 곳에 있다. 바로 빚지는 것을 겁낸다는 것이다. 언뜻 납득이 가지 않을지도 모르겠지만, 빚을 지려 하지 않는 소극적 태도는 장기적으로 볼 때 불리하다. 그들은 빚을 져야 할 때는 져야 좀 더 안정적인 미래를 기약할 수 있다는 사실을 모른다. 안다고 해도 빚을 어떻게 져야 하는지 잘 모른다. 6만~7만 달러, 아니 그보다 훨씬 더 많은 학자금 융자의 부담을 떠안은 채 사회에 첫발을 내딛는 젊은이들에 관한 뉴스를 접하게 되면, 이런 주장은 터무니없어 보일 수도 있겠다. 그러나 앞으로 보게 되겠지만, 이런 기사는 과장된 경우가 많다. 대학 공부에 들어가는 돈은 분명 많아졌지만 젊은이들이 학자금 융자를 갚느라 몇 십 년 동안 허리가 휘고 숨도 제대로 못 쉬고 산다는 머리기사는 극히 단편적인 모습을 담고 있을 뿐이다. 그리고 좀 과장을 보탠다면 지극히 위험한 주장일 수도 있다.

요즘 젊은이들이 안고 있는 빚은 대부분 학자금 융자와는 상관이 없다. 오히려 대학 공부에 투자하지 않으면 나중에 더 큰 대가를 치르게 된다. 실제로 빚의 악순환에서 헤어나지 못하는 사람들은 교육이나 훈련에 돈을 아낀 사람들인 경우가 많다. 이런 문제는 대학에 투자하지 않을 때 시작되고, 역설적이게도 성인의 책임을 너무 일찍 떠안을 때 생긴다. 안정적인 수입이 없이는 저축이 불가능하다. 저축을 하지 못하면 간단한 차량 접촉사고, 보일러 동파, 예기치 못한 병원비 등 사소한 일에도 신용카드를 꺼낼 수밖에 없게 되고 결국 월말이 되면 감당하기 힘든 액수를 정산해야 한다. 허리띠를 졸라 맨다고 해결될 일이 아니다. 아끼고 아껴 봐야 이자를 물고 나면 남는 게 없다. 월급이 조금 늦게 나오거나 카드 사용 한도액을 초과하면 득달같은 빚 독촉에 진땀이 난다. 고지서가 쌓이고 수입이 갑자기 줄면 빚에서 헤어날 방법이 없다. 교육을 많이 받지 않아도 보수가 괜찮은 직장은 이제 옛말이 되었다. 그런 직장은 대부분 사라졌다. 이 시대의 교육은 사치가 아니라 필수다.

이렇게 교육에 대한 투자를 아끼다 두고두고 후회하는 집단이 있는가 하면, 그와는 정반대로 행동하는 집단도 있다. 그들은 학위를 따는 데 전혀 투자를 아끼지 않는다. 때로는 그 정도가 너무 지나쳐 심심치 않게 뉴스에 등장하기도 한다. 대부분 중산층 출신인 이 젊은이들은 무조건 최고의 교육을 받아야 한다는 강박관념을 갖고 있다. 여유가 없어도 절대로 양보하지 않는다. 부모들은 자녀에게 좀 더 나은 삶을 마련해주기 위해 가혹한 노동을 마다하지 않는다. 어떻게든 자식들이 자신들보다는 훨씬 더 나은 삶을 살기를 바랄 뿐이다. 그러기 위해서는 아이를 명문 사립학교에 들여보내야 하고 성공이 보장된 길을 걷게 해야 한다. 비용이 얼마가 들든 그런 것은 문제가 되지 않는다. 직장을 구하기가 쉽고 집값이 계속 오르고 주식시장이 뜨거울 때는 적어도 그랬다. 그러나 상황이 갑자기 달라졌다.

대학을 선택할 때
신중히 따져봐야 할 것들

요즘 신문을 들여다보면 대학 졸업자들은 하나같이 6만 달러가 넘는 빚에 시달리는 것처럼 보인다. 2008년에 '학자금 대출 지원 프로젝트Project on Student Debt'의 홈페이지에 실린 로빈의 불만을 보면 알 수 있다. 시러큐스에 살면서 미술 교사로 일하는 그녀에게 학자금 융자는 지긋지긋한 부담이다.

내가 보기엔 대학과 대출 기관들이 학생들의 호주머니를 털지 못해 안달인 것 같다. 내가 겪은 일을 생각만 해도 치가 떨리고 한심하기 짝이 없다. …… 해외 연수를 포함해서 대학 생활 6년 동안 모든 학비는 연방 정부와 사설 융자 업체에서 나왔다. 정보력도 없고 순진하기만 한 우리 부모님과 나는 아무 생각 없이 돈을 빌리고 또 빌렸다. 지금은 아이들을 가르치고 있지만 빚이 7만 달러다. 사립학교에서 일하고 있는 내 수입으로는 얼마 안 되는 최저생계비를 떼어내기조차 빠듯하다.

온라인에서든 오프라인에서든 이런 이야기는 부지기수다. 물론 이런 종류의 웹사이트는 로빈처럼 학자금 융자 후유증을 겪는 사람들을 위해 기획되었다. 학자금 대출 지원 프로젝트 같은 사이트에 올라온 글을 보면 빚이 없어 홀가분하다거나, 갚을 만큼 빚이 적당해서 다행이라고 말하는 졸업생은 거의 없다. 그러나 뒤로 한 발 물러나 더 넓은 시야로 그림을 보면, 로빈은 예외적인 경우일 뿐 결코 일반적인 사례가 아니다.

대학 교육에 들어가는 비용이 계속 오른 것만은 분명한 사실이다. 1968년에 아칸소주에서 웬만한 주립대학의 학사 학위를 받으려면 대략 1500달러가 들었다. 요즘 시세로 환산하면 대략 8800달러 정도다. 하버드나 프린스턴은 당시 돈으로 약 8000달러가 들어갔다. 요즘 돈으로는 4만 7000달러에 해당하는 금액이다. 요즘 대학생들이 이런 수치를 들으면 깜짝 놀랄 것이다. 2008년에 아칸소주에서 학사 학위를 받는 데 드는 돈은 약 2만 212달러로 조사되었다. 하버드에서 학위를 받는 데 드는 돈은 2008년에 13만 달러까지 올랐다. 하숙비나 책값, 그리고 그 밖의 비용은 포함되지 않은 금액이다. 실제로 4년제 대학의 등록금과 숙식비는 1987년부터 2008년 사이에 평균 67퍼센트가 올랐다.

하지만 오르는 비용과 더불어 돈을 내는 방법도 새로워졌다. 1960년대 말과 70년대 초에 대학에 가는 학생들은 학자금 보조에 대해 선택의 여지가 별로 없었다. 교육비에 대한 세금 우대도 없었다. 요즘은 6퍼센트의 학자금 지원이 나간다. 연방 보조 대출을 이용할 수 있지만 자격 기준은 대학에 일임하는 경우가 많았다. 요즘 연방 대출금은 학자금 지원의 절반에도 채 못 미친다. 주州 보조금이 지급되기 시작한 때는 연방 보조금인 펠그랜트Pell Grant와 마찬가지로 그들이 어렸을 때인 1960년으로 거슬러 올라간다. 펠그런트가 인플레이션을 따라잡지 못한 것은 사실이지만, 그래도 이런 보조금이 있어 저소득층 학생들은 기본 생계비를 해결할 수 있었다. 그러나 활용할 수 있는 재정 지원이 많아지고 대학 교육비가 가파르게 상승하면서 요즘의 공립대 대학생과 사립대 대학생들은 갈수록 대출금에 의존하는 경향이 심해졌다. '네트워크'의 세실리아 루즈Cecilia Rouse와 그녀의 프린스턴 대학 동료 제시 로스테인Jesse Rothstein은 2004년에 학업에만 전념하는 학생의 3분의 2가 학자금 융자를 받았다고 밝혔다. 10년 전에 비해 1.5배 이상 증가한 수치였다. 이렇게 증가한 원인에는 융자의 종류와 선택의 폭이 넓어다는 공급의 측면도 있고, 학성 수가 늘고 학비도 올랐다는 수요의 측면도 있다.

대학을 다니는 데 드는 비용이 급격히 증가했다는 언론의 지적은 맞는 말이다. 뒤에서 살펴보겠지만 우리는 저소득층이나 유색인종 학생 등 일부 집단에 부담을 주는 이런 비용을 걱정해야 한다. 하지만 선정적인 언론이 간과하고 있는 사실이 하나 있다. 대학을 다니는 데 드는 비용이 늘어나고 대출에 의존하는 학생이 늘어나고 있지만, 실제로 빚에 대한 부담은 그다지 크지 않다는 사실이다. 학생들이 빚을 쉽게 떨치기 힘든 부담으로 생각하는 것은 사실이다. 무엇을 위한 빚이든, 10년이나 15년에 걸쳐 매달 갚아나가야 하는 돈을 아무렇지도 않게 생각할 수는 없는 일이다. 그러나 대부분의 경우 그 빚은 그들이 감당할 만한 수준이다.

웬만한 공립대학교의 학생들은 졸업할 때 2만 달러 정도의 빚을 진다. 이런 규모의 대출금이면 매달 250달러 정도를 갚아나가야 한다. 자동차 대출금에 해당하는 액수다. 하지만 자동차 대출금을 가지고 불평하는 사람은 거의 없다. 자동차 대출금은 학자금 융자와 달리 차를 사용할 때마다 가치가 줄어드는데도 말이다. '네트워크'는 대학을 졸업하면 졸업하지 않았을 때보다 돈을 더 많이 벌 수 있으며, 대학을 나온 학생들은 일반적으로 3년 뒤면 7000달러 정도를 갚는다는 사실을 알아냈다. 더욱 놀라운 통계도 있다. 이 통계에 따르면 26~34세의 영어덜트들 가운데 여전히 학자금 빚을 안고 있는 가구는 열 세대 가운데 세 세대뿐이었다.

불평이야 있을 수 있겠지만 학자금 빚 때문에 재정적으로 곤란을 겪는 졸업생들은 그리 많지 않다. 대충 따져봤을 때 졸업생들이 학자금 융자를 갚는 데 들어가는 돈은 봉급의 10퍼센트를 넘지 않는다. 2000년에 평범한 학생이 졸업 후 1년 동안 학자금을 갚는 데 들어간 돈은 봉급의 약 6퍼센트였다. 그때만 해도 취업 시장은 건전했고 실업률은 기록적으로 낮았으며, 학자금 융자 이율은 3퍼센트 안팎이었다. 빚 부담은 봉급과 상환 기간, 상환 총액을 근거로 따진다. 그사이에 이율이 약간 올랐고 취업도 어려워졌으니 빚 부담 체감지수는 조금 올랐을 것이다. 그렇다고 해도 빚 부담은 평범한 대학 졸업자들이 해결할 수 있는 수준을 벗어나지 않는다.

문제는 졸업하지 못하는 경우다. 학자금 융자를 받고 대학을 중도에 포기하는 학생은 졸업장으로 얻을 수 있는 이익을 제대로 거두지 못한다. 갚아야 할 빚은 당연히 그대로 남는다. 또한 재정적으로 쪼들리는 집안의 학생들은 빚 부담의 고통이 그만큼 클 것이다. 공부를 제대로 마칠 능력이 없거나, 일자리를 구해도 학비로 들어간 만큼의 돈을 벌 수 없는 사람도 어렵기는 마찬가지다. 취업을 해야 빚을 갚을 수 있지만, 졸업하고 나서도 직장을 구하지 못하거나 허울만 좋은 사회사업이나 작가의 길을 걷는다면 빚의 체감지수는 한층 고통스러울 것이다. 그래서 대학을 선택할 때 신중히 따져봐야 한다. 실업률이 10퍼센트를 넘나들고 취업 경쟁이 그 어느 때보다 치열한 지금은 더 말할 필요가 없다.

보수 좋은 일자리는
학력을 요구한다

최근에 신문 지면을 장식하고 있는 머리기사를 보자. "학위 때문에 파산" "하늘 높은 줄 모르고 치솟는 학비에 허리 휘는 빚 세대" "미취학 아동을 둔 부모, 벌써부터 아이의 대학 교육비 걱정" …… 언론의 호들갑이 가관이다. 대학 교육비는 분명 올랐다. 하지만 미국공립대학협회Association of Public and Land-Grant Universities의 교무차장 데이비드 슐렌버거David Shulenburger는 이 문제를 조금 다르게 본다. 우선 그는 다음과 같이 말한다. "대학 교육을 투자가 아닌 소비 지출로 보는 시각이 문제입니다."

대학을 다닐 수 있는지 없는지는 대체로 가족의 현재 수입에 달려 있다. 자식이 대학을 마치는 데 가족 연 소득의 7퍼센트를 투입해야 한다면 어떻게 부담이 되지 않겠는가. 10퍼센트라면 어떨까? 그러나 이런 논리는 장기 수입보다는 당장의 연 소득에 초점을 맞추고 있다.

"대학을 투자로 보면 돈 걱정이 조금 줄어듭니다. 그리고 현재의 소득만 따지는 게 아니라 졸업 후에 평생 벌 수 있는 돈을 따져보게 되죠." 슐렌버거의 지적이다. 그렇게 본다면 대학 빚은 평범한 대학 졸업자가 평생 벌 수 있는 돈의 1퍼센트 남짓한 수준이다. 반면에 대학 빚을 투자로 보았을 때 거기서 기대할 수 있는 보상은 6~8퍼센트 수준이다. 이 정도면 요즘 주식시장보다 높은 수익이다. 하지만 대학생 개인이 빚을 갚는 문제에도 근시안적 시각이 적용된다. 그들은 당장 이번 달 내야 할 돈만 생각할 뿐, 자신의 학위가 앞으로 소득에 어떤 영향을 줄지는 따져보지 않는다. 조삼모사가 따로 없다.

로빈 같은 사람들이 깨닫지 못하는 것이 있다. 석사 학위가 있으면 대학을 나오지 않은 여성보다 평생 벌 수 있는 돈이 두 배 이상 차이가 난다는 사실이다. '네트워크'의 경제학자 셸던 댄지거Sheldon Danziger는 2002년에 실시한 조사를 통해 고등학교만 나온 여성은 2만 달러를 벌었지만 석사과정을 밟은(학위를 받지 못했다고 해도) 여성은 평균 4만 4000달러를 벌었다는 사실을 밝혀냈다. 로빈은 학사 학위밖에 없지만 대학에 가지 못한 고등학교 친구들과 비교해볼 때, 대학 공부에 들어간 비용과 공부하는 기간에 벌지 못한 돈과 그 밖의 '매몰' 비용을 뺀다 하더라도 평생 약 30만 달러는 더 벌 것이다. 심지어 2년제 준학사 학위만 가지고 있어도 1년에 약 3000달러는 더 벌 수 있다고 댄지거는 지적한다. 1년에 2만 달러와 2만 3000달러라면 대수로운 차이가 아니라고 생각하겠지만, 한 달로 따지면 250달러나 되는 큰 차이가 난다. 250달러면 위험한 동네에 사느냐 버젓한 동네에 사느냐 하는 차이를 의미할 수도 있다. 더욱이 대학 문이 넓어지고 대학을 나왔을 때 받을 수 있는 보수도 높아지는 등 대학이 주는 '이득'은 1975년 이후로 취업 시장이 숙련 노동자를 요구하그 비숙련 노동자의 임금이 급격이 떨어지면서 두 배로 증가했다.

최근에 오바마 행정부의 경제자문위원으로 위촉된 '네트워크'의 경제학자 세실리아 루즈도 그 점을 인정한다. "사회의 전체적인 분위기가 버는 것보다 쓰는 것을 더 좋아하는 쪽으로 타뀌었습니다. 소비 수준이 눈에 띄게 높아졌지요. 그런데 부모들은 대학 비용만 생각하지

나중 일은 생각하지 않는 것 같습니다. 그래도 결국 대학에 보냅니다. 미래에 투자하는 것이죠." 소비가 미덕이고 버는 족족 써대는 시대에 장기적인 안목을 가지라는 주문은 무리일지 모른다. 그러나 장기적인 시각은 꼭 필요하다. 장래를 위해 2만 달러 정도도 희생하지 못한다면 근시안적인 단견이 아닐 수 없다.

찰리는 이런 현실을 재빨리 이해했다. 그는 고등학교를 졸업한 후에 볼 주립대학교Ball State University에서 연극을 전공할 생각이었다. 그러나 고등학교 3학년 때 연극을 하던 중 큰 변을 당했다. 무대에서 그가 열연을 끝낸 직후에 객석에 있던 관객 한 명이 사망했는데 나중에 보니 그의 어머니였던 것이다. 사인은 동맥류로 밝혀졌다. 그래도 그는 볼 주립대학에 들어갔고 연극도 계속 했지만 마음은 이미 연극을 떠나 있었다. "그렇다고 달리 하고 싶은 게 있는 건 아니었어요. 돈도 없었고요. 그저 집을 떠나야 할 때라고만 생각했어요. 대출은 받아본 적이 없었어요. 남에게 손 내미는 사람들을 좋게 보지 않았죠. 그때 전 어른이 될 준비도 되어 있지 않았고, 어느 쪽으로 가야 할지, 뭘 해야 행복하게 살 수 있는지도 몰랐어요."

찰리는 볼 주립대학을 2학년 2학기 때 중퇴했다. 그리고 몇몇 친구들과 돈을 모아 학교에서 멀지 않은 곳에 집을 하나 구해 세들어 살면서 작은 카지노에서 딜러로 일했다. 시간당 25달러로, 스무 살짜리치고는 나쁘지 않은 수입이었다. "공과금도 냈고 진짜 성실한 어른이 되었죠." 하지만 안타깝게도 6개월 뒤 인디애나주가 포커 클럽을 법으로 금지하면서 직장을 잃게 되었다. 텔레마케팅도 해봤지만 문제가 많았다고 그는 말했다. "일주일 해봤는데 멀쩡한 정신으로는 할 수 없는 일이었어요. 보수는 괜찮았어요. 사람들도 좋았고요. 하지만 일이 끔찍했죠."

그러던 그에게 문득 고등학교 때 일했던 컨트리클럽이 떠올랐다. 그곳이라면 일자리가 언제든 있었다. 그리고 "만나는 여자친구와 사이가 조금 진지해졌기 때문에 더는 백수로 지내고 싶지 않았다"고 했다. "집으로 갈 때가 된 거죠." 그는 아버지 집으로 들어갔고 시간당 10달러 50센트를 받고 컨트리클럽에서 주방장 보조로 일을 시작했다.

주머니에 돈도 있고 학비 부담도 없어 잠시는 기분이 좋았지만, 한 달 600달러의 수입에서 공과금, 자동차 할부금, 차 수리비, 연료비, 신용카드 이용 금액을 제하고 나면 아무것도 남지 않았다. "600달러를 받아 공과금으로 450달러를 낸다면 생활을 꾸려나갈 수가 없죠." 찰리는 그제야 상황을 파악했다. 스물두 살에 시간당 25달러면 언뜻 큰돈처럼 보이지만, 20대 중반이 되어도 모이는 돈은 없다. 봉급 인상 같은 것은 아예 없거나 오르더라도 더디게 오른다. 보수가 더 좋은 일자리는 어김없이 학력을 요구한다. 그리고 내야 할 돈과 책임질 일은 꾸준히 늘어난다. 그제야 그는 깨달았다. 나중을 생각해서라도 지금 약간의 빚을 지는 편이 현명하다는 사실을 말이다. 우리가 2009년에 찰리를 만났을 때 그는 겨울 학기에 볼 주립대학에 복학할 준비를 하고 있었다. 대출은 받아놓은 상태였다. "정말로 어른답게 살아보려 했지만 방법이 없었어요. 어른의 세계는 전부 돈이에요. 당장 돈은 못 벌겠지만 작전상 후퇴인 셈이죠."

일류 대학 vs.
실속 있는 대학

젊은이가 할 수 있는 것 가운데 대학 진학에 투자하는 것만큼 현명한 일은 없지만, 여기서도 계획이 치밀해야 성공할 수 있다. 재정적인 뒷받침이 한정되어 있고 가계 수입이 쪼들릴 때 학비가 많이 드는 예일이나 프린스턴 같은 일류 대학을 고집하는 것은 현명한 처사가 아니다. 무엇을 전공하고 또 그 분야의 학위가 앞으로 어느 정도의 수입을 보장해줄지도 잘 따져봐야 한다. 예컨대 케이틀런은 출판 시장이 꽁꽁 얼어붙어 있고 신문사에 대량 해고의 바람이 불 때 문예창작과 석사 학위를 받았다. 그녀의 석사 학위는 당시 2년 반 동안 약 6만 8000달러의 등록금을 내야 하는, 소위 엘리트 축에 속하는 시카고 예술대학원에서 받은 학위였다. 그때는 그 돈에 크게 신경 쓰지 않았다. "처음 등록할 때 학교 직원이 이런 말을 했던 기억이 나요. '과정을 다 마치고 났을 때 매달 갚아야 할 액수가 이렇습니다. 감당할 수 있겠어요? 그래도 등록하시겠어요?'" 그녀는 텍사스 대학에도 2만 5000달러의 빚이 있었다. 연방 보조금으로 받은 융자금인데 이율이 3퍼센트였다. 케이틀런이 대학교를 졸업했을 때 그녀가 부담해야 할 돈은 공립대학교의 전국 평균 수준이었다. 그러나 명문 대학교의 석사 학위를 받는 데 드는 비용이 보태지면 얘기는 갑자기 달라진다.

요즘 케이틀런은 빚 때문에 걱정이 태산이다. 아무리 머리를 짜내도 그 분야의 일로는 그만한 빚을 감당할 수 없기 때문이다. 문예창작

학위가 통하는 언론이나 출판 쪽의 일을 해서는 예술대학 학비를 감당하기가 벅차다. 지나치다 싶을 만큼 스펙을 따지는 세상에 대해 케이틀린이 몰랐던 사실이 있었다. 즉 명문 대학을 나왔다고 해서 대단한 특혜가 주어지는 것은 아니라는 점이다. 자동차 범퍼에 붙은 하버드 대학이나 듀크 대학 스티커가 남보다 앞서 가는 인생을 보장해주는 마법의 주문은 아니다. 일류 대학에 들어가는 사람들이 성공할 확률이 높은 것은 그들이 갖고 있는 기본적인 조건 때문이다.

고등학교 때 두각을 나타내고 또 일류 대학에 들어갈 수 있는 학생이었다면, 실력이나 생활 습관이 어디가 달라도 달랐을 것이다. 부모의 연줄이나 인맥도 만만치 않았을 것이다. 그렇다면 그런 능력과 습관과 인맥은 졸업한 이후에도 직장에서 계속 이어질 것이다. 분명 이력서에 하버드란 말이 들어가면 반응이 다를 것이다. 그러나 어느 대학을 나왔든, 능력과 기술에 적극적인 성격과 좋은 습관까지 갖춘다면 얼마든지 긍정적인 결과를 기대할 수 있다. 가족 배경이나 SAT 점수나 가계 수입을 대조한 연구들을 보면 어느 대학을 나오느냐 하는 문제는 평생의 수입에 별다른 영향을 주지 않는 것으로 나타났다. 그보다는 대학을 나왔느냐 못 나왔느냐 하는 문제가 더 중요한 요인이었다.

데이비드 슐렌버거는 다음과 같이 말한다. '그동안 우리의 클리핑 서비스clipping service(고객 대신 신문 등의 정보를 읽고 원하는 정보만 선별해 이메일이나 팩스로 보내주는 서비스—옮긴이)에는 재정 상태가 취약하고 역사가 오래된 공립대학교에 가는 학생들을 동정하는 사연이 수없이 소개되었습니다. 어느 대학에 가든 배우는 것이 있다는 사실을 사람들은 모르는 것이죠. 그리고 일류 대학을 나온다고 해서 소득이나 경력이 달라진다는 증거도 없습니다. 경제적 여유가 없다면 돈이 덜 드는 학교를 찾는 것이 합리적인 선택일 겁니다.”

인도에서 이민 온 자밀의 부모는 일찌감치 그런 사실을 눈치채고 의예과를 가려는 아들에게 시카고의 노스웨스턴 대학교보다 가까운 곳에 있는 캘리포니아 대학교 리버사이드 캠퍼스를 선택할 것을 권했다. 자밀은 이렇게 말했다. “자동차에 일류 대학 스티커를 붙이고 다니고 싶은 건 누구나 마찬가지죠. 우리 또래들도 다 그랬어요. 노스웨스턴이나 하버드라면 어깨에 힘을 줄 수 있잖아요.” 그러나 자밀의 부모는 학교가 그렇게 중요한 것은 아니라고 생각했다고 한다. 중요한 것은 대학에 간다는 사실이었다. “이제 와서 하는 말이지만 부모님 생각이 옳았어요. 리버사이드를 택해서 손해 본 것은 별로 없었어요. 시카고에서 공부했다면 조금 달라졌을지 모르죠. 하지만 부모님들이 집값을 갚아나가고 노후 대책을 마련하는 데 들일 돈을 제가 써버리는 것이 옳은 일인지는 알 수 없죠.”

그러나 그렇게 생각하지 않는 친구들도 있었다. “우리 반 아이들은 대부분 일류 대학에 가려고 해요. 그 부모님들도 자식들이 그런 대학에 다니는 것을 보고 싶어하시죠. 일류 대학을 다닐 수 있다면 빚을 져도 좋고, 어떤 희생도 치를 수 있다고들 생각해요.” 대학 선택은 차를 고르는 것과 비슷하다. 돈이 있다면 메르세데스를 뽑을 수 있지만 코롤라만 있어도 가고 싶은 데는 얼마든지 갈 수 있다. 자밀의 경우에는 코롤라로 얼마든지 만족할 수 있다. 빚을 지지 않고 의과대학을 졸업할 수 있다면 더욱 그렇다. UC 리버사이드는 자밀에게 첫 4년 동안 전액 장학금을 제공해주었다. 그에게는 큰돈이고 그 정도 조건이라면 나머지 과정을 마치는 데 필요한 학비만 융자받으면 그만이었다. 그 정도면 그의 부모님이 어떻게든 도와줄 수 있었다.

릴리도 꼼꼼히 전략을 세워 대학에 간 경우다. 샌디에이고에 살고 있는 멕시코계 2세인 릴리는 처음부터 교사를 지망했다. 릴리의 사례는 여러 면에서 현대 미국 이민자의 전형이다. 부모는 땀 흘려 열심히 일해 자리를 잡고 자식은 대학에서 '돈벌이를 할 스 있는' 학과를 선택해 졸업 후 큰 욕심을 내지 않고 적당한 직장을 잡아 앞날을 설계해가는 것이 가장 흔한 코스다. 릴리는 고등학교에서 열심히 공부했기 때문에 대학 학비 대부분을 충당할 수 있는 장학금을 받았다. 그것만 해도 과분했다고 릴리는 생각한다. 그녀는 석사 학위를 따기 위해 공부를 계속했다. 대학 때와 달리 학비를 직접 부담해야 했지만 그래도 어떻게든 '해냈다'고 그녀는 말한다. 대학을 졸업하자마자 내친 김에 대학원까지 마친 그녀는 지금 취직해서 여유 있는 인생을 즐기고 있다. 여행도 하고 친구들도 많이 만나고 집을 살 돈도 저축하고 있다. "돈도 꽤 모았어요. 아주 잘 돼가고 있죠." 스물여섯 살이지만 직업도 있고 빚은 거의 없다. "나름대로 꽤 성공을 한 기분이에요. 이런 성공을 이어가려면 더 많은 일을 해야겠지만, 지금까지는 잘해온 것 같아요."

릴리는 대학교와 대학원을 위해 어느 정도의 빚은 감수하기로 일찍이 각오했다. 그러나 학교를 고를 때 신중히 따졌고, 월급이 조금 적은 학교에서 교편을 잡는다면 융자금 상환을 면제받을 수 있다는 사실을 알았다. 그래도 쪼들릴 때는 신용카드로 고비를 넘겼다. 릴리는 석사 학위를 가지고 교단에 서면 학자금 융자와 카드 빚을 갚을 정도의 빚은 얼마든지 벌 수 있다는 것을 알았다.

학자금 대출은
투자다

코롤라를 탈 수밖에 없는 사람이 메르세데스를 타겠다고 무리한 경쟁을 마다하지 않는다면 결코 가볍게 여길 수 없는 폐해가 나타날 것이다. 그런 경쟁은 일류 대학 졸업장을 향한 허영심만 부추긴다. 거기에 언론까지 나서 이들이 지는 빚만 크게 부각하면, 학생들은 정작 중요한 투자가 무엇인지 모르고 지레 겁을 먹는다.

실제로 자신에게 충분한 투자를 하지 못하는 영어덜트들이 적지 않다. 빚을 질 때는 져야 하는데 그들은 너무나 쉽게 '안전 제일주의'를 택한다. 아무리 좋은 투자라도 빚을 지는 것 자체를 꺼리기 때문에 쉽게 결정하지 못한다. 이런 망설임에는 우리의 청교도적 가정교육의 유산에도 어느 정도 책임이 있다. 오래전부터 우리에게 빚을 지는 것은 죽음보다 더 무서운 저주였다. 빚은 나약함의 상징이고 인격의 오점이었다. 초코슈크림에 굴복하는 뚱보처럼, 빚을 지는 사람은 본능적인 충동을 제어할 의지력이 부족한 사람이었다. 18~19세기의 미국에서 태만과 의존성, 의지박약이란 말은 경멸의 대상이었고, 빚쟁이는 이 세 가지를 합친 말이었다. 반면에 검약은 미덕이었다.

벤저민 프랭클린Benjamin Franklin은《가난한 리처드의 달력Poor Richard's Almanac》이라는 저서에서 이런 류의 도덕을 내세우면서, "아끼는 게 버는 것," "푼돈을 우습게 여기지 마라. 작은 구멍이 큰 배를 가라앉힌다"라고 경고했다. 21세기에는 수지 오먼Suze Crman이 같은 메시지를 전달하려 했다. 1980년대에 들어와 신용카드 등 여러 아이디어가 쏟아져 나오면서 외상을 지는 방법도 다양해지고 버는 것보다 많은 돈을 쓰기가 수월해졌지만, 그래도 빚에 대한 두려움이나 수치심은 그리 쉽게 사그라지지 않았다. 무리한 모기지로 집을 빼앗겼을 때 사람들이 얼마나 큰 모욕감을 느끼는지를 보면 알 수 있는 일이다. 그들을 파산시킨 사람들이 탐욕스러운 채권자라 하더라도 말이다.

언젠가는 결국 갚게 될 돈이라고 해도, 젊은이들은 빚을 진다는 것 자체를 두려워한다. 그렇다고 검소한 문화가 자리 잡은 것도 아니다. 오히려 지금 미국은 그 어느 때보다 돈을 흥청망청 물 쓰듯 한다. 그래서 빚을 질 땐 지라는 주장이 다소 생뚱맞게 들릴지도 모르겠다. 그러나 옛말에도 있다. "큰돈을 벌려면 푼돈 나가는 것쯤은 대수롭지 않게 여겨야 한다." 요즘 같은 경제 상황이라견 정부도 일자리와 소득 창출을 위해 과감히 빚을 져야 한다. 인생의 첫발을 내딛는 젊은이들도 마찬가지다. 대학 등록금처럼 인생 초반에 지는 수천 달러 정도의 빚은 긴 안목으로 볼 때 크게 겁낼 필요가 없는 수준이다. 작고한 노벨상 수상자 밀턴 프리드먼Milton Friedman이 주장한 대로, 수입이 가장 적은 사회생활 초반에 돈을 가장 많이 빌리고, 수입이 가장 많은 중년에는 저축을 많이 하고, 은퇴한 뒤에는 모든 저축을 쓰는 것이 정상이다. 지당한 투자 이론이지만 실제로 그렇게 하는 사람은 거의 없다. 거꾸로 20대와 30대 초에 허리띠를 바짝 졸라맨다. 집을 장만하고 교육을 받고 하다못해 작은 사업이라도 하려면 나중에 벌 돈을 미리 당겨 쓸 줄도 알아야 하는데, 그런 이치를 모르고 있다. 물론 돈을 함부로 쓰거나 최신형 아이폰을 구입하라는 말은 아니다. 젊은이라면 인생 초반에 들어가는 중요한 돈에 너무 소심하게 굴어서는 안 된다. 대학 등록금이라면 특히 그렇다.

샘도 빚을 좀 졌더라면 더 좋았을지도 모른다. 스물다섯 살인 샘은 부모님이 샌디에이고 보통 수준의 동네에 최근 구입한 집에서 부모님, 다섯 살 난 아들, 열아홉 살짜리 남동생, 스물두 살짜리 여동생과 같이 산다. 아이 엄마 없이 아들을 혼자 키우는 아버지로서 또 이주자 가정의 장남으로서 샘이 느끼는 책임감은 결코 만만치 않다. 릴리와 마찬가지로 샘의 경우도 흔히 볼 수 있는 1세대 이민자의 이야기다. 샘은 아버지가 빚을 지지 않으려고 일주일에 6일 또는 7일씩 억척스레 일하는 모습을 지켜보면서 돈의 소중함을 절감했다. 그는 모래로 만든 산을 오르려고 버둥거리는 것 같아 늘 두렵다. 그래서 "빚부터 갚고 나서 뭘 해도 하겠다"고 다짐했다. 훌륭한 책임감이다. 그러나 이제 겨우 20대 초반인 샘의 발목을 잡는 것은 사실 빚이 아니라 빚에 대한 두려움이다. 그는 학비를 마련할 때까지는 공부를 시작할 생각이 없다. 그리고 공부를 한다 해도 일하지 않고 공부에만 전념할 생각은 하지 못한다.

"학교에만 다닐 형편이 못 돼요. 학교 갈 돈을 마련하려면 일을 해야 합니다. 아들까지 딸린 제가 아무 수입도 없이 가족은 나 몰라라 하고 학교만 다니겠다고 하면 당장 부모님이 허락을 안 하실 거예요. 지금은 돈이 급해요. 아무래도 대학 공부는 좀 미뤄야 할 것 같군요."

샘과 같은 많은 젊은이들이 형편에 따라 책임 있는 행동을 하려고 애를 쓴다. 그래서 돈과 시간을 아끼고, 학교 다니는 동안 아르바이트를 하고, 아니면 혼자 힘으로 등록금을 낼 수 있을 때까지 학교를 미룬다. 안타깝게도 이런 재정 상황 때문에 소수민족 출신이거나 소득이 적은 학생들 가운데 공부에 소질이 있는 젊은이들이 대학에 지원할 엄두조차 내지 못하고 있다. 워싱턴에 본부를 둔 비영리 기관으로, 젊은이들이 고등학교를 졸업한 후에 대학 교육 과정에 도전하고 성공할 수 있도록 지원하는 고등교육정책연구소Institute for Higher Education Policy가 발표한 내용에 따르면, 자격을 갖춘 학생들이 대학에 등록하지 않는 가장 큰 이유는 학비 부담인 것으로 나타났다. 이 같은 사실은 대학 예비과목 성적과 고등학교 상담 교사들의 분석을 참고하여, 대학을 지원할 자격을 갖춘 학생들을 상대로 전국적으로 실시한 조사에서 드러난 사실이다.

그러나 이때야말로 대담한 선택을 하여 재정적 도움을 구하고 얼마간의 대출을 받고 빚을 내야 할 시기다. 대학 졸업장이 없으면 보수가 적은 직업을 면하기 어렵다. 보수가 적다는 것은 수업료를 마련할 돈을 모으는 데 걸리는 기간이 그만큼 길어진다는 것을 의미한다. 그 때쯤이면 지금보다 훨씬 더 삶이 번거로워질 것이고, 그래서 학위나 스펙에 필요한 공부를 시작하기가 더욱더 어려워진다. 결국 기회는 적어지고, 기본 생계비는 더욱 부담스럽고, 신용카드를 쓸 일은 많다. 그러다 보면 산다는 것이 썰물에 휩쓸려 나가지 않으려고 끊임없이 발버둥을 치는 모양이 되고 만다.

잔잔한 수면 아래
백조의 갈퀴질

실러와 남편 토니는 20대 후반의 고등학교 졸업자로 아이가 셋 있다. 이 부부도 한두 세대 전이었다면 살아나가는 데 큰 어려움을 느끼지는 않았을 것이다. 그러나 요즘 고등학교 졸업장으로는 취업 시장에서 일자리를 구하기가 만만치 않다. 기술이 없어도 후한 보수와 특별수당까지 딸린 직업은 거의 사라졌다. 결국 그들은 점점 늘어나는 워킹푸어working poor(저임금 근로 빈곤층으로 아무리 일해도 가난을 벗어나기 어려운 근로자들—옮긴이)의 대열에 낄 수밖에 없다. 밥벌이를 일차적으로 책임지고 있는 토니는 철따라 일을 하는 환경미화원으로, 최근에 하청 업자로 승진하여 정식 직원이 되었다. 실러는 자신의 세 아이 외에도 다른 아이 셋을 맡아 돌보면서 한 달에 360달러를 번다. 두 사람이 버는 돈을 합치면 수당은 없지만 1년에 2만 5000달러가 된다. 토니의 직업은 그만하면 안정적인 편이고 보수도 계속 올라가겠지만, 어려울 때 사용했던 여러 장의 신용카드 빚을 포함해서 매달 내는 돈을 해결하기에는 턱없이 부족하다. 이들만이 아니다. 급할 때 신용카드는 요긴한 수단이긴 하지만, 25퍼센트의 이자와 비싼 수수료는 노동계급이 감당하기엔 벅찬 수준이다.

실러는 말한다. "모기지 회사에서 그러더군요. 집을 사려면 신용을 쌓아야 하기 때문에 신용카드가 있어야 한다고요. 그래서 신용카드를 만들었죠. 신용카드가 별건가요. 결국 외상 카드인 거죠. 그러다가 겨울에 남편 일이 없어졌어요. 그때는 계절에 따라서 일이 있고 없고 했거든요. 결국 신용카드 빚을 제때 갚지 못한 거예요. 그 빚을 지금도 갚아나가고 있어요. 너무 힘들죠. 매달 수수료를 내고 있어요. 이번 달에 50달러를 내는데 다음 달에는 100달러를 더 내야 해요. 당해낼 재간이 없죠." 사실이 그렇다. 실러나 토니처럼 서른여섯 살 이하의 영어덜트들 가운데 신용카드 빚을 제때 내지 못하는 사람은 부지기수다. 2008년에 사람들이 갚지 못한 신용카드 잔액은 1인당 평균 약 1800달러다.

남녀노소 할 것 없이 많은 미국인들이 실러와 토니처럼 빚의 수렁에서 빠져나오지 못하고 있다. 최저생계비도 안 되는 수입으로는 한 번에 한 가지 이상의 고지서를 낼 수 없다. 남성의 임금은 1970년대부터 꾸준히 줄어들어, 인플레이션을 감안해도 1975년의 월급과 비교했을 때 350달러가 적어졌다. 고등학교 졸업자의 브수는 더 적어지고 일자리도 줄었다. 의료 비용도 고용주가 부듣하는 비율이 계속 줄어들면서 근로자의 어깨가 그만큼 무거워졌다. 요즘 같은 불경기엔 이런 변화가 더욱 실감이 난다. 2009년 7월에는 1400만 명의 사람들이 240만 개의 일자리를 놓고 다투었다. 영어덜트들은 이런 싸움에서 특히나 불리하다. 경쟁에서 이기는 사람은 학력과 경험이 많은 사람들이어서, 대학을 졸업하지 못한 젊은이들은 뒤로 처질 수밖에 없었다. 하긴 경기 침체 이전에도 대학 졸업장이 없는 영어덜트들은 힘든 싸움을 피할 수 없었다.

이렇게 수입은 줄어드는 데 반해 지출은 갈수록 커져 집안 형편은 갈수록 어려워진다. 2000년 이후로 수입과 지출의 격차는 더욱 커지고 있다. 실러와 토니처럼 저임금 노동을 하는 계층은 간혹 느닷없이 큰돈을 써야 할 상황이 닥치면 꼼짝없이 높은 수수료를 물고 신용카드를 써야 한다. 노동계급과 빈곤층 가정의 지출 성향을 보면 저소득 가정과 고소득 가정의 차이를 쉽게 파악할 수 있다. 저소득층이 지고 있는 빚은 주로 신용카드와 모기지와 자동차 할부금 등이다. 2004년에 모든 연령층의 중류 계층 가구는 빚을 갚는 데 13.7퍼센트를 썼지만, 저소득 가정은 네 가구 중 약 한 가구가 소득의 40퍼센트 이상을 썼다. 이런 수치에는 다음 월급날까지 빌리는 단기 채무나 이들이 자주 찾는 탐욕스러운 사채업자들에게 빌린 돈은 포함되지 않았으니 실제 액수는 더 늘어날 것이다. 돈이 다 떨어지는 월말에 지붕이 새거나 차가 고장나거나 예기치 못한 일이 일어난다면 신용카드 말고 별다른 해법이 있을 리 만무하다.

퀸스 출신으로 커뮤니티 칼리지를 중퇴한 스물두 살의 피터에게는 안 좋은 일만 계속 일어났다. 이제 막 사회에 첫발을 내디뎠지만 변변한 스펙 하나 없는 그의 통장은 이미 바닥이 난 상태였다. 조지아주에 있는 커뮤니티 칼리지를 2년째 다니고 있을 때 주차해놓은 그의 차를 누군가 뒤에서 들이받고 사라졌다. "차를 고쳐야 했어요. 결국 신용카드로 결제했죠." 하지만 차가 정비소에 가 있는 동안 그를 직장까지 태워주기로 한 친구가 약속을 안 지키는 바람에 결국 일자리를 잃고 말았다. 그 이후로 계속 "뭔가 카드를 긁을 일이 생겼다"고 그는 말했다. 그뿐이 아니었다. 고향으로 가는 길에 버스에 실었던 그의 짐이 없어져 당시 갖고 있던 옷을 전부 잃어버렸다. "나쁜 일은 원래 한꺼번에 닥치잖아요"라고 그는 말했다. 학점이 제대로 나오지 않고 카드 빚은 쌓이고 진로도 불투명한 상태여서, 그는 다시 학교를 그만두고 뉴욕에 있는 집으로 돌아갔다. 우리가 마지막으로 만났을 때 피터는 삼촌이 만든 신생 벤처회사에서 일하고 있었다. 그는 샘구디Sam Goody, 갭Gap, 토이저러스Toys 'R' Us 등을 전전했지만 어느 곳도 여유 있는 생활을 꿈꾸기에는 어림없는 수입이었다.

피터도 카드 빚을 갚을 때까지는 더 이상 빚을 지지 않으려 했다. "복학하려면 돈이 있어야 해요. 매달 낼 돈도 내야 하고요. 이미 빚이 있으니 대학은 나중이죠." 대학은 둘째였다. 그러나 빚에서 벗어나려 한다면, 교육을 받고 더 나은 직장을 얻는 것만큼 현실적인 해결 방법이 없을 것이다. 따라서 그런 결정은 좋은 방법이 아니다. 저소득층부터 중간 소득층까지 젊은이들이 카드를 사용하는 이유는 대부분 직장을 잃었을 때 생활비를 충당하고 집을 수리하고 자동차를 고치기 위한 경우가 가장 많다. 월세, 식료품비, 공과금 역시 목록에서 상위를 차지한다. 어떤 면에서 보면 이런 일상의 지출이 그들의 현실을 그대로 드러내주는지도 모르겠다. 버릇없이 자라 씀씀이가 큰 세대라는 일반적인 편견과 달리, 많은 젊은이들은 생존을 위해 카드를 사용하고 있다. 그러나 카드 사용은 해결책이 될 수 없다. 적자를 해결할 수 있는 수단, 즉 소득이 한정되어 있기 때문에 빚의 수렁은 더욱 깊어져 갈 뿐이다. 신용카드는 재정적 압박의 원인이 아니라 결과다.

신용카드 빚의 또 다른 주요 원인 가운데 하나가 의료비다. 가난한 노동계급 가정은 여유 있는 계층에 비해 건강에 문제가 많다. 거기에는 환경 탓도 있다. 힘겨운 생활 전선은 스트레스와 피곤을 가중하고, 낮은 소득은 납 수치가 높은 제품과 불량 식품을 고르게 만들고 범죄율이 높은 동네에 살게 만든다. 누구보다 의료보험이 필요한 사람들이지만 실제로 의료보험이 있는 사람은 거의 없다. 의료보험을 제공해주지 않는 아르바이트나 임시직 또는 저임금 노동을 하는 경우가 많기 때문이다. 그렇다고 정부의 의료 정책인 메디케이드Medicaid(저소득층을 위한 의료 보장 제도—옮긴이)를 받을 만큼 가난하지도 않기 때문에 결국 이도 저도 아닌 의료보험 사각지대에 놓이고 만다.

의료 혜택을 받지 못하는 문제는 극빈층이나 불안정한 직업에 종사하는 사람들에게만 국한된 문제가 아니다. 연령이나 소득수준에 관계없이 의료보험에 가입되어 있지 않은 근로자들이 미국에는 너무 많다. 직장에서 부담해주는 보험료는 해가 갈수록 계속 줄어들고 있다. 2008년에 고용주가 보험료를 부담해주지 않은 경우는 전일 근로자가

17퍼센트, 시간제 근로자는 25퍼센트였다. 특별수당이 적다는 것은 고등학교 졸업자에게 특히 치명적이다. 가족 전체가 보험 적용을 받을 경우에도 그들은 보험료 이상을 지불하고 있다. 고용주가 보험료의 일부를 부담해주는 의료보험에서 가족 보상시 연간 추가 보험료는 1999년 평균 약 1500달러에서 2009년 3500달러로 올랐다. 그래서인지 2004년에 최저임금을 받는 노동자 가운데 고용주의 의료보험 계획에 가입한 사람은 다섯 명 중 한 명에 그쳤다. 공제액이 1년에 3000달러 정도인데, 의료보험비로 매달 300달러씩 내는 것은 일부 근로자들에게는 너무 큰 부담이다.

영어덜트들은 보험 가입률이 가장 낮다. 미국에서 보험에 들지 않은 사람들 가운데 절반은 19~35세다. '네트워크'가 그 이유를 분석한 결과, 이들이 워킹푸어 성인과 마찬가지로 의료보험을 제공해주지 않는 직장에 다니고 있기 때문인 것으로 파악되었다. 이들은 또한 사회생활을 처음 시작할 때부터 직장을 자주 옮기는 편이고 재정적으로도 불안하다. 서른한 살 이하의 근로자 가운데 거의 1400만 명이 의료보험이 없었는데, 그 이유가 20대 초반에 안정된 직장을 갖지 못하기 때문인 것으로 '네트워크' 조사 결과 밝혀졌다. 보험 가입률이 이처럼 낮았던 적은 일찍이 없었다. 후기 베이비붐 세대가 스물여섯 살이었을 때는 보험이 없는 사람이 23퍼센트에 불과했다. 요즘은 35퍼센트가 보험이 없다. 보험에 가입하지 않은 비율은 21~25세가 가장 높아, 남자의 약 36퍼센트와 여자의 약 30퍼센트가 보험이 없었다. 이렇게 가입률이 낮은 것은 부모 밑에서 피부양자로 보험 혜택을 받을 수 있는 기간이 몇 년 남아 있는 동안 혜택이 많은 안정된 직업을 찾을 희망이 있다고 생각하기 때문이다(새로 개정되는 의료보험 법안은 현재 27세까지로 되어 있는 피부양자 보상 시한을 연장할 계획이다).

미시간에 사는 서른한 살의 여성 트리샤는 의료 비용의 고통을 누구보다 잘 알고 있다. 결혼 생활 13년차에 접어든 트리샤는 세 아이와 함께 남편이 건축 사업체에서 받는 봉급으로 근근이 살아간다. "어려워요. 하루하루가 전쟁이에요"라고 트리샤는 말한다. 그들은 우리와 인터뷰할 당시 모텔에서 살고 있었다. "모텔은 아이들이 살 곳은 못 되죠. 저도 못 살겠어요. 남편도 그렇고요. 하지만 거기서 빠져나오기가 너무 어려워요. 남들처럼 집에 살려면 한 달에 1200달러는 내야 하니까요."

트리샤의 건강 문제는 그녀의 고단한 삶과 얽혀 있다. 트리샤의 남편은 의료보험이 없는 3500만 명의 자영 근로자들 중 한 사람이다. 슬픈 일이지만 트리샤는 한때 자신이 없어지면 가족의 부담이 좀 덜할 거라는 생각까지 해보았다. "천식이 있어요. 태어날 때부터 있던 병이죠. 처음부터 폐가 정상적으로 커주질 않았어요. 이러다가 산소 공급이 잘 안 되는 날엔 어떻게 될지 몰라요. 자궁경부암도 두 번이나 걸렸고요. 난소에도 작은 종양이 있습니다. 부인병치고는 심각한 병인데 보험이 없어요." 트리샤는 자신이 아이들의 장래에 짐이 된다고 생각해서인지 자신을 돌보는 데 인색하다. "남편은 아이들에게 엄마가 있어야 한다고 말하지만, 저 때문에 빚을 수천 달러나 진다는 생각도 안 할 수가 없어요. 누이동생, 저, 엄마 누구 할 것 없이 모두 방법을 생각해봤어요. 제 몸을 실험용으로든 무엇으로든 기증할 생각까지 해봤다고요. 오죽하면 그랬겠어요.”

증세가 심해지면 트리샤는 병원으로 가서 검사를 받고 “기겁할 정도로 엄청난 진료비 청구서”를 받아든다. “엄마와 외삼촌이 흡입기를 갖고 계세요. 제게 물려줄 거예요. 외삼촌이 즈치의에게 말하면 아마 제게 줄지도 몰라요. 그게 있어야 해요.” 트리샤처럼 생각지도 않게 병원에 가게 되면 꼼짝없이 카드를 써야 하는 사람들이 의외로 많다. 나이나 소득수준과는 상관없이 의료 비용은 미국 가정을 파탄시키는 대표적인 요인이다.

고등학교 졸업자들의 봉급이 대학 교육을 받은 사람들에 비해 계속 떨어지면서 트리샤 같은 사람들의 형편은 우태로울 정도로 나빠지고 있다. 봉급이 준다고 기본 생계비가 주는 것은 아니다. 트리샤나 실러뿐 아니라 그들보다 형편이 좀 나은 사람들도 빚이 계속 늘어가는 추세다. ‘네트워크’가 조사한 바에 따르면 현재 26~35세의 영어덜트들의 빚이 1983년에 비해 전체적으로 70퍼센트 늘었다고 한다. 그러나 대부분은 빚과 함께 수입 또한 오르기 때문에 아무래도 부담이 덜하다. 고급 자격증을 가진 사람이라면 더 말할 필요가 없다.

그러나 고등교육을 받지 못한 채 일찍 가정을 꾸린 실러나 트리샤 같은 사람들의 경우, 빚은 계속 늘어나는데 소득은 줄어드는 추세에 있다. 이 집단에서 다섯 명 중 한 명은 석 달만 실직 상태가 계속되면 통장이 완전히 바닥난다고 ‘네트워크’는 밝히고 있다. 통계를 보아도 보통 수준의 사람과 열악한 환경에서 버둥거리는 사람이 뚜렷하게 갈리는 모습을 확인할 수 있다. 트리샤 같은 처지에 있는 사람들이 석 달 동안 실직 상태가 지속될 경우 빚으로 완전 파산하는 비율이 18퍼센트인 데 반해, 고소득자들은 채 1퍼센트도 되지 않는다.

환경이 불리한 사람이 넉넉한 사람과 분명히 구분되는 또 한 가지 특징은 모기지 빚에 비해 신용카드 빚이 훨씬 더 많다는 점이다. 모기지 빚은 미국 사람들이 가장 중요하게 여기는 자산에 치르는 돈이다. '네트워크'가 위탁한 2001년 최신 조사에 따르면 1년 봉급이 2만 7000달러 이하인 서비스 부문이나 그 밖의 다른 직업에서 일하는 영 어덜트들 중에서 20퍼센트가 모기지 빚을 지고 있으며 50퍼센트가 비자나 마스터카드에 빚을 지고 있다. 이를 고소득자들의 경우와 견주어보면 빚이 어느 쪽으로 얼마나 치우쳐 있는지 금방 알 수 있다. 연봉이 9만 달러 이상인 고소득자들 가운데 모기지 빚을 지고 있는 사람은 86퍼센트이고 카드 빚을 지고 있는 사람은 40퍼센트였다. 지금 이 두 집단의 운명은 조사를 실시했던 2001년 이후로 더 심하게 갈라졌을 것이다. 이 같은 통계에서도 분명히 알 수 있듯이, 빠듯한 예산으로 간신히 버티는 사람들에게 교통비나 난방비 이외에도 예기치 못한 보일러 파손이나 왕진, 입원 등 갑작스러운 긴급 상황은 가계를 휘청거리게 만드는 치명타일 수 있다. 신용카드는 생명줄이지만 동시에 목을 조르는 올가미이기도 하다.

좋은 빚과
나쁜 빚

초기에 투자를 제대로 하지 못해 악순환에 빠지는 또 한 가지 예는 '내집 마련'이다. 실러와 토니 부부처럼 아무리 애를 써도 상황이 나아지지 않는 사람들은 빚을 갚는 데 급급해 '주택'에 투자할 엄두를 못 낸다. 하지만 주택이야말로 재산을 가장 빨리 불릴 수 있는 수단이었다. 신용카드 빚이 쌓이기 전까지만 해도 이들 부부는 모기지를 들고 싶어했다. 실러는 지금에서야 말한다. "집값이 올라도 너무 올랐어요. 6년 전에 눈여겨봐둔 집이 있었는데, 그사이에 집값이 너무 비현실적으로 올랐더군요. 매달 1000달러씩 모기지를 낼 수는 없을 것 같아요. 그렇게 큰돈이라면 다른 일에 쓰는 편이 낫죠." 하지만 다른 일이라고 해봐야 집세와 공과금밖에 더 있겠는가. 모기지로 매달 1000달러를 낼 수만 있다면 몇 년 안에 자동적으로 돈이 쌓이는 계좌가 생기는 셈이다.

중산층과 빈곤층이 분명히 다른 것은 바로 대학이나 그 밖의 '좋은' 빚 같은 중요한 자산이 있느냐 없느냐 하는 점이다. 예를 들어 세 들어 사는 사람은 집을 가진 사람보다 '자산 빈곤층asset-poor'이 될 가능성이 열 배 정도 높다. 주택 자산home equity(주택의 시가에서 대출액을 차감한 주택의 순자산 가치—옮긴이)을 비롯한 자산은 직장을 잃은 상태로 석 달만 지나가면 아무것도 남지 않는다. 집단들 사이의 자산 격차 또한 분명하게 비교된다. 예를 들어 인종 구분에 따른 격차는 아예 고착화된 상태다. 흑인과 라틴계의 자산 빈곤율asset poverty rate은 백인보다 두 배 높다. 당연한 일이지만 교육도 한몫한다. 가장의 학력이 고등학교 이하인 세대의 빈곤율은 4년제 대학을 졸업한 세대의 네 배다. 미국에서 핵심 자산인 주택을 포함한 여러 자산은 소득수준보다 부유한 자와 빈곤한 자를 더욱 분명하게 가르는 요소다.

실러와 토니는 경제적 형편 때문에 집을 살 수 없었다. 반면 그들 또래 가운데 재정적으로 안정되어 있거나 부모가 계약금이나 매달 내는 모기지를 보태줄 수 있는 사람들은 집에 투자할 수 있었다. 실제로 지금의 영어덜트들은 1990년대와 2000년대 초반에 주택을 구입했다면 큰돈을 벌 수 있었던 세대다. 1992~2008년에 전국의 주택 소유 비율이 5.8퍼센트 성장했을 때, 스물여섯 살 미만의 주택 소유 비율은 58퍼센트 성장했고, 26~30세는 19퍼센트 성장했다. 영어덜트들은 어떤 연령층보다 내집 마련으로 큰 이득을 본 세대다. 그러나 지난 3년 동안 서른여섯 살 미만 연령층의 주택 소유 비율이 크게 감소하면서 자연적으로 늘어난 성장분은 모두 상쇄되었고, 주택 소유 비율은 결국 1982년 수준으로 되돌아갔다.

여기서 간과할 수 없는 중요한 사항이 하나 있다. 이 시기에 젊은 사람들이 떠안고 있는 모기지 빚의 액수가 증가했다는 사실이다. 1983년에 서른여섯 살 미만의 영어덜트 한 명이 주택이나 아파트에 지고 있는 빚의 액수는 약 6만 4000달러(2007년 시가로 환산한 금액이다)였다. 2007년의 자료에서 이 수치는 13만 5000달러로 뛰었다. 두말할 필요 없이 실러와 토니로서는 엄두도 못 낼 수준이다.

투자에 돈을 아낄수록
상황은 나빠진다

우리가 인터뷰한 젊은이들은 적어도 《포트웨인뉴스센티널Fort-Wayne News-Sentinel》 같은 신문 기사에서 접할 수 있는 철없는 아이들은 아니었다. 이런 신문들은 "블루칼라 부모의 봉급으로 사치스러운 생활을 누리는 응석받이 20대"라고 떠벌리면서 "그들은 325달러짜리 크리스천디오르 선글라스를 써야 직성이 풀리고 600달러짜리 루이뷔통 핸드백을 들어야 체면이 선다고 생각한다. 그러니 아직까지 부모 슬하를 벗어나지 못하는 것도 당연하다"고 단정한다. 하지만 우리가 그들을 인터뷰했을 때는 명품 이야기보다는 벤저민 프랭클린이나 검소의 미덕을 강조하는 말이 더 많이 나왔다.

미네소타에 사는 서른 살의 오스틴은 구두소로 소문이 났다. "친구들은 늘 말해요. '재킷 좀 하나 사 입지그래?' 지퍼가 고장난 것도 아닌데 정든 재킷을 버릴 이유가 없죠. 이것저것 새로 살 필요가 없어요. 그 녀석들도 나이 좀 먹어보면 알 거예요. 젊은 애들 철학도 조금씩 절약하는 쪽으로 바뀔 거예요." 오스틴은 집세에 돈을 '버리기' 싫어 부모 집에 얹혀살면서 '내 집' 마련할 돈을 모으고 있다. 그는 보수가 아주 괜찮은 직장에서 정식 사원으로 근무한다. 빚도 거의 없고 저축도 할 만큼 하는 그는 누가 뭐라 해도 순탄한 길을 가는 젊은이다. 그에게 부모 집에 얹혀살면서 저축하는 것은 성숙한 어른이라는 징표다. 일부 젊은이들이 월세 살면서 버는 족족 쓰기 바쁜 이유는 그들이 성숙하지 못하고 어리석기 때문이라고 그는 생각한다.

시카고에 사는 스물다섯 살의 톰도 부모님과 함께 살면서 돈을 저축하고 있다. "지금 다니는 직장 말고도 시간제 근무를 하나 더 하고 있어요." 그는 《시카고트리뷴Chicago Tribune》에 실린 '부메랑들', 다시 말해 본가로 되돌아오는 영어덜트들에 관한 기사에 대해 독자게시판에 이렇게 썼다. "우리 부모님은 집세나 공과금을 내라는 말씀을 하지 않는다. 내 학자금을 갚고 집을 마련할 돈을 저축하기를 바라기 때문이다. 덕분에 1만 달러를 저축했고, 퇴직 계좌에도 1만 달러를 저축할 수 있었다. 앞으로 2년만 더 이렇게 해나간다면 독립할 수 있을 것 같다."

부모와 같이 사는 이유에 대해 그들은 학자금과 주택 구입 계약금, 그리고 경우에 따라서는 은퇴 자금까지 마련하기 위해서라고 답한다. 수지 오먼 같은 재정 전문가들의 저축하고, 저축하고, 또 저축하라는 경고를 많은 사람들이 귀담아듣고 또 실제로 따라 하고 있다. 요즘 젊은이들의 저축률은 올랐다. 2007년에 미국 영어덜트 세대의 90퍼센트가 저축계좌나 양도성예금증서CD, 주식, 퇴직 계좌, 생명보험, 펀드 등 어떤 식으로든 저축을 하고 있다. 40퍼센트는 2008~2009년 주식시장 폭락으로 액수가 좀 줄기는 했지만, 평균 1만 2000달러의 비상금과 함께 퇴직 계좌를 갖고 있었다. 13퍼센트는 평균 4800달러 정도의 주식을 갖고 있었다. 또 6퍼센트는 4400달러 정도의 CD를 갖고 있었다. 최근 《뉴욕타임스》에 실린 〈당신의 돈Your Money〉이라는 칼럼에 인용된 연구 자료에 따르면 퇴직 계좌를 새로 개설하거나, 있는 계좌를 없애기로 결정하는 근로자들 가운데 22~35세의 젊은이들이 다른 연령층보다 저축을 시작하는 경향이 두드러진 것으로 나타났다. 즉 저축을 그만두는 젊은이들은 26퍼센트인 반면 저축을 시작하는 젊은이들은 74퍼센트에 이른다. 그리고 26~36세의 젊은이들 열 명 가운데 약 여섯 명이 저축을 한다는 사실도 이 연구는 밝히고 있다. 이는 다른 연령층보다 약간 높은 비율이다. 경기 침체로 모든 연령층에서 저축에 대한 관심이 높아지고 있지만 이 연령층의 관심은 특히 두드러진다.

그러나 저축도 아무나 할 수 있는 것은 아니다. 환경이 불리한 사람들에게는 삶 자체가 힘겨운 싸움이다. 그들은 부모의 뒷바라지를 기대하기가 어렵다. 주택 위기의 광풍이 한바탕 휩쓸고 지나간 지금은 요행히 부모가 집을 잃지 않았다 하더라도 얹혀살기에는 무리인 경우가 많다. 미래에 대한 전망도 어둡기만 하다. 소득과 저축이 줄면서 서서히 상황이 나빠지고 빚은 계속 늘어날 것이다. 하지만 크리스천 디오르나 루이뷔통 때문이 아니라 투자에 돈을 아꼈기 때문이다.

미래에 투자하기 가장 좋은 시기는 갓 어른이 되었을 때다. 물론 이때의 투자는 교육과 훈련을 의미한다. 벤저민 프랭클린의 경고나 근검절약의 교훈은 귀담아들어야 할 문제다. 지금처럼 경제가 어려울 때는 특히 그렇다. 실제로 영어덜트들은 그런 이야기를 귀에 못이 박이도록 들었다. 그러나 '좋은' 빚도 있다는 사실을 그들은 모른다. 초기에 현명하게 투자하면 나중에 멋진 보상이 다른다. 환경이 불리한 많은 젊은이들에게는 이런 말이 더 도움이 될 것이다. "푼돈 아끼려다 큰돈 손해 본다." 그들은 성공을 극대화하는 데 필요한 선견지명과 투자를 외면하고, 교육을 미루고 서둘러 집을 장만하고 가족을 떠맡는 책임부터 지려 한다.

부모가 빚을 좀 지더라도 성인이 된 자녀를 뒷바라지해줄 수만 있다면, 지금의 불경기와 재정적 곤란은 오히려 허리띠를 졸라매게 하는 계기가 될 수도 있다. '네트워크'에서 밝힌 것처럼 부모들이 자녀가 열아홉 살이 될 때까지 들인 양육 비용의 3분의 1을 열아홉 살부터 서른다섯 살이 될 때까지 다시 들여야 한다면, 부모의 부담도 결코 가볍다고 할 수 없을 것이다. 실제로 2005년 19~22세를 대상으로 실시한 조사에서 열 명 가운데 약 일곱 명 정도가 바로 전 해에 부모에게 재정적 도움을 받은 것으로 나타났다. 그 금액도 가볍게 볼 수준이 아니었다. 부모와 같이 살든 따로 살든, 자식들이 2004년에 도움을 받은 평균 액수는 약 1만 1000달러였다. 이것은 어디까지나 평균일 뿐, 실제로는 이보다 큰 액수를 받은 자식들이 많았다. 어쨌든 2004년에 부모로부터 적어도 5000달러 이상을 받은 영어덜트들이 절반 정도는 되는 것이 분명하다. 그렇게 받은 돈은 공과금을 내는 데 가장 많이 쓰였고 그다음이 학비였다. 또 어른이 된 자식의 자동차 할부금을 내주고, 경우에 따라서는 집세를 내주거나 집 계약금을 부담해주는 부모들도 있었다. 그리고 이런 수치는 실제보다 아주 낮게 평가된 것이다. 부모 집에 얹혀사는 자식들이 내야 할 집세나 식대는 포함되지 않았기 때문이다. 부모가 적지 않은 지원을 계속해줄 여유가 있는지 여부는 각 가정이 신중히 결정할 문제다.

＊＊＊

자식들의 독립을 위해 갖춰야 할 여건에 대한 사회적 기대가 높아졌는지는 우리의 조사에서 파악되지 않았다. 여유 있는 집안의 젊은이들이 선뜻 독립하지 못하는 데는 아마 만만치 않은 주택비, 교통비, 식비 이외의 다른 어떤 요인이 작용할지도 모른다. 아마 안락한 생활, '필요한' 것에 대한 젊은이들의 인식이 바뀌었고, 세상이 그들의 기대를 너무 높여 놓았는지도 모른다. 젊은이들이 생각하는 사치품, 필수품의 기준이 바뀌었다는 것을 분명히 알 수 있는 증거가 있다. 중립성을 고수하는 여론조사기관 퓨리서치센터가 2007년에 실시한 조사에 따르면 휴대폰, 식기세척기, 케이블 TV 등의 생활 편의 용품들을 '필수품'이라고 생각하는 사람들이 늘어난 것으로 나타났다. 난방도 잘 안 되고 엘리베이터도 없는 3층짜리 집에 살면서 라면으로 끼니를 때우는 것은 분명 더 이상 자랑할 절약이 아니다. 세상이 풍요로워지면서 없어서는 안 될 품목의 목록이 늘어나다 보니, 엘리베이터가 없는 3층짜리 집을 택하기보다는 부모 집에 편하게 얹혀살면서 '내 집' 마련을 위한 저축을 하는 젊은이들이 더 많아진다. 물론 모두가 그렇지는 않겠지만, 형편이 좀 나은 집안의 자식들이 가난한 집안의 자식들보다 부모에게 얹혀사는 경우가 더 많다.

흥미롭게도 경기 침체가 깊어지면서 미국 사람들이 생각하는 필수품 목록도 달라졌다. 퓨리서치센터가 2009년어 다시 조사한 결과에 따르면, 예전에 필수품이라고 생각했던 목록을 '사치품'으로 여기는 사람들이 급격히 늘어난 것으로 나타났다. 사람들이 필수품이라고 생각한 품목의 수는 10년이 넘도록 유례가 없는 수치로 떨어졌다. 모두가 현실을 새삼스러운 눈으로 다시 보게 된 것 같다. 그렇다면 앞으로는 엘리베이터가 없는 3층짜리 집도 그렇게 나쁘지 않을 것 같다.

흔히 생각하는 것과는 달리 영어덜트들은 결코 씀씀이가 헤픈 부류가 아니다. 영어덜트들은 대부분 저축을 하고, 미래의 보금자리를 마련하기 위해 부모와 같이 살면서 직장을 다닌다. 그런가 하면 확실한 보상이 뒤따르는 대학 졸업장에 투자를 하기도 한다. 그러나 고등교육에 투자하지 않았다는 바로 그 이유 때문에 허덕이는 경우도 있다. 꾸준히 오르는 대학 등록금은 문제가 아니다. 조금만 관심을 가지면 학비가 많이 들어가지 않으면서도 수준 높은 대학을 얼마든지 찾을 수 있다. 가계소득은 일정한데 대학 등록금만 계속 오른다든가, 대학 졸업장이 시장에서 통하지 않는다면 굳이 대학에 가야 할 이유가 없을지도 모른다. 그러나 아직은 아니다. 행여나 그런 날이 올까 기다릴 만큼 한가하지는 않다. 오바마 대통령이 최근에 말한 것처럼 "오늘 우리보다 교육을 더 많이 시키는 나라들이 내일 우리를 따돌릴지도 모른다." 우리에게 필요한 것은 더 많은 젊은이들에게 고등교육의 기회를 넓혀주고, 눈앞의 지출만 바라보려는 시각을 자신과 후세의 교육에 대한 투자로 바꾸어줄 정책과 프로그램을 마련하는 것이다. 그 문제는 마지막 장에서 자세히 살펴볼 것이다.

제 3 장

NOT QUITE ADULTS

정글 경제에서 직업 쇼핑하기

"사장님들은 조심하세요! 지금까지 금과옥조로 받들었던 철칙을 새로운 유형의 근로자들이 모두 깨부수고 있습니다." 2007년 11월에 방송된 〈60분 60 Minutes〉에서 해설자는 이렇게 외쳤다.

"아이팟 이어폰을 끼고 샌들슬리퍼를 촐싹거리며 점심때나 돼서야 일터에 나타나면서도 조만간에 CEO가 되겠다며 큰소리치는 신입 사원들을 보면 격세지감을 느끼는 분이 많을 겁니다. 중역들이 보면 직장이 있다는 것만으로도 다행으로 여겼던 시절이 있었나 싶으실 겁니다." 해설자는 그렇게 강조했다.

성실과 근면을 중요시하며 묵묵히 제 할 일을 하는 것을 미덕으로 여겼던 구세대의 금과옥조는 이제 무용지물이 된 것 같다. 요즘 세대들의 생각은 너무 엉뚱해서 애완견까지 직장에 데려오는 판이다. 그들에게 근무 규정을 지키고 말보다 행동을 앞세우라고 잔소리해봐야 씨도 안 먹힌다. 거북이걸음으로 성실하게 승진 절차를 밟는 것도 다 옛말이다. 요즘 세대들은 욕심이 크다. 〈60분〉에서도 주장했듯이 스물다섯 살 이하의 'Y세대'가 에베레스트를 오르고 마추픽추를 발굴했을지는 모르겠지만, 그들은 출근부를 찍는 법이 없고 칭찬을 당연히 여기며 무슨 일을 하든지 얼굴을 내밀었다는 것만으로도 반드시 대가를 요구한다.

당연한 일이지만 미국 노동력의 약 3분의 1을 차지하는 이 세대는 이런 식의 설명에 발끈했다. 이 같은 내용이 방송된 직후에 많은 젊은 이들이 항의했다. 이틀 동안 500명이 넘는 사람들이 〈60분〉 온라인 게시판에 의견을 올렸다. "미친 소리다." "무슨 엿 같은 말씀!" "싸잡아 매도하지 말라!!!"

'질리언'이라는 네바다 출신 여성의 글이 특히 두드러졌다. 스물다섯 살인 그녀는 가정교사 일을 하며 대학에 다니고 있다고 했다.

> 우리가 무엇 때문에 그렇게 뼈 빠지게 일해야 하는가? …… 30년 동안 충성을 바쳐 일한 직장에서 하루아침에 잘린 얘기를 어디 한두 번 들었는가? …… 정부나 회사가 믿을 수 없는 존재라는 것 정도는 우리 세대라면 누구나 다 아는 사실이다. 알아서 제 앞가림 하는 게 상책이다. 이런 마당에 충성심이 생기겠는가? 천만에. 충성심은 더 영원한 것, 이를테면 친구나 가족 같은 것에 바치는 것이다. 직업은 직업일 뿐, 결코 삶의 중심이 될 수 없다. 그런 태도를 문제 삼으면 안 된다. 고용주들이 고용인들을 회사에서 가장 중요한 존재로 보는가? 턱도 없는 소리

다. …… 조직이 근로자의 가치를 회사의 수지타산에 미치는 영향력으로만 평가한다는 점은 그들도 인정하는 사실이 아닌가.

질리언은 일에 대한 자기 세대의 의식을 완전히 바꾸어놓은 요인을 그렇게 설명했다. 우리가 인터뷰한 젊은이들도 직장에 대해 똑같은 생각을 이야기했다. 즉 그들은 직업과 임금과 특별수당이 불안하고, 충성심이 희박해지고, 자의식과 인생에서 가장 중심적 위치를 차지했던 '일'이라는 개념의 비중이 갈수록 약해지는 풍조를 지적했다.

'네트워크'는 1970년대 이후로 일에 대한 영어덜트들의 태도가 바뀌는 과정을 추적하면서, 흔들리는 직업 안정성과 고용주와 고용인 사이의 사회적 합의 약화 같은 경제 요소의 변화를 파악했다. 그 결과 우리는 〈60분〉의 주장과는 달리, 더욱 중요한 원인이 배경에 깔려 있다는 사실을 밝혀냈다. 우리는 이 세대에 대한 언론의 성급하고 피상적인 설명의 문제점을 찾아내고, 일에 대한 그들의 태도나 견해가 바뀌게 된 좀 더 광범위한 이유를 찾아냈다. 〈60분〉이 저밖에 모르고 스펙만 내세우는 세대라고 생각한 바로 그 지점에서, 우리는 약간의 스펙만 가지고도 급격히 바뀐 노동력에 재빠르게 반응하는 세대를 목격했다.

여러 면에서 질리언의 말은 백번 옳다. 충성할 가치도 없는 고용주에게 왜 평생을 바쳐 일하는가? 그보다는 "친구나 가족처럼 더 영원한 어떤 것"을 인생의 발판으로 삼는 것이 옳지 않은가? 우리는 영어덜트들이 일을 인생의 중심으로 여기는 사고방식에 의문을 제기하고 있다는 사실을 알아냈다. 그러나 그들은 동시에 더 권위 있고 보수도 많은 직업을 찾아다닌다. 그런 열망이 있기 때문에 그들은 물불을 가리지 않고 가혹한 현실에 뛰어들 수 있다. 우리는 우리가 마주친 이런 모순을 좀 더 신중한 태도로 관찰하면서, 그것이 유복한 사람과 불리한 사람의 운명에 던지는 의미를 따져볼 것이다.

원하는 일을
스스로 창조하는 세대

질리언이 아무런 근거도 없이 그런 결론을 내린 것은 아니었다. 실제로 눈치채지 못하는 사이에 세상이 급격히 변했다. 요즘 세대들은 부모들이 '프리 에이전트', 주문 생산, 기구 축소, 세계화 등의 새로운 제도에서 선두 자리를 놓치지 않으려고 안간힘을 쓰는 것을 보며 자랐다. 직업 세계는 점점 불확실해졌고 갈수록 승자 독식의 각축장이 되었다.

물건을 만들던 경제가 물건의 본질을 파악하고 디자인하는 것으로 바뀌면서, 제임스 K. 갤브레이스 James K. Galbraith 같은 경제학자들이 주장한 것처럼 경제는 3개 층으로 나뉘었다. 하나는 지식계급이 차지하는 고급 경제로 힘보다는 두뇌에 기반을 둔 경제다. 첨단 기술, 의학, 법, 건축에서부터 예술, 문화, 금융시장에 이르기까지 경제가 세상을 디자인한다는 것이 지식 경제의 개념이다. 이런 경제는 모험을 두려워하지 않는 창업자와 창조적인 개혁가를 존중한다.

리처드 플로리다Richard Florida는 2002년 베스트셀러 《창조적 변화를 주도하는 사람들The Rise of the Creative Class: And How It's Transforming Work, Leisure, Community, and Everyday Life》에서 기술자, 과학자, 예술가, 음악가, 패션 디자이너, 그리고 무엇보다도 창의적 정신과 혁신적인 디자인을 내세우는 기업가들의 실적에 주목했다. 2000년에 이 창조적 집단은 미국 전체 근로자의 3분의 1을 차지했고, 그들이 버는 돈은 미국인 전체 소득의 절반을 차지했다. 이렇게 규모와 세력이 커져가는 이 창조적 계급은 두뇌가 완력을 대신하는 미국 산업의 추세를 가늠하게 해준다.

창조적 계급의 구성원들은 나이가 젊고 정보에 밝고 유형이 다양하고 복수 전공을 한 사람이 많으며 고학력자가 많고 진취적인 생각을 갖고 있다. 그들은 또한 오라는 데가 많다. 그들은 위험을 마다하지 않고, 또 그런 점 때문에 승승장구한 젊은 일꾼들이다. 그들은 흥미를 느낄 수 있는 직업을 원하고 자신의 잠재력과 재능을 한껏 발휘하고 창의적이고 흥미로운 사람들과 함께 일하며 뭔가 새로운 것을 배우고 싶어한다. 그들은 사람들이 자신의 말을 귀담아들어주고, 자신이 직업을 통해 어떤 큰일에 기여한다고 생각한다. 무엇보다 그들은 좋아하는 일을 하고 싶어한다.

"열의를 느낄 수 없는 직업에 안주할 생각은 없습니다." 2008년에 만난 숀 에이킨Sean Aiken은 일에 대한 소신을 그렇게 표현했다. 스물일곱 살의 캐나다 출신인 숀은 직업을 계속 바꾸며 느꼈던 점을 책으로 냈다. 마음에 드는 직업을 찾기 위해 생각해낸 방법이었다. 정말로 하고 싶은 일을 찾기 위해 그는 한 주에 한 가지 직업을 1년 동안 바꾸어가며 해보기로 했다. 2007년과 2008년에 그는 캐나다와 미국을 돌며 패션 디자이너, 공원 관리인, 제빵사, 낙농업자 등 여러 가지 직업을 경험했다. 그는 정확히 일주일씩 52주 동안 52가지 직업을 직접 체험해본 후 거기서 받은 임금을 자선단체에 기부했다. 그에게는 '열정을 찾는 사나이'란 별명이 붙었다. 2007년 3월 23일에 그는 자신의 경험을 블로그에 올렸다.

직업 세계에 발을 들여놓는 우리 세대를 지켜보면 흥미로운 점을 발견할 수 있다. 우리 세대는 무엇보다 하고 싶은 일을 하고 도전 정신을 즐긴다는 것이다. 우리 세대는 보수만 바라고 일하는 것이 아니라, 일을 통해 보수 이상의 그 무엇을 찾는다. 이렇게 깨어 있는 정신으로 일터에 들어가기 때문에, 우리는 매사에 의문을 갖고 우리가 하는 모든 것에서 좀 더 큰 의미를 찾기 시작한다. 즉 자신이 하는 일을 스스로 납득할 수 있어야 한다. 하고 싶은 일을 할 수 있을 때 우리는 더욱 유익한 어떤 비전에 이바지하게 되고 사람들의 공감을 얻을 수 있다. 내가 하는 일이 세상에 어떤 도움이 되며, 내 주변 사람들과 내 이웃에 어떤 도움이 되는가? 사회적 책임감을 느끼면서 세상을 변화시키기 위해 나는 무엇을 할 수 있는가?

숀이 찾는 일은 분명 지식 경제에 속한 직업일 것이다. 창조적 계층의 일을 택할 가능성이 가장 높다. 놀라운 자기 마케팅 재주와 대단한 사교술과 조직력 등 그에게서 뚜렷이 드러나는 몇 가지 소질을 보면 그가 사업에 마음을 두는 것도 납득이 간다. 이런 젊은이들이 바로 신제품을 디자인하고 만들어내는 사람들이다.

반면에 재편된 경제에서 일하는 둘째 층의 근로자들은 첫째 부류들이 디자인한 제품을 생산한다. 그러나 생산과정이 자동화하고 아웃소싱이 관행이 되면서 중간층 근로자의 협상력은 점차 약화되었고, 따라서 그들의 임금은 정체되고 각종 혜택은 사라졌다. 한때 영어덜트들은 대학 졸업장이 없어도 안정적인 제조업을 중심으로 두둑한 보수를 받으며 두터운 중산층의 일원이 될 수 있었지만, 이제 중산층에서 그들의 모습은 찾아보기 힘들다. 시간당 20달러의 임금에 연금과 의료보험이 따라붙었던 이 직업들은 이제 별다른 수당도 없는 시간당 10달러짜리 일로 바뀌었다.

제이슨이 바로 이런 유형의 근로자다. 아이오와에서 자동차를 수리하는 제이슨은 시간당 12달러를 벌면서 자동인형 같은 일과로 하루하루를 보낸다. 그는 게으름뱅이가 아니다. 아니, 아주 열심히 일하는 편이다. 열한 살 때부터 제이슨은 방과 후와 주말에 집 뒤뜰에 차려놓은 정비소에서 아버지를 도우며 자동차를 배웠다. 온 가족이 농사를 짓지만 농사로는 빠듯한 살림을 면하기 힘들었기 때문에, 그의 아버지는 자동차 수리점을 열었고 제이슨도 틈나는 대로 거들었다. 사실 제이슨은 학교 다니는 것보다 자동차 일을 더 좋아했다. 고등학교를 졸업한 제이슨은 곧바로 정비 자격증을 따서 자동차 정비소로 들어갔다. 그의 하루 일과는 '책자the book'와의 씨름이라 해도 과언이 아니다. 책자는 점화플러그를 교체하고 엔진을 조정하고 오일을 교환하는 등 여러 가지 정비 작업에 걸리는 예상 시간을 정해놓은 일정표다. 제이슨은 그 일정표에 따라 자신에게 할당된 차를 수리한다. 그가 집에 가져가는 봉급은 그 예상 시간과 그가 그 일을 하는 데 실제로 걸린 시간을 대조하여 결정된다. 점화플러그 교환은 말 그대로 분초를 다투는 경쟁이 된다. 어물어물 시간을 끌다가는 가져갈 돈이 없다. 한때는 꽤나 '끗발'이 좋았던 제조 부문이지만, 요즘에 이런 분야에서 살아남으려면 웬만한 노력 가지고는 어림도 없다.

너무 분위기가 각박해 보이겠지만, 그래도 최저층 직업에 비하면 그나마 나은 편이다. 근래에 갑자기 규모가 커진 최저층은 다름 아닌 서비스 경제다. 파출부, 유모, 웨이터 보조나 대형 매장 점원, X레이 촬영기사, 개인 트레이너 등 나름대로 요령이 필요한 일이지만 이런 직업은 보수도 적고 고용도 불안하다.

어떤 유형의 직업에 종사하든 이 새로운 경제에 종사하는 사람들의 공통점은 지독한 스트레스에 시달린다는 사실이다. 화이트칼라의 경우, 여유롭고 고급스러웠던 점심 식사는 옛말이 되었고, 스마트폰과 비행기 마일리지 카드로 상징되는 빡빡한 일정이 새로운 스트레스를 만들어내는 세상이 되었다. 한때 만원이었던 5시 30분 퇴근 열차는 근무시간이 주당 60~70시간에 육박하면서 거의 텅텅 비었다. 회사 엘리베이터를 타고 나오는 것으로 하루 일과가 끝나던 시절은 지났다. 요즘 엘리트 근로자들은 7시 30분 기차를 타고 출근하고 점심은 드라이브스루drive-through(차에 탄 채로 이용할 수 있는 식당—옮긴이)에서 때

우고, 집에 가면 아이들에게 시달리다가 아이들을 겨우 재워놓은 후 이메일을 체크하고 못 다한 일을 마무리한 뒤 자정이 다 되어서야 침대에 무너지듯 쓰러진다. 기회만 엿보는 배고픈 경쟁자에게 자리를 빼앗기지 않으려면 어쩔 수 없는 일이다. 더 빠른 기술에 대한 끝도 없는 요구, 갈수록 복잡해지는 대규모 금융거래, 높은 수요를 만들어내고 유지하기 위해 끊임없이 혁신해야 하는 화이트칼라 지식 근로자들의 스트레스는 보수는 좋지만 갈수록 엷어지는 층에서 밀려나지 않기 위해 매일매일 자신의 가치를 입증해야 하는 무한 경쟁의 결과다.

블루칼라도 종류만 다를 뿐 스트레스는 그에 못지않다. 그것은 주로 직장이 불안정한 데서 오는 스트레스다. 회사밖에 모르는 일벌레는 어느덧 박물관의 유물이 되어간다. 피터 고슬린Peter Gosselin은 《줄타기: 아슬아슬한 미국 가정의 가계부High Wire: The Precarious Financial Lives of American Families》에서 제임스 오툴James C'Toole과 에드워드 롤러Edward Lawler의 말을 빌려 다음과 같이 말했다. "기술만 있으면 언제든 일자리를 가질 수 있다고 생각하는 사회적 합의가 형성된 것, 그것이 새롭다면 새로운 현상이다. …… 조직은 그들에게 봉급을 줄 자원을 가지고 있다." 우리가 조사한 결과에서도 1973년 36~65세 남성의 약 절반이 적어도 10년 이상 현재의 고용주 밑에서 일하고 있었다. 2006년에는 그 수치가 40퍼센트 아래로 떨어졌다. 또 하나, 1970년대에 태어난 사람들 가운데 4분의 3 이상이 스물일곱 살이 되면 안정된 직업(48주 이상 그 자리를 유지하는 것으로 정의할 때)을 가졌다. 1980년대에 태어난 세대는 안정된 직업을 가진 사람이 3분의 2 정도에 그쳤다.

회사형 인간은
사라졌다!

직업과 일에 대한 생각이 달라지면서 이 최신 세대들은 어떻게 하면 일과 생활을 조화시킬 수 있을지 곰곰이 생각하게 되었다. '네트워크'는 1970년대 이후로 일에 대한 태도가 이렇게 크게 바뀌었다는 것을 짐작하게 해주는 단서를 찾아냈다. 요즘 젊은이들은 1970년대 후반이나 80년대만큼 직업에서 별다른 안정성을 기대하지 않고, 또 그런 것을 중요하게 여기는 것 같지도 않다. 그리고 갈수록 변화를 당연하게 받아들인다. 그렇게 한 직장에 오래 붙어 있으리라고는 기대하지 않지만, 금전적 보상이나 개인적 보상은 절대 양보하지 않으려 한다. 그들은 특권이 보장되고 남다른 보상을 해주는 직업을 선호한다. 또한 의사 결정 과정에 꼭 필요한 존재가 되고 싶어한다.

그러나 여기에도 〈60분〉식 비아냥이 가능한 틈새가 있다. 즉 그들은 근무시간을 넘기면서까지 일에 매달리지 않고, 새로운 기술을 터득하기 위해 시간을 투자하지도 않는다. 결국 젊은이들은 한 개인으로서의 정체성과 자신의 삶에서 자신이 하고 있는 일을 중심에 놓고 생각하지 않게 되었다. 그들은 또한 부모 세대와 달리 일과 일 이외의 생활 사이에서 바람직한 균형을 찾고 싶어한다. 직장이나 승진에 연연하고 그런 쪽에 모든 것을 거는 것에는 별다른 흥미를 느끼지 못한다. 질리언을 보면 그 이유를 짐작할 수 있을 듯하다.

우리는 질리언이 기고한 글을 읽은 후에 그녀와 좀 더 이야기를 나누고 싶어 연락을 취했다. 네바다에서 자란 질리언은 아메리칸드림을 꿈꾸는 중산층 부부의 딸이었다. 질리언의 어머니는 엑스레이 촬영기 사로 일했고, 아버지는 한때 잘나갔던 부동산 중개업을 비롯하여 다양한 직업을 두루 거쳤다. 수입이 늘어나면서 질리언과 동생은 부유한 사람들이 사는 인근 학군에 등록할 수 있었다. 그러나 이런 목가적인 풍경도 얼마 안 가 모두 산산조각이 나고 말았다.

질리언이 10대였을 때 언니 마거릿이 나쁜 친구들과 어울리기 시작했다. 마거릿은 버럭 화를 내거나 잔뜩 부어 있기 일쑤여서 집안 분위기가 말이 아니었다. 식구들은 마거릿의 기분을 건드리지 않으려고 늘 눈치를 살피며 매사에 조심했다. 하지만 마거릿은 갈수록 다루기 어려워졌다. 질리언의 엄마는 마거릿에게 기력을 다 빼앗기다 보니 일을 제대로 할 수가 없었다. 결근이 잦아지자 그녀는 예고도 없이 해고되었다. "15년 동안 열심히 일했는데 하루아침에 해고됐어요!" 질리언은 아직도 믿기지 않는다는 듯이 고개를 저었다. 질리언의 아버지 역시 일하는 데 어려움을 겪었다. 마거릿의 뒤치다꺼리를 하느라 노후를 대비해 마련해놓았던 돈까지 다 쏟아부은 후, 그들은 집까지 잃고 결국 파산했다.

"회사에만 목을 매고 있어서는 안 되겠구나, 그때 깨달았어요." 꾸준히 높아진 이혼율 때문에 결혼을 회의적인 눈으로 바라보는 것처럼, 이들은 근로자와 고용주의 계약관계가 느슨해지면서 직장에 대해서도 회의적인 태도를 갖게 되었다. 우리가 인터뷰한 결과에서도 자주 드러나지만, 젊은이들은 한 회사에서 꾸준한 소득을 얻는 것을 크게 기대하지 않는다. 그래서인지 자신을 통째로 던져 일에 열중하기를 꺼린다. 예를 들어 20세기폭스 사에서 시나리오 개발자로 일하는 애나는 건강을 해쳐가면서까지 승진해야 하는지 의문을 갖는다. "일이 인생의 전부가 될 수는 없어요. 내게는 행복이 더 중요해요."

해마다 고등학교 3학년을 대상으로 실시하고 있는 '네트워크'의 분석을 보면 일을 생활의 중심으로 여기는 시각을 납득하지 못하는 이들의 생각을 확인할 수 있다. 1980년에는 일이 삶에서 가장 중요하다고 생각하는 젊은이들이 전체의 4분의 3이었다. 2004년에는 일이 삶을 규정한다고 생각하는 젊은이들이 60퍼센트 정도였다. 비영리단체인 '가정과 직장 문제 연구소Families and Work Institute'가 최근에 실시한 설문 조사를 통해서도 우리가 밝혀낸 사실을 확인할 수 있었다. 일보다 가족이 중요하다고 답한 사람은 베이비붐 세대에서는 41퍼센트였지만, 서른여덟 살 미만의 근로자들은 절반 정도였다. 베이비붐 세대는 일을 통해 '자신의 정체성을 확인하는' 경우가 더 많았다. 아이를 갖게 되면 당연히 일과 가정을 바라보는 생각이 바뀔 수 있다. 그래서 연구진들은 부모에 초점을 맞추었다. 베이비붐 세대인 부모와 아이를 가진 요즘의 영어덜트들의 우선순위를 비교했을 때, 요즘의 영어덜트들은 일을 삶의 중심으로 여기지 않았다. 일에 대한 태도에서도 '생활주기'가 바뀌었지만 세대에 따라서도 생각이 바뀌었다는 것을 확인할 수 있다.

신시내티에 본사를 둔 경영 컨설턴트로 기업이 세대별 노동력을 적절히 관리하도록 돕는 제너럴임페러티브Generational Imperative의 회장

척 언더우드Chuck Underwood는 요즘 젊은 근로자들은 일과 삶의 균형work-life balance을 제일로 친다고 지적한다. 이들에게 긴 근무시간과 야근은 이런 균형을 깨뜨리는 주범이다. '네트워크'가 분석한 내용에서도 역시 이들이 '개인' 시간을 덜 빼앗는 짧은 근무시간을 선호한다는 사실이 드러났다. 1976년에는 근무시간 이외의 자유 시간이 많아야 한다고 생각한 젊은이들이 전체의 60퍼센트였다. 하지만 이런 비율은 꾸준히 늘어나 2004년에는 대학 진학이나 경력에 대한 포부와 상관없이 자유 시간이 더 많아야 한다고 생각하는 젊은이들이 4분의 3 정도에 이르렀다. 아마 이 젊은 근로자들은 일에 삶을 송두리째 빼앗기는 부모들을 반면교사로 삼았던 것 같다.

일과 삶의 균형을 중요시한다는 것은 직장에서 많은 책임을 떠맡으려 하지 않는다는 것을 의미한다. 책임이 많아지면 근무시간이 길어질 수밖에 없기 때문이다. '가정과 직장 문제 연구소'에 따르면 1992년에 서른여덟 살 미만의 젊은 근로자 가운데 책임이 무거운 직책을 맡고 싶다는 사람이 75퍼센트였지만, 2002년에는 57퍼센트에 그쳤다. 이런 추세는 갈수록 뚜렷해진다. 책임을 안 지려는 쪽이 많아진 것이다. 일에서 자신의 정체성을 찾으려 하지 않고 직장에서 시간과 노력을 덜 들이려는 이런 경향은 최근의 경기 침체 이후로 더욱 심해졌다. 회사가 언제 어떻게 될지도 모르고, 또 자신도 언제 잘릴지 모른다는 생각이 요즘 젊은이들의 직업관을 그렇게 만든 것 같다. 경기 침체는 그나마 남아 있던 회사에 대한 마지막 충성심마저 사라지게 만들었다. 물론 그 반대일 가능성도 있다. 가뜩이나 일자리를 찾기 어려운 취업 시장에서, 자발적이고 헌신적인 근로자들에게 자리를 빼앗길지 모른다는 위기의식이 개인적 성취를 잠시 뒤로 미루게 만드는지도 모르겠다.

그러나 한 가지만은 분명히 짚고 넘어가야 한다. 책임을 안 지는 쪽이 많아진 것은 〈60분〉이 지적한 것처럼 이 세대가 버릇없이 자랐기 때문만은 아니다. 그런 면이 전혀 없다고는 할 수 없겠지만 일에 대한 태도가 바뀌게 된 가장 큰 이유는 다른 데 있다. 즉 진짜 이유는 직장의 안정성이 보장되어 있지 않고, 업무의 성격이 복잡해지고, 자기 앞가림을 스스로 해야 하는 등 직장 환경이 달라졌기 때문이다. 회사밖에 모르던 '회사형 인간company man'은 사라졌다. 이젠 환경에 적합한 자만이 살아남을 것이다. 인생에서 직업이 차지하는 비중이 달라지면서 이들 세대의 견해도 아울러 달라진 것이다.

그러나 정작 걱정스러운 것은 다른 문제다. 대다수 영어덜트들이 책임이 막중한 일을 달가워하지 않지만, 그런 책임을 놓고 흥정을 벌일 수 있는 유리한 위치에 있는 젊은이들은 여전히 있다. 문제는 그렇지 못한 사람들이다. 그들과 똑같은 포부를 갖고 있으면서도 지식 경제에서 꼭 갖춰야 할 스펙을 갖고 있지 못한 사람들은 흥정할 위치에 서지 못한다. 뒤에서 살펴보겠지만 이들은 충돌침로collision course(두 개의 비행기나 배가 그대로 전진하면 충돌할 위험이 있는 방향—옮긴이)에 들어설 가능성이 크다.

의미 있는 일을
원하는 젊은이들

툭하면 근무시간을 넘겼던 부모들과
달리 요즘 세대는 일하는 시간을 줄이면서 일과 삶의 균형을 추구한
다. 그러나 그들도 한편으로는 여전히 직업을 중요하게 생각한다. 고
용주들은 질리언 같은 직원을 미덥지 않은 눈으로 볼지 모르지만, 그
녀에게도 일에 대한 꿈은 있다. 무엇보다 그녀는 의미 있는 일을 하고
싶어한다. 평생을 바쳐 회사와 사장을 위해 헌신할 생각은 없지만 그
녀라고 야망이 없을 리 없다. 그녀 역시 제대로 된 직장을 구해 헌신
적으로 일할 의향이 있다. 질리언처럼 협상에 유리한 위치에 있는 사
람들은 일보다 중요한 무언가를 찾는다. 그들은 자신이 하는 일에서
즉각적인 영향력을 확인하고 싶어한다. 즉 자신의 일이 자신이나 다
른 사람들에게 유익한 것이기를 바란다.

집안에서 처음으로 대학을 졸업한 사람이 된 질리언은 좋아하는
문학을 본격적으로 공부하기 위해 대학원에 등록했다. 질리언은 박사
학위까지 받을 생각이고, 그런 다음 교수가 되어 커뮤니티 칼리지나
주립대학에서 학생들을 가르칠 계획이다. "대학을 다니는 아이들은
세상이 만만치 않다는 것을 알고 있어요." 질리언은 자신같이 커뮤니
티 칼리지에서 시작하여 떳떳한 사회인으로 자립하는 젊은이들에게
꿈과 힘을 주고 싶어한다. "사회에서 받은 것을 사회에 돌려주고 싶
어요. 우리 사회를 더 살기 좋은 곳으로 만들기 위해 다른 사람들을
가르치고 싶습니다."

가진 것을 남에게 베풀고 사회의 일원으로서 자신의 의무를 다하려는 이 세대의 가치관을 다룬《대의명분을 찾아라: 적극적으로 참여하여 세상을 바꾸는 사람들CauseWired: Plugging In, Getting Involved, Changing the World》의 저자 톰 왓슨Tom Watson은 다음과 같이 말한다. "돈을 벌기 위해 일을 잘하는 것doing well과 좋은 일을 하는 것doing good의 관계는 갈수록 밀접해지고 있다. 기업 문화로 보자면 아직 보편적이라 말할 수 없지만, 살아가는 이유를 찾으려 하고, 바람직한 세상을 만들고 …… 직업을 통해 뭔가 좋은 일을 할 수 있다고 생각하는 사람들이 많다. 기업의 고문변호사나 세일즈맨이 되지 않겠다는 말이 아니다. 어떤 일을 해도 돈만을 보고 하지는 않겠다는 말이다." 2006년에 한 대형 마케팅 회사에서 조사한 내용에 따르면 풀타임으로 일하는 스물여섯 살 이하의 영어덜트들의 28퍼센트는 거의 열 명 가운데 여덟 명이 "사회적 기여도에 관심을 갖는" 기업에서 일하고 싶어했다. 해리스인터랙티브Harris Interactive가 Y세대를 대상으로 실시한 여론조사에서는 응답자 가운데 97퍼센트라는 압도적인 대다수가 세상에 영향을 줄 수 있는 직업을 택하고 싶다고 말했다.

우리 '네트워크'의 인터뷰에서도 그런 열망이 여러 차례 확인되었다. 시카고에 있는 대형 로펌에 소속된 젊은 변호사 벤은 수십만 달러의 높은 연봉을 포기할 것인지를 결정하지 못해 고민하고 있었다. 입사 3년차에 접어든 그는 파트너가 될 가망이 없다는 것을 깨닫게 되었다. 더할 나위 없이 멋진 직장이었지만 파트너가 될 수 없다는 것은 심각한 문제였다. 벤은 미국에서 다섯 손가락 안에 꼽히는 로스쿨을 졸업해 뉴욕의 연방 검사 밑에서 근무하다 지금의 자리로 오게 되었다. 그러나 최근 들어 그는 인생과 행복, 일의 역할 등을 놓고 존재론적 의문을 갖기 시작했다. 그는 같은 법조 관련 업무를 해도 여러 가지 선택의 여지가 있을 것 같다는 생각을 하기 시작했고, 심지어 아예 법과 관련된 일을 그만두고 학교로 돌아가 언론학을 공부할까 하는 생각도 했다. 하지만 결국 실리를 챙기기로 했다. 그래서 미 연방 검찰청으로 옮길 생각을 갖고 있다.

"집단이라는 환경 속에서 더 큰 실체의 한 부분이라는 기분을 느끼는 것, 그것이 제게는 소중한 문제입니다." 미 연방 검찰청에서 그는 국가를 위해 일하게 될 것이다. "그리로 가면 누구를 위해 일하는지 스스로 알게 될 겁니다. 법무부와 스미소니언 재단을 대표하는 것이죠." 거기서 그는 대기업에 불이익을 당하거나 차별을 받는 사람을 대신하여 그런 업체를 기소하는 일을 할 것이다. "대기업을 지켜주는 일보다 그 일을 하는 것이 제 자신에게도 떳떳할 겁니다. 열심히 할 겁니다." 실제로 그는 지금도 시카고 외곽의 저소득층 가정을 위해 무료 소송을 하면서 큰 성취감을 만끽하고 있다.

서맨더 또한 의미 있는 일에 관심이 남다른 젊은이다. 서맨더는 이렇게 말했다. "우리가 섬기는 그분들 때문에 일하는 보람을 느끼게 돼요." 서맨더는 대학을 졸업한 후 꽃가게에서 잠깐 일했고 취업정보센터에서도 일해봤지만 둘 다 흥미를 느낄 수 없었다. 대학에서 받은 심리학 학위도 별 소용이 없었고, 그저 돈 몇 푼을 위해 재미없는 일을 하며 세월만 보내고 있다는 생각이 들었다. 그때 마침 취업정보센터 맞은편에 있는 작은 비영리단체가 눈에 들어왔다. 정신적으로나 신체적으로나 사회에서 독립하기 어려운 사람들을 돕는 단체였다. 서맨더는 어려운 사람들을 도와주는 그곳 직원들의 헌신적인 모습에 마음이 끌렸다. 어느 날 점심시간에 서맨더는 그곳을 기웃거리다 자신도 그들이 하는 일을 거들 수 있는지 물어보았다. 그렇게 해서 그녀는 그 NGO에 고용되었다. 연봉은 7000달러나 줄었지만, 그녀는 곧 자신이 하는 일과 자신이 맡은 사람들과의 관계가 아주 긴밀하며, 그래서 그 일이 소중하다는 것을 몸으로 실감했다. "그분들과 함께하는 삶을 택하지 않았다면 지금의 저는 없었을 거예요." 서맨더는 또한 자신이 담당하는 사람들과 그들의 가족의 삶에 자신이 뭔가 의미 있는 공헌을 한다는 자부심을 가질 수 있었다.

우리가 서맨더를 인터뷰했을 때 그녀는 스물아홉 살이었는데, 그 NGO의 총괄감독이 되어 있었다. 서맨더는 긴 근무시간과 적은 보수 때문에 "가끔 투덜대기도 하지만" 그만둘 생각은 전혀 하지 않는다. 그 일에서 의미를 찾았기 때문이다. "우리가 봉사하는 사람들에게 제가 정말로 어떤 영향을 주는지 알고 싶어요."

능력과 포부가
충돌할 때

의미 있는 일을 통해 자신이 받은 것을 되돌려주려는 성향은 분명 이 세대의 뚜렷한 특징이다. 그러나 현실은 그들의 포부와 곧잘 어긋난다. 그리고 여기서 그들을 좌절시키고 방황하게 하는 충돌침로가 시작된다.

숀 에이킨처럼 더스틴도 열정을 쏟을 수 있는 일을 하고 싶은 생각이 간절하지만 뭔가 확실치 않고 불안하다는 생각을 떨칠 수 없다. "저는 항상 두세 가지 일을 동시에 해왔습니다. 그런데도 아직 딱히 하고 싶은 것이 무엇인지 모르겠어요."

더스틴은 시카고의 노스사이드에서 자랐다. 그의 가족은 결속력이 남달랐다. 지금은 현역에서 은퇴한 부모는 그의 말로는 한때 '히피족'이었다고 한다. 그래도 아들을 "전폭적으로 밀어주었다"고 한다. 20대 때 더스틴은 본가 바로 옆에 있는, 역시 부모 소유인 집에서 살았다. 그러다가 부모가 그 집을 팔면서, 시카고 사람들이 흔히 그렇듯 '장모님 맥'으로 들어갔다. 그 집은 동서가 소유한 두 가구짜리 아파트로 정원이 딸려 있었다. 더스틴도 집세를 냈지만 극히 일부였고, 생활비도 대부분 부모님에게 의존했다. 더스틴은 대학 졸업장이 있지만 스스로 대학 졸업자라는 생각을 별로 하지 않았다. 또 그는 직장에 몰두하는 유형도 아니었다. 오히려 그는 자신이 사업가로서 소질이 있다고 생각했다. 그는 이것저것 손을 댔다. 전부 프리랜서 일이었다. 그나마 사업이라 할 만한 것은 그가 리더로 있던 술집 밴드 정도였다. 그 밴드를 인기 있는 밴드로 키우는 것이 그의 꿈이었다. 초기에 좋은 반응을 얻자 부모가 데모 음반과 광고비로 쓸 돈을 빌려주었지만, 결과는 실패였다. 서른 살이 된 요즘은 집안의 연줄을 이용해 시 정부쪽 일을 하고 있지만, 그는 절대로 오래 할 생각은 없다고 했다.

"오래 할 사람도 있겠죠. 전 모르겠어요. 하고 싶은 일을 하는 사람이라면 오래 붙어 있겠죠. 그런 사람들은 운이 좋은 거죠. 하지만 글쎄요, 난 아니에요. 전 늘 두세 가지 일을 해요. 여러 가지 일을 해도 생각은 한 가지인지 모르죠. 일에만 전념하는 게 겁나는 건 아니에요. 연금이나 평생 직장이 어떻다고들 말하는데, 아무리 그래도 일은 좋아서 해야 해요. 아니면 그냥 참고 하든가요."

더스틴 같은 사람은 틈새 상품이나 기발한 제품을 만들어 한몫 잡는 편이 나을 것이다. 그래야 평생을 하고 싶은 일만 하고 살 수가 있다. 호사스러운 생활을 바라는 것은 아니다. 보통 사람들 정도만 벌수 있으면 만족한다고 그는 말한다. "1000만 달러 같은 큰돈은 필요 없어요. 100만 달러를 투자해 5퍼센트의 수익만 올릴 수 있다면 1년에 4만 달러씩 평생 벌 수 있어요. 그거면 됐죠. 경비가 있잖아요. 다 제하고 나면 아르바이트를 하거나 여행이나 자원봉사를 할 수도 있겠죠. 지금도 그 궁리를 하고 있어요. 몇 가지 생각해둔 게 있어요."

포부야 야무지지만 포부만 가지고는 창조적인 지식 경제에 발을 붙일 수 없다. 그 자신도 이런 현실을 극복하기 위해 안간힘을 쓰고 있다. 예전과 달리 웬만한 수준으로는 통하지 않는다. 평범한 정도로는 어림도 없다. 대니얼 핑크가 《새로운 미래가 온다 A Whole New Mind: Why Right Brainers Will Rule the Future》에서 말했듯이 중요한 것은 그 이상의 특별한 무엇이 있어야 한다는 것이다.

국내뿐 아니라 전 세계를 상대로 경쟁을 벌여야 하는 판국이 되다 보니, 요즘에는 전보다 더 크고 더 경쟁적인 각축장에서 두각을 나타내야 한다. 보통으로는 안 된다. 자신에게 맞는 길을 찾으려고 갈팡질 팡하는 더스틴의 모습 자체가 취업 시장의 경쟁이 만만치 않다는 것을 보여주는 증거다. 더스틴뿐만 아니라 많은 젊은이들이 뚜렷한 목적의식이 없었다. 우리가 인터뷰한 사람들도 대부분 극히 추상적이고 막연하게 이야기했다. "대우받을 수 있는 직업," "한 사람의 인격체로서 성장할 수 있는 어떤 곳," "끊임없이 배울 것이 있는 직업," "어떤 식으로든 몰두할 수 있는 일" 등이었다. 그런 일을 찾다가 뜻대로 되지 않으면 주저없이 그들은 자리를 옮겼다. 앨런이 그랬다.

캘리포니아 대학교 버클리 캠퍼스를 졸업한 앨런은 역사와 민족학을 복수 전공했다. 대학을 졸업하고 나서 들어간 첫 직장에서 공무원 신분으로 앨런이 했던 일은 컨설팅이었지만 그는 1년을 채우지 못했다. 첫 주에는 난생 처음 받아보는 봉급이 신기했다. 그러나 6개월쯤 되었을 때 앨런은 그 일이 싫어지기 시작했다. "하는 일에 비해 정당한 보수를 받는 것 같지 않았습니다. 그래서 화가 났어요. 그리고 맡은 프로젝트도 한심했어요. 보고해야 할 상사들은 중년의 '연방 공무원'들이었습니다. 제가 보기에 그들은 봉급이나 꼬박꼬박 받기 위해 자리를 차지하고 있는 사람들이었어요. 그런 사람들 좋으라고 일을 해야 했다니, 원! 그때가 스물둘인가 스물셋인가였죠. 질렸어요. 완전히 흥미를 잃었죠. 재능을 엉뚱한 곳에 낭비한다는 기분이었어요."

그때 앨런의 친구가 그를 샌프란시스코에 있는 과학기술 관련 신규 업체에 소개해주었다. 앨런은 생각했다. '그래, 한 2년 열심히 일해서 돈을 좀 모으는 거야. 그리고 나오는 거지. 그런 다음에 역사학 박사 학위를 받아야지.' 하지만 돈을 좀 모으기도 전에 그는 새로 온 상사와 충돌했다. 회사는 그를 해고하면서 성실성이 부족하다고 말했다. 그러나 그는 몇 달 뒤에 다시 채용되었다. 그 상사가 해고된 다음이었다. 앨런의 말에 따르면 "제 능력은 그 사람들이 더 잘 알고 있었거든요. 그게 다예요." 요즘 그는 그 회사의 판매 부서에서 일을 하고 있다. 하지만 그 자신이나 판매 부서 동료들은 "봉급도 제때 나오지 않는 데다가 회사가 뭔가 구체적인 계획도 없고, 또 CEO는 머저리 같다"고 불평한다. 앨런은 되도록 빨리 다른 길을 찾을 궁리를 하고 있다. "곧 결단을 내릴 겁니다."

이렇게 완벽한 직업을 찾다 보니 많은 젊은이들이 끊임없이 자신에게 맞는 직업을 찾아 전전하게 된다. 그러나 이런 경제 상황에서 완벽한 직업을 찾는 호사도 소수 정예만 누릴 수 있는 일이고, 대다수의 젊은이들은 웬만한 일이면 감수하고 받아들여야 한다. 그러나 그들 사전에 '웬만하다'라는 단어는 없다. 요즘 젊은이들은 일에 대한 대가와 만족이 즉석에서 나타나야 직성이 풀린다. 하지만 매력적인 직업은 흔히 겉보기와 다르다. 그리고 그들 눈에는 그런 직업에 따라붙는 힘든 일이 보이지 않는다. 그래서 원하는 조건을 금방 만족시켜주는 직장을 찾기가 여의치 않으면 좌절하고 만다. 중간 계층에서도 야심이 남다른 젊은이들은 특히 그렇다.

사회학자이자 교육 전문가인 바버라 슈나이더Barbara Schneider와 데이비드 스티븐슨David Stevenson은 공저 《야망의 세대The Ambitious Generation: America's Teenagers, Motivated but Directionless》에서, 1990년대에 전국

적으로 실시한 조사에 따르면 10대 가운데 전문직을 희망하는 사람이 70퍼센트에 이른다고 했다. 비서나 기계공이나 농부가 되겠다는 사람은 극히 드물었다. 하지만 그런 꿈을 지닌 10대와 영어덜트들 가운데 꿈을 이루기 위해서 어떤 교육을 받아야 하고 어떤 의식을 갖춰야 하는지 아는 사람은 거의 없었다. 목표도 구체적으로 따져보고 정한 것이 아니었다. 목초지를 찾는 유목민들처럼 이리저리 적당한 직업을 찾아 방황하고 있는 경우가 대부분이었다. 그들은 능력은 없어도 꿈은 컸다. 인터뷰한 결과에서도 능력과 포부의 충돌 현상은 여전히 달라지지 않고 있다.

아이들이 충돌침로로 들어서는 데는 부모들도 한몫 거들었다. 부모는 자식이 자신의 개성과 능력과 처지는 생각하지 않고 터무니없는 기대만 갖도록 키웠다. 학교와 선생도 학생들을 지나치게 부추겼다. 그들의 포부와 능력은 특히 대학에 가고 직장을 구할 때 자주 충돌하는 것 같다. 적어도 앨런에게는 완벽한 직업을 찾을 간한 스펙이 있었다. 하지만 더스틴은 달랐다. 그라고 뜻있고 재미있는 일의 의미를 모르지는 않았겠지만, 그는 그런 것과는 거리가 던 관절에서 욕심을 내고 있었다. 더스틴은 대학 졸업장이 있었기 때문에 오히려 진득하게 한곳에 머무르지 못하고, 융통성도 너그러움도 없고 '봉사심'도 부족한 직장을 전전하게 됐는지도 모른다.

"세상을 변화시키는 일" "믿음이 가는 어떤 것" "마음을 움직이는 일" "자신의 영향력을 확인할 수 있는 일" "사회로의 환원" 등은 인터뷰할 때마다 우리가 자주 들었던 표현이다. 그러나 일을 통해 사회에 기여하는 사람들은 대체로 남들보다 유리한 위치에 있는 특권층인 경우가 많다. 벤이나 서맨더처럼 대학 졸업장이나 평생 써먹을 수 있는 확고한 자격증을 가진 영어덜트들이 성취감과 의미를 주는 일을 찾는 것은 그런 무모한 선택을 할 수 있을 만큼 먹고사는 데 어느 정도 여유가 있기 때문이다. 그렇지 않은 사람들에게는 받은 만큼 사회에 환원하고 의미 있는 일자리를 갖는 것은 현실이라기보다 사치인 경우가 더 많다. 경제 상황이 좋지 않은 요즘에도, 선택받은 자리에 앉아 사회에 환원하는 의미 있는 직업을 추구하는 사람과 그런 사치를 부릴 수 없는 사람들 사이의 괴리는 갈수록 커지고 있다.

노동시장을 전전하는 세대,
아직은 예고편일 뿐

직업이 단순한 돈벌이 이상의 의미를 가져야 한다는 사실은 누구나 알고 있다. 대학을 졸업한 사람들만 일에서 야심을 찾는 것은 아니다. 대학 졸업장이 없는 사람도 의미 없는 일을 꺼리기는 마찬가지다. 그들이라고 아르바이트를 두 군데씩 뛰면서 하루에 10시간씩 일터에서 보내고 싶지는 않을 것이다. 그러나 어쩔 수 없이 그렇게 해야 할 경우가 많다. 이렇게 경제 상황이 좋지 않을 때면 그 어느 때보다 그들의 앞날은 불안할 수밖에 없다. 모니카가 처한 현실이 바로 그런 경우다. 이 직업 저 직업을 전전하는 모니카에게 야망과 현실의 충돌은 결코 가벼운 문제가 아니다.

모니카는 미네소타주 세인트폴의 노동계급 가정에서 자랐다. 그녀는 지금 열 살 난 아들과 교외에 있는 작은 아파트에 세 들어 산다. 원래 대학에 들어가 음악공학을 전공할 생각이었지만, 그녀가 고등학교 3학년 때 임신을 하면서 계획이 틀어졌다. 그 대신 모니카는 집 근처의 커뮤니티 칼리지에서 회계 과정을 수강했다. "하지만 시기가 좋지 않았어요. 공부를 할 여건이 되어 있지 않았거든요. 아이를 키우고 아르바이트를 하고 학교에 간다는 게 보통 일이 아니었죠. …… 할 수 없이 중퇴를 하고 한동안 일만 했어요." 모니카는 한숨을 쉬었다.

대학을 그만둔 뒤에 보험회사의 경리부에서 일했지만, 일이 너무 재미없고 스트레스가 많아 그 일도 곧 그만두었다. 법무사가 유망하다고 생각한 어머니의 권유로 모니카는 복학했다. 졸업한 후 그녀는 한 파출소에서 고용인들이 출산휴가를 갈 때 대신 그 자리를 채우는 일을 했다. 휴가를 갔던 사람이 돌아오면 다시 실업자가 될 수밖에 없었다. 그다음엔 규모가 작은 법률 회사에 들어가 다섯 달을 버텼다. 일은 많지 않은 자리였다. "그걸 참을 수 없겠더라고요. 전 좀 바쁜 게 좋거든요. 종일 신문이나 뒤적이는 것도 하루 이틀이죠."

그다음엔 임시직 소개소에서 자리를 얻었다. 거기서 그녀는 구직 소프트웨어의 적법성을 검사하는 일을 맡았다. 법무사 학위와는 전혀 무관한 일이었다. "우리 소개소의 문을 두드리는 사람들은 거의 대부분 막연한 기대를 하고 있었어요. 우리가 알선하는 비정규직으로 있다 보면 정규직으로 전환할 수 있는 기회를 잡을 수 있지 않을까 하는 기대 말이에요. 그러나 그럴 일은 없었죠." 모니카는 그 일도 넉 달 하고 그만두었다. "인터넷에 들어가 검색하면 누구나 알아낼 수 있는 일이에요. 법무사 학위가 필요한 일은 아니었죠." 결국 모니카는 자신이 상상했던 것과는 너무도 다른 현실에 실망했다. 서비스 분야의 일치고 재미있거나 멋지거나 보수가 후한 경우는 거의 없다.

모니카는 수금 대행 일도 해보고 저당권 압류 회사에도 있어보았다. 거기서도 그녀는 1년을 다 채우지 못했다. 지금 실직 상태인 모니카는 다시 한 번 쓸 만한 직업을 찾고 있다. 하지만 끊임없이 직장을 옮기다 보니 그 대가도 만만치 않았다. "일자리를 찾지 못할까봐 살짝 겁이 날 때가 좋은 거죠. 다시 공부를 시작해서 교열반이나 편집반이나 영어 재교육 과정을 신청할까도 생각하고 있어요. 모르겠어요. …… 좀 오래 할 만한 일을 하고 싶어요. 하지만 그런 일을 찾을 수나 있을지 모르겠어요."

더스틴과 모니카 같은 친구들은 모름지기 젊은이라면 포부를 크게 갖고 그 이상을 실현해주고 삶에 의미를 주는 직업을 찾아야 한다고 생각한다. 하지만 그들에게는 사업가, 소프트웨어 프로그래머, 엔지니어, 변리사 등 야심가의 반열에 들어가는 데 필요한 스펙도 연줄도 수단도 없다. 아무나 전문직을 가질 수 없고 아무나 화이트칼라가 될 수 없는 것은 예나 지금이나 다를 바 없지만, 요즘 와서 달라진 점이 있다면 블루칼라 직종이 갈수록 위축되고 보수도 줄어든다는 점이다. "고등학교도 간신히 마쳤는데 또다시 공부를 해야 한다니?" 하면서 한숨부터 내쉰다면, 그들에게 '괜찮은' 선택의 여지는 별로 없을 것이다. 부모 세대와 달리 그들이 갈 수 있는 조립라인, 소매업, 조선소,

비행기 격납고 등의 일자리는 갈수록 줄어들고, 저임금 서비스 부문이나 노조도 없는 일자리조차 경쟁하지 않고는 들어가기가 쉽지 않은 세상이다. 그래서 지금도 그들은 이 직업 저 직업을 전전한다. 그래도 언젠가는 마음에 드는 직장에 정착할 수 있겠지, 하며 막연한 희망을 버리지 않는다. 아니면 하다못해 기본 생계비 정도의 벌이는 할 수 있으리라 안심한다.

넓은 의미에서 서비스 분야는 예전에 비해 그 규모가 훨씬 커졌다. 1979년에는 미국 노동력의 28퍼센트가 건설·제조 같은 재화를 생산하는 직종에 종사했다. 2005년에 그런 일을 하는 사람은 17퍼센트에 불과했다. 그사이에 고소득이 보장된 금융 산업이나 컴퓨터 산업 같은 서비스 산업 부문은 72퍼센트에서 83퍼센트로 증가했다. 서비스업이라고 모두 저임금이나 저숙련 일자리만 있는 것은 아니다. 변호사, 프로그래머, 영화배우 등 고소득 전문직도 당연히 서비스 분야에 포함되는 직종이다. 그러나 이런 분야에서 일하는 사람들은 중간층이 매우 얇아, 금융가처럼 연봉이 매우 높거나 아니면 아주 형편없는 보수를 받는다. 서비스 분야를 이야기할 때는 점원, 수위, 배달원, 보조교사 등 저소득층도 생각하지 않을 수 없다. 2005년 서비스 분야에서 이들 하위층이 차지하는 비율은 약 50퍼센트였다.

보수가 적은 일일수록 근무시간이 일정치 않고 저녁 근무나 야간 근무가 많으며 파트타임인 경우가 많다. 실러는 네 살배기 자기 아이 말고도 다른 세 아이를 돌봐야 일과 가족의 균형을 그런 대로 맞춰갈 수 있다. 그렇게 해봐야 그녀가 한 달에 버는 돈은 230달러가 고작이다. 그래서 더욱더 일을 해야 한다. 고등학교밖에 나오지 못했기 때문에 실러는 서비스 분야의 일을 할 수밖에 없다. 그나마라도 해야 역시 월급이 시원치 않은 남편 토니가 채워주지 못하는 가계부를 간신히 메울 수 있다. 실러는 열아홉 살 이후로 저임금 노동만 계속 해왔다. 패스트푸드점 직원, 웨이트리스, 치과에서 자료 정리하는 일, 양로원 보조사 등 안 해본 일이 없다. 실러는 몇 년 전에 큰맘 먹고 친구와 파출부 사업을 해봤지만 실패하고 말았다. 이번에는 혼자서 해보려 했지만 역시 역부족이었다. "전단지를 뿌려봤는데도 전화 한 통 없었어요. 때가 안 맞았던 모양이에요." 실러는 허탈하게 웃었다.

스물여덟 살로 두 아이의 아버지인 프랑코는 뉴저지의 작은 가게와 호텔에 담배, 캔디, 잡화 등을 배달한다. 일주일에 57시간을 일하는 그는 시간당 12.50달러를 받는다. 수당도 있다. 세금을 제하고 한 달에 약 2000달러를 버는 셈이다. "좀 아끼면 그런 대로 살 만해요. 무슨 메르세데스를 굴리는 것도 아니잖아요." 그렇게 말하기는 하지만 그에게도 다른 돌파구가 있었으면 하는 바람은 있다. "지금보다 보수가 좀 더 좋은 여덟 시간짜리 정식 직장을 갖고 싶어요. 하루 종일 일을 안 해도 되는 직장 말이에요. 여덟시에 출근해서 네시쯤 일을 끝낼 수 있다면 얼마나 좋겠어요. 그럼 아이들과 놀 시간도 많아지겠죠."

서비스 분야가 확대되면서 파트타임 직종에서 근무하는 '비정규직' 노동력의 규모도 같이 커졌다. 영어덜트들에게는 특히 그랬다. 2008년에 21~25세의 영어덜트들 가운데 파트타임 직종에서 일하는 인구는 30퍼센트였다. 아울러 비정규직 근로자들도 많아졌다. 서비스 업종의 비정규직 근로자들의 절반은 서른여섯 살 미만(정규직은 36퍼센트)이었다. 일반적으로 그들의 임금은 전체 평균임금보다 시간당 3달러가 적다. 이런 직종에서 일하는 근로자들을 고용하는 직장도 그들이 실제로 일하는 회사가 아니라 비정규직 인력 공급 업체인 경우가 대부분이다. 회사로서는 그렇게 하면 수당뿐만 아니라 평균임금까지 줄일 수 있다. 1995년부터 2004년까지 비정규직 고용은 14퍼센트 성장한 데 반해 임시 보조직에서 비정규직의 고용은 43퍼센트 늘어났다. 비정규직 근로자 가운데 이런 체제를 선호하는 사람은 3분의 1에 불과했다.

불리한 환경에서 자란 사람들은 경기 침체 전에도 마음에 드는 직업을 찾지 못해 애를 먹었다. 앞으로는 더 어려워질 것이다. 2010년 4월 현재, 경기 침체가 호전될 기미가 보이지 않는 가운데 21~25세의 실업률은 17.2퍼센트로 전국 평균 실업률보다 훨씬 높다. 이 집단은 대부분 대학 졸업장이 없다. 이들에게 취업의 문은 좁기만 하다. 이들보다 나이가 많은 근로자들은 직장에 붙어 있는 기간이 더 길다. 주식시장이 폭락하면서 그들의 퇴직 계좌가 줄어들었기 때문이다. 이는 자유 고용계약의 또 다른 영향이다. 즉 은퇴 계획을 401(k)에 의지하는 사람들이 더 많아졌다는 이야기다. 대학 졸업장을 가진 또래들도 일자리를 놓고 경쟁하기는 마찬가지다. 대학 교육을 받은 사람들은 아무래도 경기 침체의 영향을 덜 받는 편이지만, 대학 졸업장이 있어도 그런 것이 필요 없는 직장에 들어가는 사람들이 갈수록 늘어나고 있는 것도 하나의 시대적 특징이라고 노동시장연구센터Center for Labor Market Studies의 앤드루 섬Andrew Sum 국장은 말한다. 그 결과 젊고 가난하고 교육을 많이 받지 못한 부류들은 가뜩이나 좁은 취업 시장에서 입지가 점점 더 좁아지고 있다.

"5년 후에 어디에서 일하기를 바라는가?" 우리는 현재의 경기 침체가 시작되기 전에 '내로라하는' 대학을 나온 스물세 살의 뉴요커 피터에게 물었다. "잘 모르겠어요. 그저 기본 생계비 정도만 벌 수 있으면 좋겠다는 친구들이 많아요. 저는 하고 싶은 것, 그러니까 좋아하는 일을 하고 싶어요. '이 일이 정말 싫어'라는 소리가 나오는 직장에는 있고 싶지 않아요."

문제는 피터가 마음에 드는 직업을 택할 특권이 있는가 하는 점이다. 높은 기대가 각박한 현실에 부딪혀 좌절하지는 않을까? 저임금 소매업을 전전해봤지만 그가 믿고 의지할 만한 곳은 별로 없었다. 현재 심부름센터에서 일하고 있는 그는 주급으로 약 250달러를 받는다. 그래봐야 1년에 1만 2000달러 정도이며 수당도 없다.

우리가 인터뷰한 스무 살 안팎의 영어덜트들 가운데 대학 졸업장이 없는 사람들이 대부분 그렇듯, 피터 역시 높은 포부와 의미 있는 일을 나름대로 중요하게 여기고 있었다. 그는 자신의 이상과 기본 생계비를 동시에 만족시켜주는 직업을 계속 찾고 있다. 이들 세대는 20대 초반에는 매년 직업을 바꾸고 20대 후반과 30대 초반에는 3년에 한 번씩 직장을 옮긴다. 다시 말해 서른다섯 살이 될 때까지 직장을 아홉 번 옮긴다는 말이 된다. 그러나 불리한 환경에서 발버둥치는 사람들의 경우엔 직업을 전전한다고 꼭 더 좋은 직장을 구하는 것도 아니고, 옮기고 싶어서 옮기는 것도 아니다. 환경이 그렇게 만들기도 하지만, 저임금 노동자들은 기회가 갈수록 줄고 직장 내 교육도 자꾸 없어지기 때문에 더 자주 직장을 옮기게 된다. 갖은 고생을 하다 결국 대학을 중도에 포기한 미네소타 출신의 타일러도 언젠가는 회사에 들어갈 것이고, 또 일하다 보면 승진하는 날도 올지 모른다. 그러다가 회사가 문을 닫거나 아니면 그만 해고될 수도 있다. "허탈해하며 인정하지 않으려는 사람도 있겠죠. 하지만 충분히 있을 수 있는 일이라고 봐요. 그 정도는 예상할 수 있는 일이에요."

이 같은 20대의 불안정성은 다음 10년, 아니 그다음 10년에 비하면 예고편일 뿐이다. 이 젊은이들은 계속 몸을 부딪혀가며 험난한 여정을 헤쳐나갈 것이다. 도로 표지판은 계속 바뀌고, 그때마다 진로를 바꾸며 직장을 전전해야 하고, 불안한 생활은 평생 지속될 것이다. 이 같은 구조는 개인에게도 힘들고 국가 경제에도 힘든 일이다. 취업 시장은 구조적으로 불안한데 직업과 일에 대한 기대만 어울리지 않게 높다면, 실망과 환멸은 그만큼 더 커질 것이고, 노동력과 사회 계급 간 격차는 더욱더 심화할 것이다. 오늘날의 노동력은 예나 지금이나 블루칼라와 화이트칼라로 구분되지만, 블루칼라는 일을 끝내고 난 다음에 샤워를 해야 하는 일에 상응하는 대우를 받았다. 일은 힘들어도 보수가 좋았고 수당이 확실했으며 직업도 안정적이었다. 이제 그런 대우를 해주는 직업은 거의 다 사라졌다.

일찍 시작해도
갈 곳이 없다

조지아주 버클리에 있는 한 작은 식품 가공 공장에서는 근로자들이 장시간 땀을 흘려가며 땅콩버터를 만들었다. 작다고는 해도 직원이 수백 명이나 되는 공장이었다. 이 땅콩버터 공장은 이윤을 높이기 위해 멕시코와 남아메리카에서 값싼 땅콩을 사들여 노조가 없는 노동자들에게 최저임금을 지급하면서 일을 시켰다. 그들은 또한 사무직 직원의 봉급을 줄이기 위해 비정규직 근로자를 고용했다. 2009년 2월 《뉴욕타임스》에 실린 기사에 따르면 이 공장의 근무조장은 시간당 최고 12달러를 받았다. 연봉으로 따지면 2만 2000달러였다. 서른두 살인 그 조장은 두 아이의 건강보험을 들 여유도 없었다. 근로자들은 승진도 없이 여러 해를 버텼다. 그러나 이것은 전부 과거의 이야기다. 2009년 말에 그 공장은 사라진 수많은 제조 업체의 대열에 합류했기 때문이다.

제조업을 기반으로 하는 경제가 지식 경제와 서비스 경제로 바뀌면서 많은 젊은이들의 운명도 수렁으로 빠졌고, 직업의 경계도 뚜렷하게 나뉘었다. 2000년대 초에 접어들면서 서비스 분야와 제조 분야의 임금은 비슷해지기 시작했다. 그것은 서비스 분야의 임금이 올랐기 때문이 아니라 제조 분야의 임금이 떨어졌기 때문이다.

성인으로 가는 과정에서 가장 중요한 이정표를 꼽으라면 아무래도 처음 갖게 되는 '실질적인' 직업을 댈 수밖에 없다. 그러나 이 첫 직업의 임금은 최저 학력자의 경우 꾸준히 악화되어왔다. 2005년 26~35

세의 영어덜트 중에서 고등학교 졸업생이 기대할 수 있는 첫 임금은 남성이 시간당 11달러, 여성이 9달러 정도였다. 반면에 같은 또래의 대학 졸업자들은 첫 직장에서 시간당 20달러를 받았다. 셸던 댄지거와 세실리아 루즈가 '네트워크'에서 발간한《독립의 대가: 성인기 초기의 경제학The Price of Independence: The Economics of Early Adulthood》에서 보여주었듯이 고등학교 중퇴자들은 25년 동안 임금 인상을 기대할 수 없었고, 고등학교 졸업자들은 중퇴자들보다 겨우 7퍼센트만 더 받았다.

이런 정체된 임금, 고임금 제조업의 위축, 노조 없는 업종과 서비스업의 팽창은 미국 경제 전체의 안정을 위협하는 즈요 요인이다. 댄지거와 루즈는 1969년 30대 초반의 남성 가운데 저임금 근로자, 즉 빈곤 수준의 임금을 받은 사람은 약 10퍼센트에 불과했다고 지적한다. 2004년에는 그 비율이 두 배 이상으로 늘었다. 같은 기간에 여성의 임금 형편은 조금 나아진 편이지만, 그래도 30대 여성의 거의 절반이 여전히 빈곤 수준의 임금에서 벗어나지 못하고 있었다. 댄지거와 루즈는 그 책의 서문에서 다음과 같이 썼다. "요즘 젊은 근로자들이 가족을 먹여 살릴 만한 돈을 벌려면 전보다 더 긇은 시간을 일해야 한다. 그리고 20대 초반이든 후반이든, 또는 30대 초반이든 모든 젊은 이들은 사반세기 전의 젊은이들만큼 돈을 벌지 못하고 있다."

안정적이고 보수가 좋은 직업을 찾으려고 애를 쓰는 젊은이들의 모습을 보면 걱정스러운 점이 한두 가지가 아니다. 초기의 승진과 봉급 인상은 이후의 직장 생활의 향방을 결정한다. 근로자들은 대부분 직장 생활 첫 10년 동안 임금 인상을 경험한다. 실제로 남성 근로자의

4분의 3이 첫 10년 동안 임금이 인상된다. 이런 초기의 임금 인상은 근로자가 끝까지 그 일을 하게 만드는 가장 큰 요인이기도 하다. 환경이 불리한 사람들은 심부름센터나 소규모 제조업, 소매업 등 보수가 적은 파트타임이나 아르바이트, 비정규직 업종에서 일하는 반면, 스펙이 좋은 사람들은 전문직이나 자신들의 전공과 관련 있는 직업에 종사한다. 결국 이 모든 요인이 결합해 불안정한 직장, 적은 보수, 불안한 노동력을 조장하고 결혼, 출산, 주택, 가정 등 성인으로 가는 주요 이정표의 간격을 넓힌다.

화려한 스펙보다
중요한 '이것'

요즘 젊은이들은 목표와 관계없이 누구나 비슷한 갈등을 겪는다. 화려한 스펙을 가진 사람이나 전문직 학위를 가진 사람이나 커뮤니티 칼리지에서 몇 가지 과정을 이수한 사람이나 모두 이상과 현실의 적절한 조화를 찾으려 고심한다. 그러나 중간층과 하위층 사람들은 그동안 간절히 바랐던 것이 거의 충족되지 않는 경제 상황에 절망하면서 발버둥 치는 기간이 더 길어질 것이다. 일은 좀 덜 하고 보수는 좀 더 받고 싶겠지만 현실이 따라주지 않는다.

대학 졸업장이 있어도 정신 바짝 차리지 않으면 도태되기 십상인 상황에서 별다른 훈련을 받은 적도 없고 심지어 고등학교 졸업장조차 없는 사람이라면 어떤 대우를 받을지는 짐작이 가고도 남을 것이다.

이런 부류들은 20대 초반에서 중반에 이르면 이미 사회에서 소외되고 만다. 그들은 학교나 직장이나 군대, 그 어느 곳에도 소속되지 못하고 거리를 서성인다. 요즘 사회사업 분야에서 흔히 하는 말로 '단절된disconnected' 부류다. '네트워크' 소속 회원이자 《네트워크 없이 혼자서On Your Own Without a Net》의 저자인 웨인 오스굿은 다음과 같이 말한다. "이 시기에 그들의 생활은 분명 별 볼일이 없다. 그들이 할 만한 일은 별로 없고 대부분 부모의 집에 얹혀산다. 심각한 문제점이 있는 경우도 많다."

사회에 첫발을 내딛기도 전에 완전히 단절되거나 주저앉아 버리는 영어덜트들의 수를 따져보면 매우 우려할 만한 수준이다. 오스굿의 통계에 따르면 2005년에 13~18세 청소년 2400만 명 가운데 적어도 150만 명이 성인으로 가는 길목에서 완전히 단절된 것으로 추산된다. 그들은 스물여섯 살이 될 때까지 학교도 다니지 않고, 직업도 없으며, 가족이나 정부의 도움 없이 살아갈 능력도 없다. 더욱 걱정스러운 점은 이들의 숫자가 갈수록 증가하고 있다는 사실이다. 감옥에 있는 사람들은 통계에서 제외되었으니 단절된 젊은이는 실제로는 더 많을 것이다. 특히 흑인들의 경우 그 수치는 충격적이다. 17~25세의 흑인들 가운데 절반 이상이 학교도 직장도 다니지 않는다. 흑인 청소년들의 상황이 특히 더 심각한 이유는 이들이 백인 젊은이들에 비해 더 불리한 위치에 있고 그들에게만 유독 기회가 차단되어 있기 때문이다. 사회에 첫발을 내딛는 젊은이들에게 교육의 기회가 쉽게 주어지지 않는 것은 흑백이 다르지 않지만, 흑인들은 인종차별, 도시에서 특히 심한 사회적 고립, 그리고 일자리를 잃기가 무섭게 틈새를 비집고 들어오는 마약과 폭력 조직의 끈질긴 유혹이 처지를 더욱 악화시킨다.

본격적으로 성인기에 접어드는 나이가 되면, 이 단절된 젊은 집단도 개인적으로는 어떻게든 살아보려고 애를 써볼 것이다. 하지만 계속해서 장기 실업자 신세를 면치 못할 공산이 더 크다. 그러다 보면 감옥을 제집 드나들듯 하기가 쉽다. 이 집단의 여성들은 스물여섯 살 이전에 아이를 갖는 경우가 많고, 아이를 키우기 위해 그나마 얼마 남지 않은 공적 안전망에 기대야 하는 경우가 많다. 극빈자 신세를 면해보려 애쓰는 이들이 겪는 고통은 심각한 사회적 비용을 초래한다. 잠재력을 잃으면서 개인이 치르는 대가는 말할 것도 없지만, 그런 대가가 대물림된다는 점에서 문제는 더욱 심각하다.

이 단절된 젊은이들의 모습은 앞으로 닥칠 일을 암시하는 전조일지도 모른다. 단절된 이들뿐 아니라 많은 영어덜트들은 분명 일자리를 찾아 이곳저곳을 전전할 것이다. 그러나 안정된 직장과 밝은 미래는 먼 꿈일 뿐, 삶에 대한 설계나 결혼, 출산은 엄두도 내지 못한다. 갈수록 기운이 빠지고 분노는 쌓여간다. 세월이 흐르다 보면 포기하고 주저앉게 될까? 아니면 분노가 폭발해 시청이라도 점령하게 될까?

우리는 건국 이래 수많은 난관을 겪었지만 개인의 문제는 개인 스스로 해결해왔고 불굴의 의지로 갖은 역경을 극복해왔다. 요즘의 영어덜트들도 위축되지 않고 그 누구보다 더 열심히 일한다. 사실 '네트워크'가 위촉한 전국 조사에서 영어덜트들은 자식들에게 주입하고 싶은 가장 중요한 가치로 근면을 꼽았다. 또 우리가 직접 전국적으로 실시한 인터뷰에서도 그들은 자신들의 노동관을 자랑스레 말했다.

그러나 보수가 적은 직종에서 일하는 많은 젊은이들은 열악한 여건에서 일을 한다. 아무리 열심히 일해도 고등교육을 받지 않으면 그들이 할 수 있는 선택은 제한적일 수밖에 없고 수입도 1년에 4만 달러를 넘기 어렵다. 더 그럴듯한 스펙이 없다면 임시직을 벗어나기 어렵고 보수가 적은 직업만 전전할 것이다.

불리한 환경에 있는 사람들은 별다른 자원드 없이 이상만 갖고 있지만, 형편이 넉넉한 사람들은 학위와 가족이란 배경이 뒷받침해주고 있다. 그러나 그들도 마음에 드는 일자리를 찾겠다그 쉽게 직장을 그만둘 수 있는 처지는 못 된다. 그들도 따지고 보면 생각만큼 배경이 확고하지 않기 때문에 한눈을 팔거나 외도할 여유가 많지 않다. 예전처럼 중간층의 생활을 당연시하는 분위기가 아니며 오히려 언제 어떻게 될지 몰라 전전긍긍하는 처지다.

흔히 보는 모습이지만, 교육을 많이 받고 스펙도 꽤 쌓아놓고 탄탄한 디딤돌을 가진 사람들은 순탄한 경로를 밟아간다. 그들은 완벽한 직업을 찾는 탐색을 게을리하지 않고, 일과 가정의 균형을 추구하고, 받은 만큼 사회에 환원할 수 있는 직업을 찾을 것이다. 그들은 이런 이상을 가로막는 현실과 맞서 싸울 것이다. 어쩌면 이 세대는 그런 현실을 바꾸는 첫 세대가 될지도 모른다. 그들의 이상주의는 변화를 꾀하는 데 필요한 스펙과 자신감과 결합하여 세상에 영향력을 행사한다. 그들은 일과 생활의 균형을 더 많이 추구할 것이그, 실제로 그런 균형을 이룰 수 있는 첫 세대가 될 수 있다. 그들은 주당 72시간이 넘도록 일하면서 일에 '늘 쫓기는' 무한 경쟁의 밀림을 뛰쳐나오는 첫 세대가 될 수 있다. 그들은 어떤 희생을 치르고서라도 더 많은 돈과 더 많은 특권을 위해 달리는 현재의 격투기장 같은 판도를 바꿀 수 있을지도 모른다. 그러나 무엇보다 그들에게 기대를 걸게 되는 것은 개혁가, 창업자, 디자이너, 프로그래머 등의 신분으로 새로운 아이디어와 새로운 상품을 가지고 이 나라를 한 단계 나은 모습으로 바꿀 잠재력이 그들에게 있다는 사실 때문이다.

그러나 이들의 규모는 아직 미미하다. 이들보다 훨씬 더 큰 집단이 아직 선택의 사치를 누릴 엄두를 못 내는 전혀 다른 경제적 현실과 대면하고 있다. 대다수의 사람들은 스펙도 별로 없고, 오바마의 연설문을 작성하는 존 파브로처럼 유명 인사도 야심가도 아니다. 미국 역사상 처음으로 이들은 부모들보다 더 처절하게 발버둥 쳐도 그들보다 더 잘살기 어려운 세대가 될 것이다. 좋은 직업을 찾으려는 그들의 열정도 곧 시들해질 것이다. 미국 사회에는 예나 지금이나 성공하는 집단이 있는가 하면 그렇지 못한 집단이 있다. 그러나 옛날과 다른 점은 창조적인 문화에 종사하는 사람들과 서비스 분야에서 일하는 사람들의 격차가 더욱 커졌다는 것이다. 마지막 장에서 본격적으로 다루겠지만 어떤 새로운 해결책이 나오거나 학교에서 직장으로 이어지는 경로가 개선되지 않는다면, 불리한 환경에 처한 이 부류들은 평생 발버둥을 치면서 아슬아슬한 줄타기를 계속 해야 할 것이고, 덩달아 중간층도 위축될 것이다. 중간층이 무너진다는 것은 결국 중심이 무너진다는 것을 의미한다.

섹스가 데이트로 이어지는 시대

성인기로 가는 길목에는 여러 이정표가 서 있지만, 최근 수십 년 동안 결혼이나 출산이라는 이정표만큼 한참 뒤로 물러난 이정표도 없는 것 같다. 젊은이들은 역사상 그 어느 때보다 더 오랜 기간 결혼을 미루며 버티고 있다. 독신자의 수가 지금처럼 많았던 적도 없다. 일단 함께 살아보다가 결혼하거나, 아니면 결혼하지 않은 채 그대로 사는 커플도 많다. 한때 금기시되었던 타 인종과의 결혼도 점점 흔한 일이 되었다. 젊은 세대들의 사고방식이 더 다양해지고 개방적이 되면서 이런 추세는 더욱 가속화할 것이다. 동성애자들의 결혼을 인정하는 주도 늘어났고, 앞으로도 더 늘어날 것이다. 이런 현상을 결혼 제도에 대한 위협이나 정면 도전으로 받아들이는 사람들도 많다. 그런가 하면 독선적이고 구태의연한 제도를 해체하는 계기라고 보는 사람들도 있다. 요즘 영어덜트들은 선택의 범위가 그 어느 때보다 더 넓다. 이

런 변화는 환영할 일이지만, 동시에 대단히 당황스러운 현상이기도
하다.

변화가 빠르면 두려움과 당황스러움을 떨칠 수 없다. 1960년대 말
과 1970년대 초에도 그랬지만, 여러 면에서 영어덜트들은 위험을 미
리 알려주는 사회의 경고등과 같은 존재다. 그들은 자신들의 삶과 시
대에 맞는 길을 스스로 개척해 나아간다. 그들보다 한 발짝 먼저 갔던
기성세대들도 민권운동, 저항 문화, 여권운동 등을 통해 새로운 시대
의 기반을 닦아놓았지만, 그런 투쟁의 결과를 처음 향유한 주인공은
바로 이 영어덜트들이다. 우리가 인터뷰한 결과에 따르면 이 젊은 세
대는 그들 앞에 더 많은 선택이 놓여 있다는 사실에 안도하면서도, 한
편으로는 자신들의 손에 의해 기존의 틀이 무너지는 것에 대한 불안
감을 동시에 느끼고 있었다. 그 불안감은 부부에 의해 만들어지는 '전
통적'인 가정의 이미지와는 더 이상 맞지 않는 불확실성에서 비롯된
것이었다.

남녀 할 것 없이 서른 살이 될 때까지 짝을 찾지 못한다면 어딘가
모르게 초조해지고 뭔가 서둘러야 할 것 같은 기분이 들게 된다. 그럴
때는 자연스레 부모를 쳐다보게 되지만 그래 봐야 더 헷갈릴 뿐이다.
부모들은 이혼했거나, 아니면 결혼한 지 30년이 넘었을 것이다. 예를
들어 1975년 스물넷이 되던 해에 결혼하여 가정을 꾸린 사람은 지금
쯤 결혼 35주년을 맞을 것이다. 우리가 인터뷰를 했던 애틀랜타에 사
는 스물여덟 살의 릴라는 이렇게 말했다. "부모님은 스물다섯에 결혼
해서 서른에 저를 낳았어요. 결혼하고 당분간 아이를 갖지 않기로 했

다가 3년이 지난 후 아이를 갖기로 합의한 뒤 2년 후에 저를 낳으셨다고 해요. 저는 그 정도의 준비도 되어있지 않아요. 뭐 어쩌겠어요? 제 로드맵은 지금 어디 있는 거죠?"

문화 현상에 대한 좌우의 견해 차도 당황스럽기는 마찬가지다. 좌파들은 결혼을 의미 없고 구태의연한 제도로 여기는 반면, 우파들은 신성한 계약, 사회를 지탱하는 도덕적 기둥으로 본다. 왼쪽에서는 게이 커플이 결혼할 권리를 달라며 목청을 높이고, 오른쪽에서는 보수주의의 수호자를 자처하는 일부 정객들이 배우자 몰래 바람을 피우다 추문에 휘말린다. 결혼할 준비가 되었다고 말하는 영어덜트들은 찾아보기 힘들다. 그들이 헷갈리는 것도 무리는 아니다.

데이트 현장에서도 당황스럽고도 유쾌한 그들의 문화 현상을 엿볼 수 있다. 부모들로서는 요즘 자녀들의 '데이트' 방식이 좀처럼 인정하기 어렵고 때로는 충격적이기까지 하다. 젊은이들이 볼 때 구식 데이트나 중매는 따분하기 짝이 없는 절차다.

새로운 가족을
외치는 기수들

스물두 살인 조엘 월콥스키 Joel Walkowski 는 《뉴욕타임스》가 '현대의 사랑 Modern Love' 이란 주제를 내건 에세이 공모에서 당선한 글을 통해 요즘 세대가 보는 데이트를 다음과 같이 설명했다.

몇 달 전에 마음에 드는 여자를 하나 만난 적이 있었다. 그런 여자는 자주 있었지만, 그날따라 사귀고 싶은 생각이 들었고 술도 조금 취해 있어서 정식으로 데이트 신청을 하기로 마음먹었다. 나로서도 이해하기 힘든 선택이었다. 제대로 된 데이트를 해본 적이 있는 사람을 본 적이 없었기 때문이다. 대부분은 여럿이 함께 어울려 놀거나, 하룻밤 관계로 끝나거나, 스카이프Skype를 통해 생각을 주고받는 것이 고작이다. 데이트라는 개념, 그러니까 데이트 신청을 하고, 돈을 빌려 저녁 식사를 같이 하고, 처음 만난 여자와 어색함을 견뎌야 하는 절차는 너무 번거롭고 거추장스럽다. …… 나중에 자전거를 타고 집으로 오면서, 나는 내가 데이트에 대해 영화의 한 장면 이상으로 아는 것이 없다는 사실을 깨달았다.

분명 여성에게 일주일 전에 미리 저녁 식사를 같이 하고 영화를 보자고 데이트를 신청하는 오랜 전통은 이제 구식이 되었다. 고등학교나 대학교 캠퍼스에서 일정한 절차를 밟는 격식을 갖춘 데이트는 허물없고 편리한 '하룻밤 관계'로 바뀌었다. 최신 조사 결과에 따르면 고등학교 3학년생 가운데 30퍼센트 가까이는 더 이상 '데이트'를 하지 않는다고 말했다. 1980년만 해도 그런 학생은 12퍼센트에 불과했다. 조엘은 계속해서 자기 또래들의 데이트와 이성 관계를 숙련되고 가식적인 냉담함의 완벽한 예라고 표현한다. 너무 진지하게 굴면 뭔가 문제가 있거나 순진한 사람으로 보일 위험이 있다. 그는 다음과 같이 말한다. "자연스러운 편이 섹시하죠. 상대방에 대한 배려가 지나치면 오히려 느끼해요. 유별나게 깔끔 떠는 상대는 두 번 만나고 싶지 않아요. ‘누군가를 만나면’ 갑자기 쿨한 척하는 ‘그런 녀석’이나 ‘그런 여자’들은 적어도 내 주변에서는 본 적이 없어요. 옛날에는 그런 사람들을 박력 있고 매력적이라고 생각했을 거예요. 어떤 면에서는 그렇게 느낄 수 있는 분위기가 부럽기도 하지만 그래도 우린 그러고 싶지 않아요.”

대신 요즘 젊은이들은 작업을 걸어 하룻밤 즐기고 다시 그냥 친구로 돌아간다. 울고불고 수선 피울 일이 없다. NSA, 즉 서로 부담 주지 않는 사이No Strings Attached가 홀가분하고 좋다. 흔한 말로 ‘좋은 게 좋은 사이’다. 어떤 사람들은 이런 관계를 ‘피차 신경 쓸 일이 없는 데이트’라고 한다. 뭐라고 부르든 요즘 데이트가 다른 점은 바로 이것이다. 과거에는 데이트가 섹스로 이어졌는데 요즘은 섹스가 결국 데이트로 이어진다는 것.

하룻밤 관계로 이어지는 사이는 젊은 남성들만 품는 음흉한 환상이 아니다. 젊은 여성들도 먼저 유혹하고 다음 날 다침 소리 없이 침대에서 빠져나가는 경우가 많아졌다. 남학생보다 저돌적인 여학생들도 있지만, 그런 여학생들에게 “애정 없는 섹스 관계는 너무 일찍 선택의 여지를 닫지 않는 한 가지 방법이다”라고 인디애나 대학의 사회학자 엘리자베스 암스트롱Elizabeth Armstrong은 말한다. 암스트롱과 동료 로라 해밀턴Laura Hamilton은 곰베의 정글 속 제인 구달Jane Goodall처럼 2005년 인디애나 대학 기숙사에 파묻혀 5년 동안 여학생 33명의 대학 생활과 이성 관계를 면밀하게 관찰했다. “여성들의 기준으로 볼 때, 한 사람에게만 매달려 마음을 빼앗기는 관계는 너무 탐욕적이고 격렬하다. 그러다가는 공부도 제대로 못하고 취업 준비도 망칠 염려가 있다. 그런 관계는 친구 사이도 멀어지게 만들고, 심하면 공부까지 중단하게 만드는 수도 있다."

그렇다고 웬만한 여성들이 다 하룻밤 관계를 즐기는 것은 아니다. 《하룻밤 관계: 대학생들의 섹스, 데이트, 관계Hooking Up: Sex, Dating and Relationships on Campus》를 쓴 캐슬린 보글Kathleen Bogle은 여성들이 이런 관계의 문제점을 쉽게 발견한다고 지적한다. 여성들은 남성에 비해 애정 없는 하룻밤 관계에 그다지 매력을 느끼지 못하고 그렇게 만났다 헤어져도 아무것도 남는 것이 없다는 사실에 실망하는 경우가 많다. 그리고 변하지 않는 것도 있다. 캠퍼스에서 자주 하룻밤 관계를 갖는 여학생에겐 '헤픈 여자'란 딱지가 붙는 반면, 바람둥이 남학생은 오히려 영웅이 된다.

보글은 또한 대학에서 가볍게 섹스를 즐기는 문화가 시들해지고, 전통적인 데이트가 다시 고개를 들고 있다는 사실을 발견했다. 그렇다고는 해도 데이트는 '생소하다.' 데이트를 어떻게 끌고 나갈 것이며, 어디까지 기대해야 하는지 요즘 사람들은 확실히 알지 못한다. 그래서 더욱더 헷갈린다. 조금 사귀다가 육체관계를 맺어야 하는가? 아니면 우리가 지금 정식으로 데이트를 하고 있는 건가?

지금으로서는 하룻밤 관계 같은 문화가 계속 이렇게 유지될 것인지, 아니면 결혼을 언제쯤 할지(아니, 결혼을 할 것인지 말 것인지) 기준이 정해지면서 이런 문화가 바뀌거나 사라질 것인지, 쉽게 단정하기 어렵다. 전통과 현대는 늘 충돌해왔다. 그 사이에서 소용돌이가 일고 두려움이 증폭되고 비난이 쏟아진다. 그렇다고 낡은 관념이나 방식이 새로운 것에 밀려 완전히 폐기되는 경우는 없다. 그보다는 제3의 방법이 출현하는 경우가 더 많다. 제3의 방법은 대개의 경우 과거에서 배운 교훈에 현대적 요구를 조화시킨 방법이다. 그런 전환의 순간에 로드맵이 없다는 것은 두려우면서도 한편으로는 유쾌한 일이다. 우리는 지금 '새로운' 가족을 외치는 기수들이 고지에 깃발을 세우는 시점에 와 있는지도 모른다.

이번 장에서 우리는 이 같은 세태의 변화를 일부 다루면서 새로운 질서와 갈등을 벌이거나 새로운 질서를 만들어가는 젊은이들의 이야기를 할 것이다. 우리는 곳곳에서 뚜렷한 현상을 목격했다. 젊은이들 대다수가 결혼을 미루고 때로는 30대에 들어서서도 여전히 독신을 고수하는가 하면, 그와 전혀 반대되는 양상을 보이는 극소수의 젊은이들도 있다. 후자의 경우는 특정 종교를 가지고 있거나 시골에 살거나 불우한 환경에서 자란 젊은이들이 많다. 그리고 우리가 조사한 바에 의하면 이런 조혼의 대가는 비싸다. 결혼을 서두른 커플들은 10년 안에 이혼할 가능성이 높다. 이 커플들은 아이도 일찍 낳고, 그래서 하던 공부를 잠시 쉬거나 아예 포기한다. 이는 안정된 생활을 누리는 데 매우 치명적이다. 일찍 결혼하는 이유는 대개 환경 탓인 경우가 많지만, 결국 조혼은 가뜩이나 불안한 생활 기반을 더욱 악화시킨다.

우리는 또한 결혼하기 전에 동거하는 젊은이들이 많다는 사실을 알아냈다. 여기서 또 한 번 어떤 분명한 갈림길이 드러난다. 어떤 젊은이들은 파트너와 같이 살면서 결혼 예행연습을 해보는가 하면, 또 어떤 젊은이들은 동거로 시작했다가 아이까지 낳는 경우도 있다. 후자의 경우는 대학 졸업 후에 '시험 삼아' 함께 사는 커플과는 사뭇 다르다. 그들은 더 불안하고 언제 어떻게 될지 모르며, 흔히 철없는 젊은이들이 빠지게 되는 난감한 상황으로 빠져든다.

어쩌다 그렇게 되었을까? 이 물음에 대답을 하려면 책 한 권으로도 모자랄 것이다. 여기서는 이런 사회적 변화를 설명해주는 모든 요인들을 분석하지는 않겠다. 하지만 50~60년 전을 잠깐 생각해보라. 그때 사람들의 머릿속에는 '모범 가족model family'이라는 개념이 있었다. 그랬던 세상이 이런 식으로 변한 데는 요즘 젊은이들의 부모나 조부모들의 역할이 한몫했다. 전통에 도전한 것도 그들이었고, 결국 오늘날의 결혼과 가족이란 개념을 만드는 데 직간접적인 영향을 준 것도 그들이었다.

대학은 가장
좋은 피임법

핵가족을 이루는 데 필요한 기본 전제는 대부분 1960년대에 철저히 무너졌다. 베티 프리던Betty Friedan은 《여성의 신비The Feminine Mystique》를 통해 평범한 주부의 욕구불만을 여성의 시각에서 낱낱이 파헤쳤다. 1960년에 출현한 경구피임약은 흔히 있던 뜻하지 않은 임신과 결혼에서 여성을 해방시켰다. 1973년의 '로 대

웨이드 사건Roe v. Wade'은 예기치 못한 임신을 했을 경우 낙태에 대한 보험 범위를 확장해주는 조치를 법적으로 인정했다. 저항 문화, 여권운동, 동성애자 권익 등 민권운동 시대의 여파로 남녀 할 것 없이 모두가 인생에서 자신의 역할을 되돌아볼 계기를 갖게 되었고, 인습의 경계를 한층 멀리 밀어놓았다. 결혼과 섹스를 비롯한 모든 것의 기준이 모호해졌다.

여성들은 또한 교육에 관해 더욱 진지해졌다. 실제로 요즘은 대학교와 대학원에서 학위를 받는 사람의 수 등 여러 면에서 여성이 남성보다 앞서 간다. 뉴욕, 시카고, 로스앤젤레스 등 일부 도시에서는 처음으로 여성의 소득이 남성을 앞질렀다. 교육 수준과 연봉은 결혼 상대자를 고르고 결혼 시기를 잡을 때 가장 먼저 따지게 되는 요소이지만, 이제 여성들은 그 둘을 모두 가지게 되었다.

'네트워크'의 준회원 마리아 케펄러스Maria Kefalas는 다음과 같이 말한다. "대학은 가장 좋은 피임법입니다. 목표가 세워지고 학위를 받기 위한 과정에 들어서면 사람들은 아이를 갖고 정착할 때가 아니라고 단정합니다. 아니, 아이는 아예 재앙이라고까지 생각합니다." 많은 사람들의 고백이 이를 뒷받침한다. 학교를 다니지 않거나 학교를 다니는 둥 마는 둥 하는 사람들은 20대 초반에 아이를 가질 확률이 높다. 대학은 남녀 모두의 삶의 지평을 넓혀주고 성숙할 기회와 안전지대를 보장하고 필요한 스펙을 제공하며 더 밝은 미래로 통하는 문을 열어주는 곳이다. 1장에서 살펴보았듯이 대학 졸업장은 더 좋은 직업을 얻는 데 필요한 과정이고, 전반적으로 안정된 생활과 풍요를 보장

하는 티켓이다. 돈이 인생의 전부는 아니지만, 돈은 분명 인생을 편하
게 해준다.

자식을 둔 젊은이들의 높은 이혼율도 문제지만, 더 문제가 되는 것
은 경솔하리만치 성급한 결혼과 출산이다. 나중에 자식을 좋은 동네
에 있는 좋은 학교에 보내려면 먼저 직업부터 확실해야 하지 않을까?
고등학교에서 만나 서둘러 결혼부터 한 다음, 같이 좀 살아보고 세상
도 좀 알게 되면서 두 사람 사이에 더 이상 공통점이 없다는 사실을
뒤늦게 확인해야만 하겠는가?

경기 침체도 결혼 시기를 뒤로 미뤄놓았다. 경기 침체 이전이라고
크게 다를 바는 없겠지만, 요즘 같은 경기에서는 아무래도 이직이 잦
아질 수밖에 없다. 그렇다면 새로 가정을 꾸려 공연히 발목 잡힐 일을
만드는 것은 현명한 처사가 아닐 듯하다.

결혼보다 소중한
'나를 위한 시간'

이 모든 요소가 모여 큰 변화의 물결
을 일구어냈다. 독신 가장으로 혼자 사는 젊은이들이 급격히 늘어난
것이다. 통계를 보면 변화의 정도를 짐작할 수 있다. 1950년에 21∼
30세 여성이 독신 가장인 경우는 5퍼센트에 불과했다. 그러던 것이
2000년에는 35퍼센트로 늘어났다. 그와 동시에 초혼 연령도 1960년
에 여성의 경우 21세, 남성은 23세였던 것이 2000년에는 각각 26세와

28세로 바뀌었다. 스탠퍼드 대학의 사회학 교스 마이클 로젠펠드 Michael Rosenfeld는 이런 변화와 인종 간 결혼(1960년 이후로 흑백 인종의 결혼은 다섯 배 증가했다), 게이 커플, 동거의 증가를 비롯한 새로운 형태의 관계 사이에 어떤 연관 관계가 있다고 분석했다. 아무래도 혼자 살게 되면 중요한 결정을 할 때 부모나 식구들의 조언을 받기가 어렵다. 가까운 가족들이 간섭하지 않으면 결혼도 동거도 마음대로 하게 된다. 로젠펠드는 원래 살던 곳을 떠나 다른 주로 가서 살게 되면 정식 결혼을 할 확률이 크게 떨어진다는 사실을 알아냈다.

특히 여성들은 혼자 사는 생활이 잠깐 중단되는 이런 '틈새'hiatus(사회학자 프랜시스 골드샤이더Frances Goldscheider와 린다 웨이트Linda Waite는 그렇게 불렀다) 기간 때문에 더욱 조심스러워진다. 이런 틈새 기간에 동거하는 사람들은 아이를 잘 안 가지려 하고, 서로에게 남녀의 전통적 역할도 크게 기대하지 않는다. 심지어 독립해서 사는 기간이 대학이나 취업보다 결혼과 가족계획에 더 큰 영향을 미친다고 주장하는 학자들도 있다.

사람들이 혼자 사는 데 익숙해지면, 자기 생활 방식에 길들여져 짝을 만나기가 더 어려워진다는 문제가 생긴다. 중국계 미국인으로 뉴욕시에 살고 있는 슈는 서른 살까지 혼자 살게 되리라고는 생각도 못 했다. MBA를 따고 취직을 하게 되면 남자는 저절로 생기겠지 하고 생각했다. 그러나 시간이 흐르면서 점점 데이트 상대를 두고 까다롭게 따지기 시작했다. "이런저런 유형의 남자들과 사적인 관계를 갖다 보면 제 자신에 대해 더욱더 분명히 알게 되는 것 같아요. 어떤 사람과 어떤 경험을 하든, 제게 뭐가 맞고 뭐가 안 맞는지, 제가 해결할 수 있는 것과 없는 것, 참을 수 있는 것과 없는 것이 무엇인지 알게 되는 것 같아요.”

연봉을 수십만 달러나 받는 은행 지점장인 슈는 최근 뉴욕시에 아파트를 한 채 구입했다. “어머니는 이해를 못하세요. 남편이 있는 것도 아닌데 왜 혼자 사는 여자에게 그렇게 큰 아파트가 필요하냐는 거죠. 하지만 원래 계획에 있었던 일이에요. 때가 돼서 산 것뿐이죠.”

슈의 어머니뿐만 아니라 옛날 어머니들은 딸이 좋은 남자 만나 가정을 꾸리는 모습을 보는 것이 가장 큰 소원이다. 그러나 여자들도 무엇이든 할 수 있다는 미국식 사고를 가진 슈는 세상을 보는 시각이 어머니와는 많이 다르다. “지금 당장 제일 중요한 것은 ‘저를 위한 시간’이에요.” 슈는 브루클린에 모두 모여 아웅다웅했던 어린 시절의 대가족을 떠올렸다. 그 많은 식구들이 먹을 음식을 장만하는 어머니를 보며 그녀는 그렇게 살 수는 없다고 생각했다. “엄마에게 ‘자신을 위한 시간’ 따위는 없었을 거예요.”

그러나 슈는 뭔가 쫓기는 기분을 떨칠 수 없다. 그래서 변화를 주어야겠다고 생각한다. “앞으로 10년은 제 개인 생활에 좀 더 초점을 맞추겠지만, 어쩌면 가정을 꾸릴 생각도 해야 할 것 같아요. 일을 하면서 학교를 다닐 계획이에요. 그 계획이 순조롭게 진행된다면 그다음에는 인간관계를 좀 더 다져야 하겠죠.” ‘앞으로 10년’이라면 30대를 말한다. 한두 세대 전 같았으면 20대에 세웠을 계획이다.

슈는 최근 몇 년 동안 ‘그냥 친구’로만 지내왔던 남자를 만났다. 그들은 조심스레 데이트를 시작했고, 아직까지는 그런대로 잘되고 있다. 문제가 있다면 남자가 보스턴에서 교사로 재직 중이라는 사실이다. 그러나 어떻게 생각해보면 거리가 멀다는 것이 더 좋은 조건인지도 모른다. "그 사람과의 관계가 마음에 드는 것은 무엇보다 중요한 것을 양보할 필요가 없다는 거예요. 지금 이 상태에서 결혼하는 것은 사실 좀 두려워요. 전 아직 결혼을 할 마음의 준비가 되어 있지 않아요. 결혼이 뭔지도 몰라요. 결혼하고 싶은 건 분명한데 결혼으로 우리의 관계가 더 끈끈해지고 좋아질지는 잘 모르겠어요. 지금으로서는 함께 살 수 있다면, 좀 더 같이 시간을 보낼 수 있다면, 더 이상 바랄 게 없을 것 같아요."

'신중'이라는 말이 슈 또래의 여성들이 결혼에 대해 느끼는 기분을 가장 잘 표현하는 단어일 것이다. 양보할 것을 신중히 생각하고, 개인적으로 포기할 것을 신중히 생각하고, 더 좋은 어떤 것을 놓치지나 않을지 신중히 생각한다. 여러 면에서 그 남자친구가 자신에게 어울린다는 것을 잘 알고 있지만 그녀가 짐작할 수 없는 것이 있다. 그가 "내가 지금 느끼는 것만큼 나를 기분 좋게 해줄 바로 그 사람인지" 하는 의문이다. 그래도 보스턴으로 이사를 하거나 그를 누욕으로 부르는 문제에 대해서는 회의적이다. "우린 너무 달라요. 그래서 더 재미있고 자극적인지도 모르겠어요. 하지만 궁금한 점도 있어요. 어느 순간부터 그런 흥미가 줄어들기 시작할까요?"

슈 같은 젊은이들은 결혼으로 두 사람 사이가 더 좋아진다는 보장이 없다며 결혼을 차일피일 미룬다. 젊은이들이 이렇게 망설이게 된 것은 1960년대와 70년대 이후로 사람들이 하나의 제도로서 갖는 결혼의 기능과 목적에 의문을 갖기 시작했기 때문이다. 다들 "혼인신고서? 그건 종잇조각일 뿐이야"라고 말하며 결혼을 외면한다. 물론 섹스는 한다. 하지만 결혼은 분명 그 이상의 무엇이다. 그렇지 않았다면 결혼이란 제도는 오래전에 사라졌을 것이다. 그렇게 끈질기게 계속되고 있다는 것은 뭔가 중요한 의미가 있다는 암시가 아닌가? 그래서인지 슈도 이렇게 말한다. "그저 준비가 되어 있지 않았을 뿐이에요."

결국 결혼의 위상은 한층 높아졌다. 젊은 사람들이 눈을 치켜떠야 결혼을 꿈꿀 수 있다. 대좌 위에 높이 올라앉은 결혼은 이제 좀처럼 손에 넣기 힘든 것이 되어버렸다. 절대로 하찮은 종잇조각이 아닌 것이다.

결혼하려면 먼저
어른이 되어야 한다

사람들은 결혼의 의미를 다시 상상하고 있다. 다시 생각하는 것이 아니라 다시 상상한다. 나이가 되면 '하는' 것이라 생각하지 않고, 성취하는 어떤 단계라고 상상한다. 성인으로 가는 길은 길게 뻗어 있지만, 성인을 특징짓는 중요한 사건인 결혼은 성취와 목표라는 긴 여정의 처음이 아니라 맨 뒷자리에 놓인다. '네트워크'의 프랭크 퍼스텐버그Frank Furstenberg 의장은 다음과 같이 말한다. "1950년대 사람들은 서로에 대해 잘 모르는 상태로 결혼했습니다." 그들은 배우자에게 구체적으로 바라는 것도 없이 결혼했다. 아니, 인생이 뭔지도 모르고 결혼부터 했다. 그저 때가 되고 적당한 사람이 나타났으니까 했을 뿐이다. 덜컥 임신하는 바람에 결혼하는 경우도 많았다. "결혼은 희망과 서약으로 시작했지만, 그 서약을 뒷받침할 만한 것은 거의 없었죠. 그런데 요즘 사람들은 서약의 효력을 예측할 수 있는 증거를 확인하고 싶어합니다. 서약이 효력을 발휘한다는 말이 아닙니다. 서약과 희망에 대해 사람들이 더 신중해졌다는 말입니다."

퍼스텐버그는 요즘 결혼이 따지는 것도 많고 더 복잡해졌다고 지적한다. 기대가 커졌고, 그와 함께 완벽한 배우자의 기준도 높아졌다. 다시 말해 결혼은 만만한 일이 아니다. 이것은 엘리자베스 암스트롱이 조사한 젊은 여성들의 신중한 태도와 성취욕을 브아도 쉽게 알 수 있다. 수는 얼마 안 되지만 이 여성들은 언제든 마음만 먹으면 결혼 같은 건 금방 할 수 있다고 생각했다. 대다수 여성들은 20대 후반이 되기 전에 결혼한다는 생각을 수긍하지 않았다. 그러나 이 여성들은 '전형적인' 대학생이었다. 중산층이고 버젓한 등네에서 살고 약간 보수적이며 매우 전통적인 여성이었다. 암스트롱은 이렇게 말한다. "이들이 결혼을 미룬다면 다른 사람들은 볼 것도 없습니다." 실제로 '네트워크'가 최근에 조사한 바에 따르면 스물아홉 살에 기혼자인 경우는 남성이 45퍼센트, 여성이 60퍼센트였다. 1960년에는 남성이 79퍼센트, 여성이 84퍼센트였다.

결혼을 미루는 것은 자신의 결혼을 두고 사람들이 이러쿵저러쿵하는 말을 듣기 싫기 때문이기도 하고, 또 완벽한 준비가 되어 있지 않은 상태로는 결혼하지 않으려 하기 때문이기도 하다. 퍼스텐버그가 지적한 대로 예전의 젊은이들은 결혼부터 하고 나서 두 사람이 하나의 목표를 향해 함께 출발했지만, 요즘은 각자의 길을 알아서 따로 만들어가는 세상이 되었다. 학위를 받고 취직을 하고 집을 마련하고 원하는 도시에 정착을 하고 난 후, 어느 정도 목표했던 것을 이루었다는 판단이 들면 그때서야 비로소 결혼을 생각하기 시작한다. 앨릭스가 그런 경우다.

최근에 러트거스 주립대학을 졸업한 앨릭스는 현재 퀸스의 애스토리아에 있는 한 아파트에서 할머니와 함께 살면서 할머니 대신 집세를 내고 식료품을 사드리고 할머니를 보살펴드린다. 어머니는 푸에르토리코 출신이고 아버지는 쿠바 출신이다. 앨릭스가 고등학교 1학년 때 온 가족이 교육 때문에 뉴저지주로 이사했다. 앨릭스는 대학에서 여자친구 트리나를 만났고 5년 가까이 사귀어오고 있다. "트리나는 썩 괜찮은 여자예요. 우리는 아주 잘되고 있어요. 저도 열심히 했지만 트리나의 헌신적인 지원이 없었으면 무척 힘들었을 거예요."

트리나는 앨릭스보다 한 학기 먼저 졸업했고, 지금은 저지시티에서 법무사로 일하고 있다. 앨릭스의 말로는 그녀는 배우자감으로 더 바랄 것이 없는 여자다. 앨릭스는 그녀를 대단한 여자라고 여긴다. 그리고 두 사람은 "서로를 속속들이 잘 안다." 그러나 그는 또한 두 사람의 독립성을 강조한다. "우리는 그래도 각자 사는 방식이 따로 있어요. 그런 대로 괜찮은 방법인 것 같아요."

앨릭스와 트리나는 서로 깊이 사랑하고 있으며, 함께 있는 것이 늘 즐겁다. 두 사람은 언젠가 결혼하게 되리라는 사실을 알고 있다. 그러나 스물다섯 살밖에 안 된 지금 결혼을 서두를 생각은 없다. 물론 그들의 부모와 조부모들은 대부분 그 나이에 결혼하곤 했다. 하지만 앨릭스는 자유를 즐길 수 있을 때 한껏 즐겨야 한다고 생각한다. 일하고 친구 만나고 트리나와 데이트하는 것이 생활의 전부이고 딱히 걱정거리는 없다. 일을 마치면 직접 저녁을 만들어 먹고 〈심슨가족The Simpsons〉을 본 다음 체육관으로 운동하러 간다. 밤이면 뉴저지에 살고 있는 트리나에게 전화를 한다. 주말이면 친구들을 만나 춤추고, 아니면 트리나와 영화 구경을 하거나 저녁 식사를 한다. 한 달에 두 번 정도는 뉴저지로 가서 부모님을 만나 쿠바인인 아버지와 정치 이야기도 하고 어머니에게 응석도 부린다. 어머니는 집안에서 일어난 소소한 이야기를 아들에게 실컷 털어놓는다.

앨릭스와 트리나는 마음만 먹으면 지금이라도 결혼할 수 있다. '필요한 것'은 모두 갖추고 있다. 빚도 없다. 앨릭스는 학자금 융자를 받지 않고 생명공학 학사 학위를 받았다. 그들은 각자 독립된 성인으로서 인생을 즐기며 살기로 한 것뿐이다.

앨릭스는 정유회사에서 꽤 괜찮은 연봉을 받지만 직장에 별다른 애착을 느끼지 못하고 있다. 그래서 지금 그는 로스쿨에 지원하여 특허법을 전공하기로 마음먹은 상태다. 그는 자신만의 분명한 비전이 있고, 그 목표를 이루기 위해 무엇을 해야 하는지도 잘 알고 있다. "오늘 어떤 일을 하느냐에 따라 미래가 결정된다고 생각해요." 그리고 그 일을 혼자 하고 있지만, 누군가와 함께 한다면 더 좋을 것이다. 앨릭스가 말하는 미래에는 로스쿨, 좋은 직업, 자신만의 집, 일과 인생에 대한 안정적인 만족감 등이 포함된다. 결혼과 가족은 그다음이다. 요즘 스무 살 안팎의 영어덜트들이 대부분 그렇듯, 앨릭스도 모든 것을 갖추고 나서야 결혼할 것이다. 퍼스텐버그도 그렇게 말한다. "옛날에는 결혼을 해야 어른이 되었지만 요즘은 어른이 되어야 결혼을 할 수 있습니다."

트리나 역시 자신만의 목표가 있다. 그녀도 로스쿨에 들어갈 계획이다. "생각 같아서는 저도 변호사가 되고 싶어요. 그러면 그와 함께 일할 수 있겠죠. 멋지지 않나요? 우리가 생각하는 동반자에는 그런 의미도 있죠." 트리나는 가끔 "결혼이란 말을 꺼내지만" 그때마다 앨릭스는 딴청을 부린다. "지금 할 수 있는 말은 '로스쿨 애기'뿐이야. 내가 변호사가 될 때까지는 어떤 언질도 줄 수 없어. 언젠가는 해야겠지만 지금은 아니야." 이것이 앨릭스의 반응이다.

앨릭스 같은 남성들은 주변에서 얼마든지 볼 수 있다. 그들은 딱히 언질을 주지 않으면서도 헤어지기는 싫어한다. 언질을 주기 싫어하는 남성들은 소설이나 영화의 단골 소재다. 그런 소설이나 영화를 보면 남자들은 결혼이라는 굴레에 매이는 것 자체를 아주 싫어하는 것 같다. 뉴욕 주립대학교 스토니 브룩 캠퍼스의 사회학자 마이클 킴멜Michael Kimmel은 최근의 저서 《가이랜드: 소년이 남자가 되는 위험한 세계Guyland: The Perilous World Where Boys Become Men》에서 가정을 꾸려 정착하는 데는 관심이 없고 한 10년 정도 사교 파티나 더 즐기려는 20

대 남성들의 사례를 수도 없이 열거한다. 킴멜 고수는 집안에서 아들을 책임감 있는 어른으로 키워야 할 아버지가 결혼에 대한 조언을 하기는커녕 이성 문제를 어머니에게 떠넘기기 때문에 이런 현상이 나타난다고 주장한다. 그래서 젊은 남자들은 가족을 보호하거나 생계를 책임질 생각은 하지 않고, 게임보이Game Boy나 바보상자, 맥주에만 몰두하면서 청춘의 즐거움을 만끽한다는 것이다.

킴멜의 책에 나오는 선택받은 젊은이들에게는 그런 생활이 청춘의 즐거움일지 모르지만, 대부분의 남성들이 언질을 주기 싫어하는 이유는 철이 덜 들어서가 아니다. 오히려 그 반대다. 남성들은 가족, 책임감, 결혼에 대한 여성의 기대 같은 것에 큰 부담을 느낀다. 그래서 그들은 경력을 쌓고, 자신들의 아버지가 그랬던 것처럼 안정된 직업에 정착하기 위해 안간힘을 쓴다. 좋은 보수 없이는 '멋진 인생'을 장담할 수 없다는 사실을 그들은 너무도 잘 안다. 그들은 여성들이 던지는 복잡한 신호를 해석하려고 애쓴다. 여성들은 입만 열면 가정과 직장에서 남녀평등을 말하지만, 한편으로 남성들이 저녁값을 내주기를 바란다. 그들은 또 책임감을 놓고 신경전을 벌인다. "아내를 맞을 준비가 되어 있지 않다"고 많은 사람들이 말한다. 이혼이나 엄청난 위자료는 두말할 필요도 없다. 준비가 안 됐다는 말은 그들이 자신이든 남이든 그 기대에 맞추어 살 수 있을 만큼 확신이 서지 않았다는 뜻이다. 그때 그 두려움은 상대방과 헤어지는 것에 대한 두려움이라기보다는 결혼에 대한 높은 기대나 결혼이 상징하는 모든 것에 관한 두려움이라고 해야 옳을 것이다.

　　결혼을 미루는 쪽은 앨릭스만이 아니다. 트리나도 망설이기는 마찬가지다. 가끔 결혼 이야기를 슬쩍 끄집어내기도 하지만 앨릭스를 몰아세우는 법은 없다. 트리나도 결혼을 위해 만반의 준비를 하고 있다. 하지만 문제가 그렇게 간단하지는 않다. 이런저런 문제가 해결된다고 하자. 하지만 또 다른 문제가 생기지 않는다는 법이 있는가? 결혼이 최우선 과제여야 할 이유가 과연 있는 것일까? 완벽한 배우자에 대한 기대와 기준이 너무 높아진 세상에, 이를 충족시킬 수 있는 사람이 정말 있기나 할까? 실제로 10년 동안 '나만의 생활'을 즐기는 문화 탓에 젊은이들이 배우자에게 바라는 기대의 폭과 크기는 엄청나게 커졌다.

나이가 들수록
높아지는 결혼 기대치

　　슈는 10년 가까이 혼자 살다가 지금 남자친구와 데이트를 시작했다. 하지만 슈는 남자친구에게 확실한 언질을 주지 않고 있다. 그녀는 두 사람이 서로 잘 맞을지 걱정이다. 혼자 지내는 기간이 길어지면, 한 사람을 골라 정착하기가 점점 더 어려워진다. 갈수록 이것저것 따지게 되고 상대방에게 점점 더 까다로워지게 마련이다. 군대에서 열아홉, 스무 살짜리 신병을 모집하는 이유는 그때가 '뭘 모르는' 나이이기 때문이다. 뭘 모를 때는 적응도 잘한다. 하지만 연륜이 좀 쌓이면, 군대가 요구하는 희생과 의무가 별로 마음에 안 들기 시작한다. 결혼이나 동거도 마찬가지다. 혼자 오래 살다 보면 그만큼 양보하기가 더 어려워진다.

20대 중반의 남녀가 상대방에게 원하는 것이 무엇일까? 샌디에이고 출신으로 스물일곱 살인 어떤 남성은 "목표가 뚜렷한 여성, 교육을 중요하게 생각하는 여성, 가족 간의 유대를 소중히 여기는 여성"이라고 말했다. "마음이 따뜻한 사람이면 좋겠어요. 이기적이고 속 좁은 사람은 싫습니다. 검소한 사람이 좋아요. 세상을 물질적인 면으로만 판단하지 않는 사람 말입니다. 내면의 모습을 보고 평가하는 사람이어야 한다고 생각합니다." 샌디에이고에서 만난 스물아홉 살의 젊은이는 "정직하고 성실하고 책임을 질 줄 알고 바람피우지 않을 사람"을 찾는다고 말했다. "모든 면에서 서로 드움이 되고, 야심이 있고, 개성이 강하고, 자신감이 있고, 훌륭하고 확고한 자아의식이 있는 사람이면 좋겠어요." 서른 살인 어떤 여성도 "줏대 있는" 사람을 좋아한다고 말했다. 그녀는 미래의 결혼을 "모든 것을 함께 하는 것, 관계 속의 내 모습을 좋아하는 것"으로 생각한다면서 이렇게 말했다. "결혼으로 꼭 내가 더 나은 사람으로 바뀔 필요까지는 없어요. 정말 좋다고 느끼면 그것으로 그만이죠."

냉소적인 사람은 '글쎄. 그게 과연 말처럼 쉬울까?'라며 비웃을지 모르겠다. 어느 정도는 그럴 수도 있다. 우리는 늘 결혼을 인생의 중요한 관문이라고 여겨왔다. 그래서 아무렇게나 할 수 없는 꿈같은 이상으로 변모시켰는지도 모르겠다. 한창 좋은 때라 하도 위에 열거한 항목을 모두 충족시킬 수 있는 사람이 몇이나 되겠는가? 소신껏 싱글맘을 택한 로리 고틀립Lori Gottlieb은《그 남자랑 결혼해Marry Him: A Case for Settling for Mr. Good Enough》에서 자기 또래들의 기준이 터무니없이 높다고 꼬집는다. 그녀는 '적당한 선에서 타협한다'라는 말을 사람들이 오해한다고 말한다.

> 내가 적당히 타협하려 할 때마다, 사람들은 쌍심지를 켜고 실망했다는 듯이 내게 눈살을 찌푸린다. …… 그런 식으로 안주하는 것은 정략적으로 올바르지 않을 뿐 아니라 명백히 비非미국적인 일이다. 우리 문화는 목표에서 한시도 눈을 떼지 말라고 말한다(반면에 우리보다 현명했던 우리의 어머니들은 너무 까다롭게 따지지 말라고 말한다). 그리고 진정한 사랑을 오래도록 지키는 이야기는 …… 우리의 집단적 정신을 지배하는 주제다.

결혼을 해서 우리가 얻게 되는 것은 서로의 모자란 점을 보완해줄 능력과 재능을 갖춘 평생의 짝이다. 결혼 및 가족 전문가인 앤드루 셜린Andrew Cherlin은 결혼의 새로운 의미에 대해 이렇게 말한다. "어른의 자격을 다 갖춰야 결혼할 수 있는 것은 아니다. 그보다는 개인적 성취가 더 중요하다. 개인적 성취라는 것은 곧 성공적인 자기 계발을 상징하는 것이다." 돈을 잘 버는 남자, 현모양처인 여자여야 하는 것은 아니다. 그보다는 마음이 통하고, 지적 수준이 비슷하고, 정신적으로 맞아야 한다. 즉 소울메이트가 필요한 것이다. 영어덜트들은 좋은 협력자, 대등한 상대를 원한다. 그들은 서로 역할을 나누어 갖는 사람보다 삶을 함께할 짝을 원한다. 그들은 인생을 함께하기를 원한다. 요즘의 영어덜트들은 조부모들이 그랬듯 실용적인 비즈니스 파트너를 찾는 것이 아니라 인생을 함께 보낼 가장 좋은 친구를 찾고 있다.

미네소타주 세인트폴 출신인 스물아홉 살 오스틴과 그의 여자친구 재닌은 5년째 데이트를 하고 있다. 두 사람은 사이가 아주 좋은데, 오스틴은 자신들의 관계를 '소중한 친구'라고 표현한다. 그의 아버지가 들으면 기겁할 말이다. "우리끼리는 못 하는 말이 없어요. 가장 좋은 친구니까요. 제게 가장 소중한 사람이란 말입니다. 무엇보다 그 점이 가장 좋아요. 형보고 가장 좋은 친구가 되어달라고 할 수는 없잖아요. 고등학교 친구도 마찬가지예요. 저와 함께 있는 사람이 가장 좋은 친구예요. 어떤 관계든 가장 좋은 친구가 가장 의미 있는 것이라 생각해요." 오스틴만 그렇게 생각하는 것이 아니다. 전국결혼프로젝트 National Marriage Project가 해마다 실시하는 조사에 따르면, 독신으로 지내는 사람 열 명 가운데 아홉 명은 "결혼할 때 배우자의 자격으로 가장 첫손으로 꼽는 조건이 소울메이트가 되어야 한다"는 것으로 나타났다.

그러나 이렇게 가장 좋은 친구나 소울메이트를 찾겠다며 평가하고, 따지고, 퇴짜 놓다 보면 20대를 훌쩍 넘겨 뒤늦게 달팽이걸음으로 결혼식장에 서기 딱 알맞다.

여러 면에서 슈와 앨릭스와 트리나의 생각도 그리 나쁘지 않다. 그들은 여유를 가지고 자신을 발견하고 나름대로 만반의 준비를 갖추고 나서 완벽한 짝을 찾으려 한다. 그만큼 결혼을 신중하게 생각한다는 증거다. 물론 그러다가 정말 결혼을 하기나 할지 의문이 드는 것도 사실이다. 퓨리서치센터가 최근에 실시한 여론조사에서 20대 영어덜트들 가운데 결혼하고 싶다는 사람은 열 명 가운데 네 명 정도였다. 그러나 모든 연령층에서 혼자 사는 사람들의 수는 전보다 늘어났다. 아울러 짝을 찾지 않고 있다고 말하는 사람도 늘어났다. 그들은 누군가를 사귀는 것을 일부러 늦춘다. 의문은 여전히 남는다. 우리가 결혼에 대해 너무 많은 것을 기대하는 것은 아닐까?

결혼을 미루는 젊은이들이 많아지면서 몇 번 데이트와 연애를 해보고 곧장 결혼으로 골인하는 커플은 구식으로 취급받는다. 그런 코스는 8트랙 녹음테이프이고 지금은 아이튠 세상이라는 것이 요즘 젊은이들의 생각이다. 독신 생활이 길어진다고는 하지만 사실 따지고 보면 독신 생활도 아니고 금욕 생활도 아니다. 섹스를 하는 건 말할 것도 없고 꾸준히 이성을 만나고 사귄다. 그리고 결혼이라는 부담 없이 홀가분하게 섹스와 연애를 모두 추구할 수 있는 선택의 여지가 그들에게는 많다. 동거도 그런 선택 중 하나다.

옛날과 달리 동거는 이제 부끄러운 일도 아니다. 요즘은 초혼의 절반 이상이 먼저 동거 생활로 시작되는 것으로 밝혀졌다. 50년 전만 해도 상상도 못할 일이었다. 심지어 1980년 이후로 동거 커플의 수는 네 배로 증가해 500만 명에 이르렀다. 20대는 동거를 하기에 가장 좋은 때다. 26~40세 여성의 4분의 1이 현재 결혼하지 않고 동거 중이고, 또 4분의 1은 동거 경험이 있다고 답했다. 이런 추세는 수그러들 기미가 보이지 않는다. 고등학교 3학년의 약 절반이 결혼하기 전에 동거할 계획이라고 말할 정도다.

그러나 여기서도 우리는 교육 수준에 따라 선택이 뚜렷이 갈리는 현상을 볼 수 있다. 대학 졸업자들은 결혼식장으로 향하는 길을 재정비하고 있는 와중에도 결혼을 목적으로 동거부터 시작하는 커플이 많다. 하지만 대학을 졸업하지 못한 사람들은 결혼식장에 가지 못하고 갈라서는 경우가 많다.

동거는 결혼의
예행연습

이런 추세대로라면 슈와 남자친구도 한 1년 정도 같이 살게 될지 모른다. 그러다 보면 누가 설거지를 하고 요리를 하며 욕조에서 어떤 비누를 쓸지를 서로 상의하야 할 것이다. 당분간은 통장을 따로 관리하겠지만, 같이 살다 보면 독신자라기보다는 기혼자 같은 기분에 익숙해질 것이다. 처음 설레는 순간이 어느 정도 지나가면 점차 서로에 대해 편안해지면서 함께하는 일상에 익숙하게 젖어들 것이다.

그렇게 1년쯤 지나고 나면, 부모가 정식으로 결혼을 보채기 시작하고 주변 친구들도 하나둘씩 짝을 찾아갈 것이다. 요즘 젊은이들은 대부분 동거를 남녀 관계의 정상적인 절차라고 생각하지만, 슈는 다른 사람들과 생각이 조금 다르다. 그녀의 동거는 앞으로 계속 이어질지도 모르는 여러 동거 가운데 첫 번째가 아니라, 어디까지나 결혼을 앞둔 예행연습이다. 슈와 남자친구가 함께 살게 된다면 그것은 분명한 목표가 있기 때문일 것이다. 결혼이라는 목표 말이다.

이선은 여자친구 조를 존스홉킨스 대학에 다닐 때 만났다. 그는 의예과 학생이었고 조는 심리학을 전공했다. 이선은 샌디에이고 출신으로 장래가 촉망되는 수재였다. 그는 열아홉 살에 의사가 되겠다고 작정하고 평소에 꿈꾸던 존스홉킨스에 들어갔고 동부로 이사했다. 조를 만난 것은 입학하고 얼마 지나지 않아서였다. 그녀는 같은 기숙사를 쓰고 있었다. 조는 이선이 평소에 생각했던 이상형이었다. 그들은 서로가 첫눈에 반했다. "저는 야심이 있고 전문 직종에 종사하면서 말이 통할 수 있는 여자를 좋아해요." 그런 그에게 조는 더할 나위 없는 짝이었다. "자신의 잠재력을 개발해내는 여자가 좋아요. 직업과 가정을 서로 균형 있게 조화시킬 수 있는 여자, 그리고 내 모자란 부분을 채워줄 수 있는 여자 말입니다."

두 사람이 만나는 횟수가 잦아지면서 둘의 관계도 갈수록 견고해졌지만, 그때 이선에게 끔찍한 일이 생겼다. 아버지가 자살을 한 것이다. 동시에 이선의 어머니는 그의 의붓아버지를 상대로 이혼소송을 제기했다. 자살한 아버지와 이혼하고 재혼한 지 얼마 안 된 때였다. 그는 조가 아니었다면 견디기 어려웠을 거라고 말했다. "그래도 조에게는 말할 수 없었어요. 좋지도 않은 일을 다 말해줄 수는 없었거든요. 아마 조가 없었다면 학교를 계속 다니지도 못했을 거예요." 하지만 그는 4년 만에 복수 전공으로 졸업을 했다.

4학년 말에 두 사람은 학교를 1년 정도 휴학하고 일을 하기로 결정했다. 조는 볼티모어에서 일자리를 구했고 이선은 베데스다에서 일을 했다. "그러면서 일이 풀리기 시작했어요." 그해 여름 두 사람은 동거를 시작했다. 둘 다 결혼을 생각하고 있었지만 이선이 조금 망설였다. "누구와 살든 먼저 좀 살아봐야 결혼할 수 있을 것 같았어요. 어머니는 두 번 이혼했어요. 저는 그러고 싶지 않았습니다."

두 사람은 동거 생활을 결혼의 예행연습이라고 생각했다. "미혼일 때 같이 살 수 없다면 결혼하고 나서 어떻게 같이 살 수 있겠어요? 그래요, 데이트와 마찬가지로 제게 동거는 결혼을 위한 예비 단계일 뿐이에요."

그러나 그들은 결혼을 위한 예행연습을 서둘러 끝내지는 않기로 했다. 학교를 다 마치고 안정된 직장을 얻을 때까지 결혼은 잠시 미뤄질 수밖에 없었다. 하지만 언젠가는 결혼하는 날이 올 것이다. 이선은 그 점을 의심하지 않는다. "조가 존스홉킨스에서 인턴 과정을 밟게 되면, 더 이상 기다리지 않고 결혼할 거예요. 우리는 더할 나위 없이 사이가 좋아요. 서로의 부족한 점을 아주 잘 채워주는 것 같아요."

이선과 조는 잘 어울리고 집안 환경과 인생관도 비슷하며 호흡이 잘 맞는다. 직업을 중요하게 생각한다는 것도 같다. 그녀는 심리학자로서, 그는 의사로서 살아가게 될 것이다. 그들은 곧 아이를 가질 생각을 하고 있으며 상대방의 가족들과도 잘 지낸다. 두 사람은 평생의 반려로서 자신에게 필요한 부분을 상대방에게서 발견한다. 그들에게 동거 생활은 결혼이란 대사를 치르기 전에 일어날 수 있는 문제를 해결하고 관계를 실험해보는 과정이다.

하지만 동거의
연속이라면?

그러나 끝내 결혼에 이르지 못하고 헤어지는 커플도 있다. 그러다가 더 이상 돌파구가 보이지 않으면 해군에 입대하거나, 커뮤니티 칼리지를 중퇴한 후 건설 현장에 뛰어들거나, 아니면 아무런 계획도 없이 방황한다. 안정된 직장에서 일정한 월급을 받을 수 있다는 전망이 없으면 결혼은 꿈도 꿀 수 없다. 형편이 이런 커플들은 동거를 해도 결혼을 위한 예행연습이라고 여기지는 않는다. 이들이 동거를 택하는 이유는 집세를 절약할 수 있고, 또 살던 곳에서 갑자기 나와야 하는 일이 생기기 때문이다. 이들에게 동거는 결혼 상대로 적합한지 알아보기 위한 과정이 아니라, 뜻하지 않은 상황에서 당장의 곤경을 면하기 위한 수단일 뿐이다. 이런 커플들은 대개 결혼에 관심조차 없다.

실제로 형편이 넉넉한 사람과 환경이 불리한 사람이 가장 뚜렷한 차이를 보이는 부분이 바로 동거에 대한 생각이다. 갈수록 동거가 흔한 문화가 되어가고 있지만, 환경이 불리한 사람은 끊임없이 상대를 바꾸어가며 동거를 하는 경우가 많고 아이도 자주 갖는다. '네트워크'의 준회원 마리아 케펄러스는 다음과 같이 말한다. "넉넉한 대학생들은 동거를 하는 동안에 아이를 낳지 않습니다." "그러나 소득이 적은 노동계급의 영어덜트들은 생각 없이 덜컥 아이를 낳죠. 그들의 동거는 대부분 즉흥적으로 결정됩니다."

타냐와 남자친구 잭슨은 5년째 동거하고 있다. 그녀에게는 셋째,

잭슨에게는 첫째인 아이가 생기고 난 후에 등거하기로 합의했다. 그렇게 태어난 아이가 이제 다섯 살이 되었지만, 동거를 결정할 때는 별다른 생각이 없었다. 타냐는 이렇게 말했다. "어쩌다 보니 그냥 같이 살게 되었어요. 아이 때문이었는지도 모르겠어요."

타냐는 자신들의 관계가 안정적이어서 안식이 된다. "경제적으로나 물리적으로나 도움이 되어서 좋아요. 안정된 느낌이에요." 타냐는 공립학교 보조 교사로 일하면서 공원과 레크리에이션 프로그램에서도 파트타임으로 일하고 있다. 열 살, 아홉 살, 다섯 살짜리 아이들을 기르려면 어쩔 수 없는 일이다. 잭슨은 정비공이다. 그들의 관계는 대단할 것도 없고 그렇다고 문제가 있거나 긴장할 일도 없는, 그저 타냐의 눈에는 인생의 보너스 정도다. 물론 그녀는 다른 선택을 했다고 해도 삶은 마찬가지로 흘러왔으리라는 것을 너무 잘 안다.

타냐는 고등학교 때 첫딸을 임신했지만, 남편이 툭하면 주먹을 휘둘렀기 때문에 2년도 지나지 않아 관계가 끝났다. 들째 아이의 아버지인 그다음 남자친구 역시 '실패작'이었다. "마약에 손을 대더니 헤어나질 못하더라고요." 타냐의 불운은 환경이 불리한 사람들에게서 흔히 볼 수 있는 경우다. 그들은 상대를 바꿔가며 동거하지만, 대부분 위태롭고 오래가지 못한다.

요즘 타냐와 잭슨은 가끔 결혼 문제를 이야기하지만, 그녀는 "그냥 말뿐이죠. 이렇게 사는 것도 결혼이죠, 뭐. 결혼이라그 별게 있나요? 당장 대학에 가야 하고 집도 구해야 하는 판에 굳이 법적인 의무까지 따져야 하나요?"라고 털어넣는다. 그녀가 망설이는 이유 중에는 경제적인 문제도 있다. "잭슨은 밥벌이를 자기 혼자 할 테니 저보고는 일하지 말라고 해요. 차량 정비 일이 좀 많아지면, 살림만 할 수 있겠죠." 타냐는 그렇게 말하면서 웃었다.

타냐가 말하는 밥벌이 역할은 결혼으로 '진전'되는 것을 막는 가장 큰 걸림돌이다. 타냐와 잭슨은 둘 다 '정상적인' 가정에 필요한 것부터 갖추는 것이 급선무라고 생각한다. 하지만 이런 소박한 목표도 요즘은 생각처럼 만만치가 않다. 공장 일은 사라졌고 대학 졸업장이 없는 남자들의 월급은 제자리걸음이거나 오히려 떨어지는 판이다. 소매업, 건강관리, 전문직 보조 등 기술이 별로 필요 없는 직종의 일이 대부분 그렇듯, 타냐의 일도 보수가 적고 파트타임이며 혜택도 없다.

특히 남자들은 가족을 부양할 만한 경제적 능력이 있다는 생각이 들 경우에만 결혼 이야기를 하려 한다. 여러 연구에서도 밝혀졌지만, 임시직이나 파트타임으로 일하는 남성들은 결혼보다는 동거를 택하는 경향을 보인다. 이런 경향은 교육 수준을 비교해봐도 금방 알 수 있다. 고등학교 중퇴자들의 동거 비율은 대학 졸업자의 거의 두 배에 이른다. 1930년대 경제공황 때 결혼율이 뚝 떨어졌듯이, 요즘 다시 동거가 부쩍 늘고 있는 현상도 가족을 부양하기가 어려워졌기 때문인 것으로 분석된다. 환경이 불리한 사람들은 돈이 없어서 결혼식을 올리지 못하는 경우가 많다. 이런 부류의 젊은이들에게 혼인신고서는 어떤 면에서 '종잇조각'에 지나지 않을지 모른다. 이 커플들은 결혼에 반대하지 않고 결혼을 시대에 뒤떨어진 것이라 생각하지도 않는다. 오히려 그들에게 결혼은 하나의 이상이다. 영화에서나 볼 수 있는 안정된 직업과 멋진 집, 두 아이와 강아지가 있는 그림, 이것이 그들이 꿈꾸는 결혼이지만, 현재로서는 그들의 능력 밖에 있는 그림이다.

동거 관계가 끝까지 지속될 수만 있다면, 그 누구도 이런 통계에 눈 하나 깜짝하지 않을 것이다. 그러나 이런 관계는 언제 어떻게 될지 모른다. 세태가 그렇다면 미셸의 관계도 장담할 수는 없다.

미셸은 스무 살에 커뮤니티 칼리지를 자퇴한 후 이런저런 직업을 전전했다. 최근에는 시간당 11달러 50센트를 받고 회계사 보조로 일했다. 그녀의 남자친구 라비는 카지노 경비원이다. 두 사람은 7년째 사귀고 있으며 그중 5년 동안은 동거를 했다 그들에게는 미시라는 딸이 하나 있다. 이제 갓 두 살이 된 미시는 "우리에게 일어난 일 가운데 가장 멋진 선물"이라고 미셸은 말한다. 물론 낳으려고 낳은 딸은 아니었다.

그러나 지금 미셸은 라비와의 관계를 심각하게 저고하고 있다. 미셸에게는 꿈과 목표가 있지만, 그 꿈을 이룰 수 있을지 확신이 서지 않는다. 게다가 그녀의 눈에 라비는 야심이 없는 남자처럼 보인다. "오래오래 같이 살 수 있으면 좋겠어요. 하지만 잘 모르겠어요. 작년에는 거의 갈라설 뻔했어요. 무슨 계획이나 있는지도 모르겠고 속으로 무슨 생각을 하는지도 모르겠어요. 아마 자기도 모르는 것 같아요."

동거하는 커플 가운데 약 절반은 5년쯤 뒤에 갈라서고 마는데, 미셸도 그럴 가능성이 높다. 실제로 동거 중인 커플을 대상으로 한 최근의 연구에 따르면, 5년 후에도 동거 관계를 계속 유지하고 있는 커플은 10퍼센트였고 결혼으로 골인한 사람은 44퍼센트였다. 결혼한 커플은 대부분 대학 졸업자였고 직장이 있었다. 그러나 대학 졸업자들의 도덕관이 조금 나은 편이라고 생각한다면 성급한 결론이다. 소득이 적을수록 동거 관계에서 결혼으로 골인하기가 그만큼 어려워진다. 가난하게 사는 여성들 가운데 동거남과 결혼하는 사람은 31퍼센트밖에 안 된다. 좀 여유 있는 여성들은 42퍼센트가 결혼으로 골인한다. 역시 중요한 것은 돈이다. 돈이 있으면 인생을 즐길 수 있고 생활도 안정된다. 전기료, 가스비를 제때 내지 못하고 빚 독촉 전화에 시달리다 보면 싸우는 일이 잦아지고 최악의 경우엔 갈라서기도 한다. 생계를 주로 책임졌던 남성 가장이 직장을 구하지 못하거나 벌어야 할 만큼 벌지 못해도 집안 분위기는 험악해진다. 여자가 남자보다 더 많이 벌게 되거나 아예 남자를 먹여 살리는 상황이 되면, 여자는 남자더러 "돈 내고 살라"고 요구하게 되고 자존심 상한 남자는 짐을 쌀 것이다.

아이가 허전한 삶을
메워줄 희망일까?

환경이 불리한 사람들의 불안한 동거 생활도 아이만 없으면 크게 문제 될 것은 없다. 하지만 이런 커플들은 아이가 생기는 경우가 많다. 실제로 아이는 이 젊은이들의 운명을 좌우하는 결정적인 요인이다. 생활이 안정적인 젊은이들은 아이를 걸림돌로 생각하여 아이가 있으면 계획을 바꾸고 꿈을 미룰 수밖에 없다고 생각하지만, 미래를 낙관하기 힘든 젊은이들은 아이와 결혼 문제에 좀 다른 식으로 접근한다.

수 같은 부류는 힘들게 따낸 스펙과 만만치 않은 잠재력을 발휘할 기회를 찾느라 결혼도 아이도 일단 미룬다. 목표가 뚜렷하고 그 목표를 이루는 데 필요한 자원이 풍부하기 때문이다. 이런 여성들은 임신을 자주 한다 해도 계획과 목표를 먼저 생각하여 낙태를 선택한다. 그들에게 임신은 기껏 마련한 계획을 틀어지게 하는 달갑지 않은 사건이다.

이와는 대조적으로 타냐와 잭슨 같은 커플은 선택할 수 있는 미래의 폭이 한정되어 있다. 그들은 물결을 거슬러 오르려고 안간힘을 쓰면서 결혼은 미루지만 아이를 미루지는 않는다. 왜 그럴까? 대학에 갈 계획도 없고 더 좋은 직장을 구할 수 있으리라는 희망도 없기 때문에 굳이 아이를 미루어야 할 이유도 없다. 오히려 아기는 답답한 현실에서 느끼는 허전한 공백을 채워줄 의미 있는 존재인지도 모른다.

'네트워크'의 프랭크 퍼스텐버그 의장은 다음과 같이 말한다. "싱글맘이 되고 싶어서 되는 사람은 없을 겁니다." 1965년부터 볼티모어의 10대 엄마들을 대상으로 조사를 벌여온 퍼스텐버그는 최근에 《약자의 운명: 10대 출산의 정치학 Destinies of the Disadvantaged: The Politics of Teenage Childbearing》에서 그들의 생활상을 상세히 소개했다.

"싱글맘이라고 해서 '남편은 필요 없지만 아이는 가질 거야'라고 따져서 생각하지는 않습니다. 하지만 임신 사실을 알게 되면 아이를 낳는 쪽이 많지요. 주변을 둘러보면 전부 아이들이 있고, 갑자기 잘

풀릴 일도 없는 상황에서 혹시 아이라도 낳으면 뭔가 달라지지 않을까 하고 기대하게 되는 것이죠.

그들을 이해하려면 결정을 내리는 여성들의 심리 상태를 알아야 합니다. 학력, 집안 환경, 만나는 사람들, 이웃들을 봐도 그들의 미래가 어떤 식으로 전개될지 대충 짐작할 수 있습니다. 그런 환경이 아이와 관련된 결정에 영향을 줍니다. 즉 언제 성관계를 시작할지, 피임을 할지 말지, 그리고 임신하게 되면 어떻게 할지 등을 말입니다. 환경에 따라 결정도 달라집니다."

사회적 환경에 따라서도 결혼에 이르는 과정은 크게 엇갈린다. 학력이 높고 어떤 면에서 잃을 것이 더 많은 사람들은 결혼과 출산을 미룬다. 그들은 동거 기간을 문제 해결의 기회로 활용하기 때문에 결혼과 출산을 기피할 수밖에 없다. 그보다 형편이 좀 못한 사람들은 결혼은 미뤄도 아이는 미루지 않는다. 이들은 동거 기간도 비교적 짧고 결혼으로 이어지는 경우도 더 적다. 결혼도 넉넉한 사람과 환경이 불리한 사람의 미래를 결정하는 분기점이다. 앞으로 좋은 직업을 구할 수 있고 안정적인 느낌으로 평생의 반려자까지 만날 공산이 큰 사람들은 결혼식장으로 골인할 확률이 높다.

성급한 결혼은
성급한 이혼을 낳는다

이렇게 결혼이 일생일대의 숙제가 되어가는 세태를 지켜보다 보면 이대로 두어서는 안 되겠다는 생각도 든다. 그러나 더 걱정스러운 것은 일단 저질러놓고 생각은 나중에 하는 사람들이다. 사랑에 귀천은 없다며 목청을 높이는 사람들도 있지만, 결혼 시기를 제대로 잡아 골인하는 문제에서도 넉넉한 사람과 환경이 불리한 사람들의 운명은 극명하게 엇갈린다. 우리 사회에서 좋은 학군이나 안전한 동네를 아무나 누릴 수 없는 것처럼, 행복하고 성공적인 결혼 생활과 가정을 꾸려나가는 일 역시 일부 계층에게만 특별히 유리한 영역이다. 대학을 다닌 사람들은 결혼과 출산을 미룰 만큼 미루지만, 나중에 보면 그들은 결국 결혼을 잘한다. 그에 비해 환경이 불리한 사람들은 대부분 결혼하지 않고 동거를 택하지만, 오히려 일찍 결혼하는 경우도 있다. 그런 부류는 대부분 대학을 다니지 않은 사람들이다. 요즘 영어덜트들 다섯 명 가운데 한 명가량은 스물여섯 살 이전에 결혼한다. 결혼 제도가 혹시 없어지지나 않을까 걱정하는 사람들은 이런 통계에 마음이 놓일지 모르지만, 꼭 그렇게 좋아할 일만은 아니다. 일찍 하는 결혼은 갈등이 많고 결국 이혼으로 끝나는 경우가 많다.

올해 스물네 살인 그레이스는 이래저래 아쉬움이 많다. 돌이켜보면 달리 선택할 수 있었던 순간이 많았던 것 같다. 그녀와 래리는 아이오와의 작은 마을 출신이다. 그들은 열여덟 살에 결혼했다. 래리가 군에 입대하기 위해 캘리포니아로 떠날 때 떨어져 지내고 싶지 않았던 그들은 부모와 판사에게 특별 허가를 받아야 했다. "래리는 휴가를 길게 받았어요. 결혼식을 거창하게 하고 싶었죠. 우리는 토요일에 결혼식을 올리고 월요일에 캘리포니아로 떠났어요."

그레이스처럼 종교가 있고 시골 출신에 열악한 환경에서 자란 사람들에게 결혼이 주는 의미는 분명하다. 결혼은 '어른'이 되는 첫 관문인 것이다. 결혼에 대한 생각도 환경에 의해 결정되는 경우가 많다. 예를 들어 신앙을 가진 사람들은 결혼제도의 신성함을 굳게 믿기 때문에 보통 일찍 결혼한다. 시골 사람들도 일찍 결혼하는 편인데, 그 이유는 종교적 교리 때문이라기보다 선택의 여지가 많지 않고, 또 가족과 주변 사람들이 은근히 압력을 넣기 때문인 경우가 많다. 아이오와의 작은 시골에 사는 어떤 젊은 남성은 결혼에 대해 이렇게 말했다. "오랫동안 한 마을에서 같이 자라고 계속 봐왔으니까 결혼하는 거죠. 결혼해도 크게 달라지는 게 있나요, 뭐. 이 동네에선 그냥 해야 하니까 하는 게 결혼이에요." 결혼은 때가 되면 그냥 하는 것이다. 대학을 생각해본 적도 없는 시골 청년들은 기다려야 할 이유를 알지 못한다. 남자애들과 여자애들은 초등학교 때부터 잘 아는 사이다. 대단하지는 않지만 직업도 있다. 달리 뭐가 더 필요하겠는가? 실제로 도시에서 사는 사람들과 달리, 이들에게 배우자와 인생 경로를 선택할 수 있는 범위는 빤하고 역설적이게도 윤곽이 더 분명하다.

결혼을 빨리 하는 젊은이들은 결혼이 성인으로서 내려야 하는 일련의 결정과 성취 중 마지막 단계가 아니라 첫 단계라고 생각한다는 점에서 다른 집단과 구별된다. 중세의 젊은이들과 달리 이들은 결혼이 성인의 중요한 특징이라고 생각하여 일찍 결혼한다. 그들은 빨리 결혼하고 빨리 직장을 구한다. 이렇게 빨리 시작하는 사람들은 아이를 빨리 갖게 되고, 그래서 게임의 법칙을 빨리 바꾼다. 아무도 아들이나 딸이 생겼다고 후회하지 않지만, 그들도 할 수만 있다면 출산을 뒤로 미루고 학교부터 다닐 사람들이다.

아니면 그레이스같이 말하는 사람들도 있다. "전들 뾰족한 수가 있겠어요? 경제적 여유가 있고 또 세상 물정을 좀 더 제대로 알았더라면, 안정될 때까지 아이를 조금 미루었겠죠. 하지만 말한 대로 아이를 낳은 것은 후회하지 않아요. 다만 아이들에게 좀 더 많은 것을 해주고 싶기는 한데…… 나름대로 계획은 있지만 늘 계획대로 할 수 있는 것은 아니잖아요."

열여덟 살에 한 결혼이 성급한 결정이었다는 것을 그레이스는 이제야 깨닫고 있다. 결혼 생활은 스트레스의 연속이었다. "돈과 아이 생각뿐이었어요. 계획이야 그럴듯했죠. 어떤 남자를 만나 사랑에 빠지게 되면 2~3년 같이 살아보고, 좋아, 그래서 결혼하고 아담한 집을 장만해서 아이를 낳고 하루하루 즐겁게 보내는 거죠. 웬걸요, 제 자신을 위한 건 정말 아무것도 없는 생활이었어요." 그레이스에게는 '나만의' 시간이 없었다.

"래리는 혼자 있고 싶어했어요. 독립하길 원하더군요. 가지 말라고 애원도 해봤어요. 안 되겠다고 말하더군요. 이번만은 안 된대요. 일주일 뒤에 여자가 있다는 것을 알게 되었어요." 먼저 동거부터 하고 아이를 미루었다면 이혼의 아픔 같은 것은 없었을 거라고 그레이스는 말한다.

요즘 추세를 생각한다면 두 사람은 너무 일찍 결혼한 편이다. 그레이스처럼 열아홉 살 이전에 결혼하는 사람 중 60퍼센트는 서른다섯 살이 되기 전에 이혼한다. 스물한 살에 결혼하는 사람은 절반이 결혼 15주년을 맞지 못한다. 이에 비해 스물여섯 살 이후까지 결혼을 미루는 사람들의 이혼율을 대략 35퍼센트다.

결혼식장에서
엇갈리는 운명

"대학 교육을 받지 못한 사람들의 결혼 실태는 여전히 암울하다." 전국결혼프로젝트의 2007년 국정조사서는 그렇게 주장한다. 사회계층에 따른 이혼율은 1950년대에 비해 그 차이가 더욱 뚜렷해졌다. 여러모로 볼 때 결혼을 미루는 것은 그다지 나쁘지 않다. 요즘의 높은 이혼율을 생각해보면 특히 그렇다. 좀 더 계획적으로 생각하고 적합성을 따져 결정한다면 좀 더 안정적인 결혼 생활을 이어갈 수 있을 것이다. 국정조사서에 따르면 대학 교육을 받은 사람들의 결혼이 더 안정적이고 행복하다고 한다. 또 그들의 결혼율이 높은 것도 그 때문이라고 한다. "대학 교육을 받은 부부는 학력과 소득수준이 서로 엇비슷하기 때문에 대등한 관계를 유지한다. 이들 가운데 결혼 생활이 행복하다고 말하는 비율은 일정 수준을 꾸준히 유지하지만, 학력이 낮은 집단에선 결혼의 행복 지수가 계속 낮아지고 있다." 엘리트일수록 결혼 기반이 더욱 확고한 것은 초기에 미래를 위한 투자에 집중할 수 있었고, 그런 특권을 십분 활용하여 남다른 결혼 전략을 구사했기 때문이다.

일찍 결혼한 어떤 젊은 여성은 이렇게 말했다. "'정상적'인 코스를 밟았다면 훨씬 더 쉽게 풀렸을 겁니다. 먼저 학교를 다녔어야 했다는 생각에 후회가 돼요. 그런 다음 직장을 구하고 결혼을 하고 아이를 가졌어야 했는데 말이에요. 그랬더라면 지금보다 사정이 훨씬 나았을 거예요. 베이비시터를 구할 필요도 없었겠죠. 〈보글보글 스펀지밥〉을 틀어주고 과제물을 할 필요도 없을 거예요. 전기료, 수도료도 꼬박꼬박 낼 수 있겠죠. 돈을 많이 벌면 공과금 따위에 쩔쩔매지 않아도 되었겠죠. 인생이 전혀 달라졌을 거예요."

대학이 아니더라도 결혼을 미룰 수 있는 핑계는 얼마든지 있다. 초기에 어떤 목표를 정하고, 어떤 동네에서 살고, 어떤 네트워크를 가지고, 어떤 기회를 잡느냐에 따라 향후 진로는 얼마든지 바뀔 수 있다.

머리가 좀 크면 부모의 품을 벗어나 어떻게든 독립하려 애를 쓴다. 아주 기특한 생각이다. 그러나 서둘러 독립하려다 보면 자칫 돌이킬 수 없는 상황에 빠지기 쉽다. 언뜻 보면 기회와 시간이 무한할 것 같은 세상이지만, 매사가 불투명한 상황에서는 반드시 꼼꼼하게 계획을 세워야 한다. 뜻하지 않은 사랑과 아이에게 시간을 빼앗기지만 않아도, 필요한 실력과 자격증을 갖추기가 훨씬 쉬워진다. 그편이 평생의 반려자를 맞이하는 데 필요한 기반을 확고하게 다지는 첩경인지도 모른다.

그러나 미루면 얼마를 미뤄야 하는가? 결혼의 역할 변화를 연구하는 사회학자 프랜시스 골드샤이더는 요즘 세대들이 결혼을 너무 오래 미룬다고 걱정한다. 시간은 속절없이 흘러간다. 여성은 생체 시계를 수시로 실감하며 살지만 남성들은 그런 쪽에 무딘 편이다. 골드샤이더는 말한다. "남자들에게 물어보면 '나중에' 아이를 서넛 정도 낳을 거라고 말합니다. 그러나 60대 후반에 대학을 다니는 아이가 셋이라면 계획은 고사하고 당장 퇴직 계좌가 어떻게 되겠습니까?" 수업 시간에 그녀가 그런 말을 하면 남학생들은 고개를 갸우뚱하며 당황한다고 한다. "그제야 그런 생각을 해보는 겁니다. 남자들에게는 생체 시계라는 게 없는 것 같아요. 그 대신 그들에겐 밥벌이 시계라는 게 있습니다. 생체 시계와 비슷한 거죠." 어느 정도 준비를 갖춘 다음 생활이 안정되면 그때 가서 한다고 하지만 그러다가 때를 놓칠 수도 있다. 나중이야 어찌되든 일단 결혼부터 하고 볼 일이라고 주장할 사람은 없겠지만 그래도 할 말은 해야 한다. 어느 정도 늦는 것이 늦은 것인가? 결혼이나 출산을 미루는 젊은이가 많아지면 어떤 문제가 생기는가? 이런 문제에 대한 답은 이 책의 뒷부분에서 다룰 것이다.

결혼과 양육으로 이렇게 인생의 진로가 판이하게 갈리게 되면 사회적 계급과 소득의 차이는 더욱 고착화할 위험이 있다. 결혼은 대체로 신분과 처지가 비슷한 사람들끼리 하게 된다. 대학을 졸업한 사람은 역시 대학 졸업자와 결혼한다. 돈이 있는 사람은 돈이 있는 사람과 결혼한다. 예외가 없지는 않지만 격차가 많이 나는 상대와 결혼하는 경우는 매우 드물다. 사람들은 또한 결혼을 통해 몇 가지 중요한 혜택을 얻을 수 있다. 결혼은 건강에 좋고 소득을 늘려주고 건전한 생활을 하게 해준다. 그렇다면 엘리트들은 결혼 생활을 더 잘하고 혜택도 더 많이 받는가? 이들이 받는 혜택으로 넉넉한 사람과 환경이 불리한 사람의 간극이 더 크게 벌어지는 것은 아닌가? 국정조사서의 설명대로 "우리나라는 교육과 소득뿐 아니라 불평등한 가족 구조에 의해서도 둘로 나뉘고 있다."

제 5 장

NOT QUITE ADULTS

친구와 소셜 네트워크

친구란 무엇인가? 친구가 없어도 살 수 있다는 사람이 몇이나 될까? 친구가 없다면 삶은 얼마나 허전할까? 어렸을 적 친구는 우리를 무리에 끼워주었고 두려움을 잊게 해주었고 '우리'라는 생각을 하게 해주었다. 새 학년 교실에 배정되었어도 같이 배정된 친구들을 보면 새로운 선생님과 새로운 학년에 대한 두려움이 가셨다. 나이를 먹어가면서 내려야 할 결정, 부딪혀야 할 도전은 갈수록 힘겨워져도 친구들이 한결같은 모습으로 곁을 지켜주어 늘 힘을 얻는다. 친구들은 우리를 있는 모습 그대로 받아주고, 그래서 우리는 경계심을 풀고 허물도 감추지 않는다. 수필가 조지프 엡스타인 Joseph Epstein이 썼듯이 친구들은 "서로의 배경을 문제 삼지 않는다. 그래서 함께 있다는 것만으로도 든든하다." 친구가 하나 있다는 것은 그만큼 더 건강해지고 더 행복해진다는 것이고, 또 하나의 사회와 인연을 맺는다는 것이다.

친구가 있으면 단둘이서도 하나의 사회를 만들 수 있다.

친구의 역할은 결코 가볍지 않다. 친구는 어려운 고비나 중요한 갈림길에서 결정적인 도움을 주며 삶의 굴곡을 한결 수월하게 넘게 해준다. 친구의 네트워크가 넓은 사람은 직장을 구할 때도 유리하고, 여러 소중한 인연을 알게 될 확률도 많다. 또한 친구를 통해 시야와 관심을 넓힐 수 있으며 새로운 기회를 그만큼 많이 만날 수 있다. 나이가 들면 친구는 이미 세상을 버린 배우자의 빈자리를 채워주기도 한다. 덕분에 사회로부터 고립되지 않고, 건강하고 행복하게 오래 살 수 있다. 이런 막역한 인연으로 우리는 동료 인간에 대한 신뢰를 키워가고 실질적인 혜택을 받을 뿐 아니라, 더 큰 가치를 위해 기여할 수 있는 힘을 얻는다.

그러나 우정에는 부정적인 면도 있다. 친구 때문에 술을 많이 마시고 과식하게 되고 운동을 거르고 위험한 일을 저지르고 좋지 못한 영향을 받을 수 있다. 젊은 여성들은 친구들과의 대화를 통해 끊임없이 문제점을 들춰내는 경향이 있기 때문에 자칫하면 냉소적인 태도를 갖게 되거나 우울증에 빠질 수 있다. 또 살인 사건의 4분의 3은 아는 사람에 의해 저질러진다고 한다. 소셜 네트워크를 연구하는 전문가들도 오래전부터 크건 작건 어떤 방식으로든 우리의 삶에 영향을 미치는 우정의 부정적인 면에 주목해왔다.

하버드 대학의 사회학자 니컬러스 크리스태키스Nicholas Christakis와 샌디에이고 대학의 정치사회학자 제임스 파울러James Fowler는《행복은 전염된다Connected: The Surprising Power of Our Social Networks and How They

Shape Our Lives》에서 한 사람이 갖고 있는 소셜 네트워크의 크기와 그 안에서 차지하고 있는 위치가 인종, 계급, 성, 교육보다 더 중요하다고 주장했다. 크리스태키스와 파울러는 이것을 '위치적positional' 불평등이라고 부른다. 위치적 불평등이란 간단히 말해 유대 관계의 많고 적음에 따라 직장이나 정보, 건전한 활동, 소득, 좋은 인연을 가질 가능성이 달라지는 것을 의미한다. 일자리를 얻을 때 네트워크를 활용해본 사람이라면 쉽게 수긍이 가는 사실이다. 그러나 정말로 주목해야 할 것은 소득, 교육, 직장에서의 지위 같은 일반적인 영향 이상으로 인생에서 우리의 위치를 형성하는 데 친구가 어떤 역할을 하는가 하는 점이다. 친구가 별로 없거나, 있어도 네트워크가 넓지 못한 친구들뿐인 사람들은 사회에서 계속 뒤처질 수밖에 없다. 중국의 철학자 셰데이謝德怡가 말한 대로 "인생은 우리가 만든 부분도 있지만, 우리가 택한 친구가 만든 부분도 있다."

영어덜트 시절은 친구들을 중요한 네트워크로 만들 수 있는 최고의 시기다. 나이를 먹을수록 중요한 문제를 의논할 수 있는 사람은 자꾸 줄어든다. 이 시기에 친구를 사귀고 새로운 사람과 인연을 만들어가면 더 건강하고 실속 있는 미래를 기약할 수 있다. 물론 경우에 따라 그런 인연 때문에 불행하고 불건전하고 실속 없는 삶으로 빠질 수도 있다. 어느 쪽이 되었든 우정이 운명을 결정하는 한 가지 요소임은 틀림없다.

배우자 역할을 대신하는 친구의 위력

교육을 받는 기간이 길어지고 결혼과 출산이 늦춰지면서, 젊은이들의 삶에서 친구의 역할은 더욱 두드러지고 그들이 영향을 주는 기간도 더 길어졌다. 그래서인지 소셜 네트워크의 역할은 그 어느 때보다 더 중요해졌다. 불과 얼마 전까지만 해도 중요한 문제가 있으면 주로 배우자와 식탁에 마주 앉아 의논하는 경우가 보통이었다. 요즘 그런 문제들은 친구들끼리 모인 카페에서 결정되는 경우가 많다. 거기에는 그만한 배경이 있다.

1980년에 스무 살 안팎인 젊은이들 가운데 약 40퍼센트는 스물한 살에서 스물다섯 살 사이에 결혼했다. 요즘은 그 절반 정도가 그 나이에 결혼한다. 또한 부모와 떨어져 혼자 살거나 룸메이트와 사는 젊은이들의 수가 급증했다. 1970년에는 스물한 살에서 서른 살 사이의 영어덜트들 가운데 결혼하지 않고 혼자 사는 사람들은 16퍼센트 정도였다. 요즘 그 수치는 약 두 배로 뛰었다. 50년대부터 10년 주기로 등장한 시트콤의 제목만 보면 그 변화를 짐작할 수 있을 것 같다. 50년대의 드라마 〈아빠가 제일 잘 알아Father Knows Best〉부터 시작해서, 〈올 인더패밀리All in the Family〉, 〈프렌즈Friends〉가 나오더니, 곧 이어 〈섹스 앤더시티Sex and the City〉와 〈안투라지Entourage〉(주변 사람들) 등으로 인간관계의 중심이 가족에서 사회로 옮겨갔다.

스물여덟 살의 뉴요커로 석사과정을 밟고 있는 크레이그가 주말을 보내는 방법을 들여다보아도 그런 변화의 실마리를 잡을 수 있다.

"토요일에는 운동을 하고, 나가서 친구들과 객주를 마시고 춤도 추면서 시간을 보내요. 일요일에는 아침 여덟시에 일어나 한시쯤까지 야구를 하죠. 자유 시간은 주로 그렇게 보내요. 대학원에 등록한 이후로는 요트, 파도타기, 골프를 시작했어요. 골프는 거의 매일 한답니다." 대학원 공부가 부담스러울 뿐, 아내나 아이나 그 부의 어떤 의무도 없다. 80년대라면 이 세 가지 중 어느 것 하나 소홀히 할 수 없었을 것이다. 여성이 처음 아이를 갖는 평균연령은 지난 몇 십 년 동안 급격히 높아졌고, 서른 살에 아이가 없는 여성의 비율 또한 놀랍도록 높아졌다. 인종과 민족에 따라 조금씩 다르지만 1984년에 삼십 줄에 들어선 여성들 중 아이가 없는 경우는 15~18퍼센트 정도였다. 2000년에는 백인 여성의 50퍼센트, 흑인과 히스패닉 여성의 25퍼센트가 서른 살까지 아이를 갖지 않았다. 불과 20년 전만 해도 크레이그 같은 남자는 주말을 아내와 아이들과 보냈다.

영어덜트 시절은 사회적 관계의 밀도가 가장 높은 시기다. 대학이나 군대에 있다면 특히 그렇다. 기숙사, 내무반, 참호 같은 환경은 그 어느 공동체보다도 더 끈끈하고 막역한 우정을 만들어준다. 영어덜트들은 또한 이동 반경이 넓다. 그들에게는 가족을 부양할 부담이 없기 때문에 언제든지 짐을 챙겨 떠날 수 있다. 실제로 그들은 새로운 직업을 찾아 전국 곳곳을 누비며 낯선 도시를 찾고 그곳에서 새로운 출발을 한다. 일단 자리를 잡으면 새로운 사람들을 만나기 위해 노력해야 하고 또 실제로 그렇게 한다.

해양생물학자 미아에게 느슨한 친구 네트워크loose network는 지금 더할 나위 없이 완벽한 위력을 발휘하고 있다. 이제 스물아홉 살인 미아는 일 때문에 하와이에서 애틀랜타로 이사 왔다. 그사이에도 여러 곳을 거쳐야 했다. 미아는 가는 곳에서마다 새로운 친구들을 만났다. 그들과 사귀면서 별다른 부담을 갖지 않았기 때문에, 떠나야 할 때는 큰 미련 없이 홀가분하게 짐을 꾸릴 수 있었다. "무심하다고 할지 모르겠지만 친구들을 데리고 떠날 수는 없잖아요. 그래도 연락은 계속 주고받아요. 하지만 진로를 제 스스로 결정하고, 친구들을 놔두고 홀가분하게 빠져나오는 제 방식도 괜찮은 것 같아요." 미아의 방식은 요즘의 소셜 네트워킹, 이메일, 트위터에서 우정을 유지하는 데 한결 도움이 된다.

이런 부담 없는 우정은 꾸준히 범위를 넓혀가는 그녀만의 네트워크의 중요한 특징으로, 부담이 없기 때문에 그만큼 중요한 기회를 많이 잡을 수 있다. 삶의 터전을 옮겨가며 새 친구들을 만날 때마다 그녀에게 조언을 해주고 직장을 알선해주고 데이트 상대를 소개해주는 사람들의 범위도 넓어진다. 바로 그런 기동성 덕분에 미아는 자신의 소셜 네트워크를 느슨하고 넓게 유지할 수 있다. 고향에 오랫동안 뿌리를 내리고 사는 사람들은 떠난 사람들보다 근처에 더 많은 친구들을 가지고 있다고 자부할 수 있겠지만, 떠난 사람들 역시 소셜 네트워크를 내세우면 고향 사람 못지않은 범위의 친구를 자랑할 수 있다. 뒤에서 살펴보겠지만, 네트워크의 크기는 성인기로 들어갈 때 형편이 넉넉한 사람과 그렇지 못한 사람을 구별하는 중요한 요소다.

새로운 동네나 새로운 도시에 자리 잡는 사람들은 우선 마음이 통하고 생각이 비슷한 집단을 찾는다. 에선 와터스Ethan Watters는 최근에 발표한 《도시족Urban Tribes: A Generation Redefines Friendship, Family, and Commitment》에서 이 새로운 '가족'의 기능을 이렇게 설명했다. 친구 집단은 낯선 도시에서 펼쳐지는 새로운 삶의 익명성을 극복하기 위해 뭉친다. 친구들은 휴일에 가족의 빈자리를 메워준다. 친구들은 파티를 열고 음식을 나눈다. 그들은 트위터를 하고 이바이트e-vite(전자 초대장)를 하고 함께 여행을 떠난다. 간혹 전근이나 장기 출장을 가게 되면 '무리'의 규모가 늘어나거나 줄어들기도 하지만, 그래도 친구의 존재는 꾸준하다. 무리에 속한 사람들에게는 각자 역할이 있다. 이끄는 사람도 있고 따르는 사람도 있고, 넘치는 사람도 있고 부족한 사람도 있고, 참을성이 없는 사람도 있고, 말썽 피우는 사람도 있고, 군기반장도 있다. 다시 말해 무리는 가족이다.

영어덜트들에게 가족은 여전히 중요한 존재다. 부모와의 관계는 특히 그렇다. 그러나 가족 관계는 자식들이 집을 떠나 독립하기 시작하면서 바뀐다. 우리가 인터뷰한 영어덜트들은 부모와 형제와 친척의 중요성을 누누이 강조하곤 했다. 그들은 가족들의 조언을 소중히 여겼다. 영어덜트들은 부모와 자주 대화를 나누었고, 경우에 따라서는 매일 이야기를 나누는 사람들도 있었다. 형제자매 역시 그들의 생활에서 빼놓을 수 없는 중요한 존재다. 직계가족들이 같은 마을이나 도시에 살 경우, 그들은 주기적으로 모여 식사를 하거나 집에 들러 빨래를 하기도 했다. 실제로 영어덜트들은 부모를 가까운 친구나 가장 좋은 친구라고 표현했다. 그러나 가족과도 나눌 수 없는 이야기가 있다.

예를 들어 부모와 무슨 이야기를 나누느냐고 물어봤을 때, 그들은 "섹스 빼고는 뭐든지 다"라고 대답했다. 또 애인이나 친구하고만 할 수 있는 이야기가 따로 있다고 답했다.

인디애나의 볼 주립대학에서 갓 대학 생활을 시작한 스물세 살 찰리는 이렇게 말했다. "중요한 문제가 생겼을 때는 자연스레 친구를 찾게 됩니다. 가족보다 먼저 친구에게 전화하는 경우가 많아요. 대개는 친구들 의견을 먼저 듣게 되죠. 친구들은 아버지처럼 잔소리를 하지도 않고 함부로 나를 판단하지도 않거든요. 친구들 덕에 어려운 고비를 넘긴 적이 많아요."

20세기폭스 사에서 일하는 애나는 이렇게 말했다. "친구들이 가족을 대신해줄 때가 많아요." 그녀는 대학을 졸업하자마자 스물세 살 나이에 가족과 친구들을 떠나 할리우드로 와 독립했다. 애나는 새 도시에서 금방 새 친구들을 사귀었다. 직장 사람들과도 친해졌고 룸메이트의 친구들과도 알게 되었다. 자신은 잘 못 느끼고 있지만 애나는 크고 작은 결정을 내릴 때 도움을 청할 수 있는 사람들을 어느새 수십 명 확보했다.

애나는 이렇게 말한다. "한 주에 70시간 일하면 직장 동료는 생활의 일부나 다름없죠." 와터스의 '무리'처럼 애나와 그녀의 친구들은 끊임없이 변하는 인적 그물망을 만들어낸다. "부모님이 곁에 없고, 또 있다 해도 사소한 문제로 그분들을 성가시게 해드릴 수는 없으니까 아무래도 친구들에게 더 많이 의지하게 돼요. 공항에 마중 나오거나 배웅해주는 것도 다 친구들이죠. 옛날에는 배우자가 아니면 잘 안

해줬어요. 신장염에 걸렸을 때 응급실에 데려다준 것도 친구였어요. 친구들은 해줄 수 있으면 어떻게든 해주려고 해요. 근무 중인 친구들에게 조퇴하고 도와달라고 할 수는 없지만, 찾아보면 도와줄 친구는 꼭 있게 마련이에요. 책을 쓰고 있는 친구가 있는데, 그 애가 남들 근무하는 시간에 저를 공항에 데려다주었어요.'

애나와 친구들은 그런 식으로 공동체와 네트워크를 만들고 있다. 《나 홀로 볼링Bowling Alone : The Collapse and Revival of American Community》에서 로버트 퍼트넘Robert Putnam이 거의 죽었다고 주장하는 바로 그 사람들이다. 퍼트넘이 주장한 대로 이웃은 공동체의 종언이라는 십자가에 매달린 지 오래이고, 그래서 그녀가 바로 길 건너편에 사는 이웃을 알 가능성은 별로 없지만, 애나와 친구들은 그들의 '이웃'을 위해 협력하고 있다. 그 이웃들이 도시 여기저기에 흩어져 있고 또 만난 지 얼마 되지 않은 사이라 해도 그런 것은 아무래도 좋다. 그들을 공동체로 만들어주는 기반은 가까움이 아니라 비슷한 생각이다. 애나와 친구들은 같은 이상과 목표를 가지고 있다. 그들은 할리우드라는 창조적 세계에 몸담고 있고 치열한 경쟁의 장에서 인정받기 위해 발버둥친다. 그들은 가정환경이 비슷하고 대학을 졸업했으며, 안정적인 중산층 부모를 갖고 있다. 어쩌면 정치적 이념도 비슷할지 모른다. 그리고 그들이 만드는 공동체는 로스앤젤레스에만 국한되지 않는다. 십중팔구 그들의 공동체는 로스앤젤레스를 넘어 인디애나, 뉴욕, 그리고 홍콩에 사는 친구나 친구의 친구까지 세력을 확장할 것이다.

그러나 모든 영어덜트들이 막역하고 상호 의존적인 우정을 맺고 있는 것은 아니다. 뒷바라지가 필요하고 네트워크를 동원해야 할 때 여전히 친구보다는 직계가족에게 기대는 젊은이들도 있다. 가족만 있고 동원할 네트워크가 없다는 것은 커다란 약점이다. 끈끈한 가족의 유대는 넓고 느슨한 네트워크에 비해 새로운 기회를 열어줄 가능성이 적기 때문이다.

실제로 사회적 도움이 필요할 때 가족에게 의지하느냐 아니면 친구나 아는 사람에게 의지하느냐, 그리고 그 정도가 어느 정도이냐에 따라 노동계급과 중상류층이 구분되기도 한다. 노동계급은 전통적으로 중산층이나 상류층에 비해 사회적 도움이 필요할 때 혈연에만 기대는 경향이 컸다.

물론 재산이 많은 영어덜트들이라고 가족에게 의지하지 않는 것은 아니다. 요즘 젊은 세대들은 꾸준히 가족의 도움을 받는다. 또 그런 도움은 그들에게 여전히 중요한 의미를 지닌다. 하지만 여기서 강조하려는 것은 넉넉한 사람들의 경우 도움이나 지원이 필요할 때는 가족의 도움 이외에도, 친한 친구에서부터 그저 안면이 있는 정도의 관계에 이르기까지 다른 종류의 인간관계를 동원하는 경우가 더 많다는 사실이다. 넉넉한 사람은 환경이 불리한 사람보다 네트워크의 범위가 더 넓다. 노동계급과 중산층, 상류층은 직업적 특권이나 소득이나 교육 수준에 의해 정해지는 경우가 보통이지만, 각자가 소유한 네트워크에 의해서도 계급적 차이는 뚜렷이 나타난다. 환경이 불리한 사람들의 사회적 기반이 좁고 취약한 이유는 개인이 처한 신분을 강요하는 복잡하고 광범위한 어떤 힘 때문이다. 그러나 소셜 네트워크는 단순히 토요일 밤에 무엇을 하느냐 하는 문제 이상으로 많은 것을 결정한다.

정작 힘이 되는 것은 가까운
친구보다 '친구의 친구의 친구들'

마음이 통하는 사람들의 공동체는 니컬러스 크리스태키스와 제임스 파울러가 《행복은 전염된다》에서 말한 소셜 네트워크의 핵심을 이루는 요소다. 애나에게 가장 중요한 친구들에게도 친구가 있을 것이다. 그 친구들은 물론 애나가 아는 사람일 수도 있고 모르는 사람일 수도 있다. 또 그 친구들에게도 친구들이 있을 것이다. 그 친구들의 친구들에게도 친구들이 있을 것이다. 이렇게 세 단계 떨어진 친구들까지가 애나의 인생에 영향을 미치는 세력이다. 크리스태키스와 파울러에 따르면, 애나에게 직장을 알아봐주고 중요한 인간관계를 맺어줄 때 정작 힘이 되는 사람들은 그녀와 아주 가까운 친구라기보다는 친구의 친구의 친구들인 경우가 더 많다고 한다. 따지고 보면 그녀와 가까운 친구들은 같은 배를 탄 사람들이지만, 그들 각자가 다섯 명씩 친구들이 더 있고 그 다섯 명이 또 다섯 명씩 친구가 있다면, 애나에게 직장을 구해주고 충고를 해주고 기회를 제공해줄 잠재적인 인적 범위는 기하급수적으로 넓어진다. 애나가 얼마나 사교적인가에 따라 친구나 아는 사람으로 구성된 넓은 네트워크의 중심부에 있을 수 있는지, 아니면 네트워크의 언저리를 맴돌지가 결정된다. 애나가 네트워크의 중심부에 있다면, 아마 더 많은 친구의 친구를 개인적으로 알게 되고 더 넓은 집단으로 다리를 놓아 이어갈 것이다. 하지만 애나가 네트워크의 언저리에 있으면 핵심 친구들에게만 매달리게 되어 네트워크의 먼 쪽에 있는 사람과 연결될 기회는 그만큼 줄어든다. 네트워크에서 차지하는 위치는 그녀의 삶의 범위에 영향을 줄 것이다.

소셜 네트워크는 넉넉한 사람과 환경이 불리한 사람의 운명이 갈리는 분기점 가운데 하나로, 젊은이들의 앞날을 좌우하는 중요한 요소다. 친구들이 주로 불량배와 마약상이면, 그 사람의 네트워크는 도움은커녕 방해만 되는 장치다. 예를 들어 메리엘라는 어릴 때부터 질이 좋지 않은 친구들과 어울렸다. "저는 고등학교 때부터 문제아였어요. 저를 모르는 사람이 없었죠. 물론 좋은 쪽으로는 아니고요." 그녀의 친구를 보면 그녀를 알 수 있었다. "같이 몰려다니는 녀석들이 전부 깡패, 불량배들이었어요." 메리엘라는 고등학교를 졸업하고 KFC에서 일했다. 나중에는 간호사 교육 과정에 등록했다. 그러나 "그때도 손을 씻지 못했어요. 아는 애들이 다 그 부류니까요. 다시 빠졌죠." 질이 안 좋은 소셜 네트워크에서 빠져나오기가 생각만큼 쉽지 않았다. 긍정적인 네트워크로 건너갈 다리가 그녀에게는 없었다.

메리엘라가 스무 살이었을 때 서른한 살짜리 남자친구가 청혼해왔다. 직장에 있던 한 여자 친구의 소개로 만났고 1년 정도 데이트를 했을 때였다. 그때 남자친구는 재활 시설에서 최저임금을 받고 일하고 있었다. 메리엘라에게는 이미 어떤 사내와 하룻밤 불장난으로 낳은 딸아이가 있었다. 그녀는 청혼을 받아들여야겠다고 생각했다. 그 말고 자기와 자기 딸을 사랑해 줄 사람이 따로 있을 것 같지 않았다. 그러나 청혼을 받은 직후에 패거리 중 한 명이 총에 맞아 죽는 사건이 발생했다. 서른네 살이었다. 어른이 되고 나서 대부분의 시간을 갱단의 일원으로 보내다 죽은 것이었다. 메리엘라는 갑자기 자신의 미래를 보는 기분이 들었다. 지금 이 바닥을 떠나지 못하면 언제 어떻게 될지 모른다는 생각이 뇌리를 스쳤다. 그녀는 딸을 당분간 부모님께 맡기고 해군에 입대했다. 그때가 스물한 살 대였는데, 그렇게 그녀는 그 바닥을 벗어났다. 몇 달이 지나지 않아 그녀는 지금의 남편을 만났다. 메리엘라는 스물한 번째 생일을 보낸 직후에 그 사람과 결혼했다. 메리엘라에게 해군은 어른의 세계로, 그리고 또 다른 소셜 네트워크로 건너가는 다리였다.

내키면 언제든지 맺을 수 있는 것이 우정이지만, 실제로 우정은 특정한 사회적·경제적·문화적 환경에서 형성되는 관계다. 그리고 우정은 당사자들에게 매우 의미 있는 영향력을 행사한다. 사회학자로서 이웃과 친구의 영향을 연구해온 '네트워크'의 의장 프랭크 퍼스텐버그는 다음과 같이 말한다. "도움을 주고 인연을 이어줄 친구들이 모두 그다지 긍정적이지 못한 부류라면, 성인이 되는 데 필요한 정보나 인적 관계를 갖기가 어렵습니다. 버젓한 사회인으로서 제 역할을 다하는 데 필요한 자원을 그런 사람들은 제공하지 못합니다." 사회인으로, 그리고 어른으로 마치 다리처럼 연결해주는 이런 유대는 별로 가깝지 않은 관계에 있는 사람들이 제공할 때가 많다. 그런 유대의 원천은 넓은 네트워크, 즉 그저 좀 아는 사이나 직장 동료나 소개받은 사람들이 대부분이다. 요즘 환경이 불리한 영어덜트들은 부모 때에 비해 이런 넓은 네트워크가 부족한 편이다.

로스쿨에 다니는 아비바는 코넬 대학에 같이 다니는 엘리트 친구들에 대해 이렇게 말한다. "이를테면 제 친구 아버지는 아는 사람에게 전화를 걸어 이렇게 말합니다. '이보게, 오늘 저녁 같이 했으면 하는데. 우리 아들 장래 문제를 좀 얘기하고 싶어서 말이야.'" 이 부모들의 인맥은 자식들을 출세시키는 데 매우 요긴하게 사용된다. 그들은 자녀들의 여름 아르바이트나 인턴 자리를 알아봐주고 새로운 생활 방식이나 아이디어를 귀띔해준다. 아비바의 친구의 아버지들도 자식에게 필요한 사람들을 개인적으로 알지는 못할 것이다. 그러나 그들은 다른 사람과 연결해줄 수 있는 소셜 네트워크를 갖고 있기 때문에 전화 한 통이면 필요한 사람에게 줄을 댈 수 있다. 약한 유대와 강한 유대를 연구해온 스탠퍼드 대학교의 사회학자 마크 그라노베터Mark Granovetter는 대부분의 사람들이 직장을 구할 때 가까운 친구보다는 그저 우연히 알게 된 사람이나 전혀 모르는 사람들을 통하는 경우가 더 많다는 사실을 알아냈다.

20대 후반이며 아직 독신인 랜디는 넓은 네트워크의 진가를 뒤늦게 깨닫기 시작했다. 그는 디트로이트 외곽의 평범한 동네에서 자랐다. 어렸을 때 그는 운동을 좋아했다. "우리 집을 중심으로 세 블록 정도에 사는 아이들이 서른이나 마흔 명 정도는 되었을 거예요. 기껏해야 예닐곱 살 차이가 고작이었죠. 앞마당에서 우리는 제대로 된 야구와 풋볼과 농구를 했어요.” 랜디는 스포츠를 통허 다진 우정을 떠올리면서 여름에 소프트볼과 풋볼을 하고 겨울에는 실내 운동을 즐겼던 추억을 이야기했다. 대학을 졸업한 지 5년째인 랜디는 디트로이트의 고향으로 돌아가 기자로 일하면서 친구들과 같이 방을 빌려 함께 살고 있다.

랜디는 어렸을 때 자신의 동네가 옆 동네에 비해 뭔가 꿀린다는 생각을 하지 못했다. 부자 동네에 사는 사람들은 랜디가 사는 동네의 아이들을 은근히 깔보았고 입만 열면 그 아이들이 피우는 말썽을 화제 삼았지만 랜디는 별로 눈치채지 못했다. 랜디는 스포츠를 통해 그들과 교류할 수 있었고, 그래서 동네 말썽꾸러기로 낙인찍히는 일을 피할 수 있었다. “저는 운동선수였어요. 그래서 옆 동네 애들을 많이 알았죠.” 다른 친구들은 그렇지 못했다. 잘사는 동네 아이들은 “제 친구들에게 말을 걸지 않았어요. 수준이 한 단계 떨어지는 동네에 산다는 게 이유였죠.”

랜디는 대학을 졸업한 후에 다시 ‘말썽 많은’ 동네로 돌아왔지만 네트워크를 확장하는 일을 게을리하지 않았다. 지역 신문사에서 기자로 일하면서 그는 어떤 젊은이들의 모임을 취재할 기회가 있었다. “재미있는 내용이 될 것 같았어요. 그래서 그 모임을 책임지고 있는 사람에게 전화했죠. 그 친구와 금방 친해졌고 취재 이후에도 가끔 만났어요.” 그 친구의 도움으로 그는 지금 세 들어 살고 있는 아늑한 집을 얻게 되었다. 그는 아예 그 집을 구입할 생각까지 하고 있다.

랜디는 자랑할 게 없는 동네에서 시작했지만, 스포츠를 발판 삼아

용케 자신의 지평을 넓혔고 새로운 시도를 두려워하지 않았다. 그의 친구의 아버지들은 자식에게 좋은 연줄을 대줄 능력을 갖고 있거나 자식들의 일에 직접 개입해서 도와주었지만, 랜디는 친구와 아는 사람들의 네트워크를 넓혀가며 혼자 힘으로 자신의 앞길을 개척해나갔다. 처음에는 야구와 풋볼이 수단이었고, 나중에는 기자 업무가 네트워크의 발판이었다.

확실한 학벌과 좋은 일자리로 남들보다 앞서 나가는 영어덜트들은 친구의 폭이 넓다. 예를 들어 시카고에서 변호사로 활동하고 있는 벤은 대학 친구와 고등학교 친구가 많았다. "제 친구들은 세계 곳곳에 흩어져 있어요. 하지만 문제가 생기면 저를 찾고, 저도 문제가 있으면 그 애들을 찾을 만큼 우리는 네트워크가 탄탄해요. 물론 여기 직장에도 탄탄한 네트워크가 있죠." 최근에 고등학교 친구가 뉴욕에서 시카고로 이사 왔을 때, 그는 집을 구하는 일부터 시작해서 일자리까지 알아봐 주었다. 마찬가지로 흑인만 다니던 대학을 나온 아프리카계인 서른다섯 살의 에드가도 전국 곳곳에 네트워크를 갖고 있다. 하는 일이 마음에 들지 않아 직장을 옮길 생각을 하고 있던 그는 친구들에게 그런 의중을 내비쳤다. 친구들은 에드가의 사정을 여러 사람들에게 알렸다. 그는 채 한 달도 되지 않아 새로운 직장에 들어갈 수 있었다.

반면에 켈리의 네트워크는 범위가 작고 한정되어 있다. 서른 살인 그녀는 세 아이를 키우는 싱글맘이다. 실직 상태인 켈리는 내키지 않지만 세인트폴에서 어머니와 같이 살고 있다. 일자리와 아이를 맡길 탁아소를 알아보고 있지만 여의치 않다. 친구나 아는 사람의 네트워크가 넓지 않기 때문에, 그녀는 매일 구인 광고를 뒤적여야 한다. 켈리의 형편은 앞으로 더 안 좋아질 것이다. 그녀의 형편에 영향을 주는 요소는 많지만, 켈리는 좁고 고립된 세계를 벗어나지 못하고 있다. 그래서 더 좋은 탁아 방법을 배우거나 직업훈련을 받을 수 있는 기회를 별로 알지 못한다.

켈리는 친밀한 유대는 있어도 느슨한 유대가 별로 없기 때문에 가난하게 살 확률이 높다. 저소득층은 가까운 혈육에게 도움을 청하는 것이 보통이고, 필요한 정보와 자원도 잘 아는 사람, 같은 환경에 처한 사람들의 네트워크를 통해 공급받는다. 이런 상황에서는 공동체나 이웃도 고립되기 십상이다. 시골의 웬만한 작은 마을들은 그들만의 유대가 너무 돈독한 탓에 오히려 폐쇄적인 집단으로 갇힐 위험이 많다. 작은 마을에 사는 사람들은 서로 늘 지켜보고, 불행한 일이 생기면 힘을 함께 모으고, 그래서 '우리'라는 의식이 유별나지만, 한편으로는 서로를 너무 잘 알기 때문에 이러쿵저러쿵 말이 많다. 어쩌다 누가 '잘못된 관계' 속에서 태어나기라도 하면, 바로 이런 긴밀하고 끈끈한 연줄 때문에 제대로 대접받고 살기가 어려워진다. 평판이 전부라고 할 수 있을 정도로 중요하기 때문에, 어쩌다 발을 한번 잘못 디디면 무리 '속'에서 떨려나게 되고, 그렇게 한번 소외당하면 직장을 구하기 어렵고 여러 가지 신분상의 혜택을 누리기도 쉽지 않다. 심한 경우 한번 붙은 꼬리표가 몇 대나 이어지는 수도 있다.

시골 정책을 집중적으로 다루는 싱크탱크인 카시연구소Carsey Institute의 신시아 덩컨Cynthia Duncan 소장은 다음과 같이 말한다. "가난한 사람들은 고립되어 있기 때문에 그 가난을 대물림합니다. 고립된 사람들은 집단의 규모가 작고 인종적으로 단일 인종이고 주로 가족을 기반으로 하는 사회에 갇혀 있습니다. 그런 세계에 묻혀 있으면 정서적으로야 마음이 놓이겠지만 더 큰 세계로 나아갈 기회는 좀처럼 생기지 않습니다. 사회학자 앤 스위들러가 말하는 그들의 문화적 연장통cultural tool kit, 즉 내가 누구이며 무엇이 될 것이며 내게 어떤 직장이 맞을지, 하는 생각은 같이 불리한 처지에 있는 직계 혈족이나 친구들에 의해 형성됩니다. 하지만 정작 기회는 그런 연장통을 더 넓은 세계로 확장할 때 나타납니다."

우리가 인터뷰한 아이오와 출신의 한 젊은 여성은 그녀의 어린 시절에 대해 이렇게 말했다. "어린 나이에도 누구 부모가 돈이 있는지, 제가 인기가 있는지, 선생님들이 절 좋아할지, 합창단에 들어갈지, 전국우수학생회National Honor Society에 들어갈 수 있을지 정도는 알았어요. 빤하니까요."

빈곤이 먼저인지 제한된 네트워크가 먼저인지는 간단히 말하기 어렵지만, 느슨한 유대의 결여는 가난할 때 더 확실히 드러난다. 세상사가 모두 그렇지만 밀접한 유대와 느슨한 유대 간의 건전한 균형이 절실하다.

그렇다면 결론은 간단하다. 세상을 살아가며 하게 되는 선택은 개인의 결정으로만 되는 것이 아니다. 우리는 매일 얼굴을 맞대고 사는 사람들을 뛰어넘어 계속 이어지는 사회적 유대의 그물망 속에서 활동한다. 그런 네트워크의 영향력에는 긍정적인 것도 있고 부정적인 것도 있다. 그동안 대수롭지 않게 생각했는지 모르지만 이 네트워크들은 보기에 따라서 대부분의 영어덜트들의 앞길을 가로막는 장애가 될 수도 있고, 가난을 벗어날 수 있는 돌파구가 될 수도 있다. 젊은이들이 올바른 인간관계를 가지고 더 넓은 네트워크를 가꿀 수 있도록 돕는다면 빈곤과 범죄를 비롯한 사회문제와 싸우는 데 큰 힘이 될 수 있다. 요즘 '항상 접속 가능한' 인터넷 세계가 바로 그런 다리를 이어주는 발판이다.

현실의 한계를 뛰어넘는 가상 세계의 네트워크

"누욕 대학에만 친구가 벌써 900명입니다." 신입생이었던 마이크 스콜닉Mike Scolnic은 2007년 《뉴요커》와 한 인터뷰에서 그렇게 말했다. 그가 말하는 친구는 페이스북 친구다. 그들은 모두 신입생들을 위해 마련된 뉴욕 대학의 페이스북 페이지에 가입한 학생들이었다. 그들은 룸메이트를 고를 때에도 음악, 사진, 온라인 활동 등을 바탕으로 적절한 상대인지를 따져보았다. 학생들은 첫 생물학 수업에 앞서 서로를 확인하는 작업을 거쳤다.

스콜닉은 페이스북의 900명 친구가 어떻고 하며 자랑하지만, 24시간 열려 있는 요즘 같은 인터넷 세상에서 그 정도는 대수로운 숫자도 아니다. 페이스북이나 마이스페이스 같은 온라인 공동체는 피상적인 만남이면서도 묘하게 가까운 관계를 유지한다. 공적이면서도 사적이다. 친구들은 규칙적으로 '포스팅'하고 업데이트하면서 일상의 사소한 경험을 지켜보고 사진을 올리고 모임에 가입한다. 기숙사 친구나 룸메이트는 아니지만, 모두가 서로 연결되어 있기 때문에 여기서 주고받는 정보를 바탕으로 남다른 유대감을 만들어낸다. 익명을 무기로 무례한 댓글을 일삼는 무리와는 차원이 다르다. 블로그의 축소판인 트위터는 계정을 만든 사람이면 누구나 140개 안팎의 글자수로 '트위트'하고 친구들 간에 "뭐, 재미있는 일 없어요?" 같은 일상적인 질문에 대답한다. 그러고 나서 몇 마디 더 오가면 그만이다. 어떤 면에서 트위터 사용자들이 만들어내는 꾸준한 트위트의 흐름은 사실상 함께 사는 것이나 다름없다.

요즘 젊은이들의 인터넷과 소셜 네트워크 사이트는 엘리트 부모가 자식들에게 연결해주는 연줄과 인맥을 대신할 수 있다. 요즘 인터넷은 비교적 계층 구분이 없는 편이다. 예전에는 인터넷 접속도 부유한 가정이 저소득층보다 훨씬 더 자주 했다. 그러나 요즘은 이런 구분도 거의 무의미해진 편이다. 2009년 퓨리서치가 조사한 바에 따르면 13~25세의 대상자 가운데 약 90퍼센트가 규칙적으로 온라인에 접속한 것으로 나타났다. 그에 앞서 2006년에 실시한 조사에서는 아프리카계 미국인 열 명 가운데 여섯 명, 그리고 영어를 쓰는 히스패닉과 백인은 열 명 가운데 여덟 명이 인터넷을 사용한다는 사실을 발견했다. 실제로 《젊은이와 디지털The Young and the Digital: What Migration to Social Network Sites, Games and Anytime, Anywhere Media Means for Our Future》의 저자 S. 크레이그 왓킨스S. Craig Watkins가 밝힌 바에 따르면, 아프리카계 젊은이들은 게임이나 비디오, 그리고 그 밖의 사회적 용도로 하루에 1.5시간 정도 인터넷에 접속하며, 백인 젊은이의 경우는 하루에 30분 정도 접속하는 것으로 나타났다. 젊은이들은 휴대전화를 이용하여 인터넷에 접속하기도 한다.

인터넷을 시시한 잡담이나 늘어놓는 곳으로 못다땅하게 보는 시선이 없는 것은 아니지만, 실제로 젊은이들의 일상어서 인터넷이 담당하는 역할은 결코 가볍지 않다. 이를테면 직장 때문에 다른 도시로 터전을 옮길 생각을 하면 우선 그들은 소셜 네트워크 사이트에 로그인해서 그런 계획을 알린다. "샬럿으로 이사하려 합니다. 그곳에 대해 아시는 분 있나요?" 이력서와 함께 구직 공고를 낼 수도 있다. 올리기가 무섭게 여기저기서 조언이 쏟아져 들어오고 쓸 만한 직장이나 거주지를 제시하는 사람도 있고 친구를 소개해주겠다는 사람도 나타난다. 이런 폭넓은 네트워크로 영어덜트들은 새 출발을 순조롭게 시작할 수 있다. 이런 네트워크가 꼭 젊은이들만의 전유물인 것은 아니다. 커리어빌더닷컴CareerBuilder.com이 2007년에 실시한 조사에 따르면 고용주의 45퍼센트가 검색엔진과 소셜 네트워크 사이트를 활용하여 직원을 구한다고 답했다. 물론 여기에도 문제점은 있다. 페이스북이나 그와 유사한 사이트를 활용하는 과정에서 구직자의 개인 정보를 침해하는 일도 심심치 않게 벌어지기 때문이다.

소셜 네트워크와 디지털 미디어는 새로운 아이디어를 통해 생각의 지평을 넓혀주는 도구가 되기도 한다. 영어덜트들은 인터넷에서 생소한 의견과 아이디어를 수시로 만난다. 그들은 기사를 논평하고 '블로

깅'하고 포럼에 기고하고 상반된 견해를 가진 사람과 서로 의견을 나눈다. 인터넷은 다양한 사람들을 쉽게 연결시켜 그들의 시야를 넓혀준다. "소셜 네트워크에 자주 접속하는 젊은이들은 사회의식이 강합니다. 그리고 세상에는 자신이 생각했던 것보다 더 많은 견해가 있다는 사실을 알게 됩니다." 다르푸르 전쟁도 교과서가 아니라 소셜 네트워크를 통해 배운다. 환경문제를 알게 되고, 팔레스타인과 이라크 사람들의 의견도 듣는다. 그들이 접하는 의견은 기존에 흔히 접하던 생각과 상반된 것일 수도 있다. 이 젊은이들은 이제 단순한 이웃이 아니다. 그들은 문자 그대로 세상을 손바닥 들여다보듯 꿰고 있다. 네트워크는 구직뿐 아니라 젊은이들의 세계관 형성에도 영감을 주고, 야심을 가지고 도전할 만한 대의명분을 찾아주기도 한다. 가족적 자원이 적은 사람들에게는 이런 네트워크가 의외로 쓸 만한 자산이 될 수 있다.

밀스 대학 내 시민 참여 리서치 그룹의 조지프 칸 Joseph Kahne은 대학을 다니지 못한 소외받은 계층도 디지털 미디어만큼은 남들 못지않게 적극적으로 활용한다고 지적한다. 이들은 소셜 네트워크 사이트를 이용하여 대학생들 못지않게 사회적 관심사에 대해 많은 사실을 알아내고, 대학생들이 기숙사에서 벌이는 것과 다름없는 수준으로 온라인에서 토론을 벌인다. 칸은 다음과 같이 말했다. "디지털 미디어에 대한 참여도가 높을수록, 같은 의견을 가진 사람과 다른 의견을 가진 사람을 골고루 접할 기회가 많아집니다. 말하자면 한층 더 다양한 관점을 접할 수 있는 것이죠." 물론 인터넷이 있다고 해서 세상이 그리 쉽게 낙관적으로 전개되는 것은 아니다. 사람들은 오프라인에서 하던 버릇대로 온라인에서도 싸운다. 그러나 온라인이 오프라인보다 더 많이 패를 가르게 만든다는 증거는 아직 찾아보기 힘들다고 칸은 강조한다. 그리고 실제로 사이버 세계가 물리적인 현실 세계보다 더 다양하다는 사실을 보여주는 연구 결과도 있다.

물론 온라인에 들어오는 사람들 모두가 세상 돌아가는 일에 각별한 관심을 보이는 것은 아니다. 친구들의 동정을 훑어보거나 장난치는 고양이의 모습을 동영상으로 찍어 올리는 정도 이상의 용도를 모르는 사람도 허다하다. 그러나 가장 세속적인 용도로만 쓰인다 해도 얼마든지 실생활의 네트워크를 넓힐 수 있다. 소셜 네트워크는 가까운 친구의 친구, 그리고 그 친구의 친구와 접속할 기회를 마련해준다. 더구나 취업 사이트인 링크드인LinkedIn처럼 네트워킹이 전문화되면, 긴밀한 유대뿐 아니라 느슨한 유대까지 만들 수 있기 때문에 취직이나 승진의 확률을 높일 수 있다.

온라인 소셜 네트워크는 또한 주변에서 마음에 갖는 모임을 찾을 수 없거나 사교성이 없어 친구를 쉽게 못 사귀는 사람들에게 큰 도움이 될 수 있다. 현실과 비슷한 환경에서 사용자들이 서로 교류하는 온라인 가상 세계 '세컨드라이프Second Life'는 되고 싶은 사람이 되어 전 세계에서 마음이 맞는 친구들을 찾아 새로운 모임을 만들 수 있게 해준다. 세컨드라이프를 해본 사람들은 흔히 말한다. '나와 (세컨드라이프의) 친구들은 컴퓨터광이나 게이나 양성애자, 장애인, 비사교적인 사람들처럼 사회에 적응하지 못하거나 사회가 기피하는 사람들을 위해 조촐한 파티를 열어준다. 세컨드라이프가 없다면 이들은 사람들을 만나고 사귈 기회를 좀처럼 갖기 힘들 것이다." 가상 세계가 현실의 문제를 해결해주는 사례는 또 있다. 젊은이들을 세계적인 리더로 키울 목적으로 결성된 뉴욕의 글로벌키즈Global Kids라는 단체는 젊은이들을 틴세컨드라이프Teen Second Life라는 가상세계로 안내한다. 틴세컨드라이프는 청소년을 위한 사법제도다. 과거에 저지른 잘못으로 사회에서 낙인찍히고 격리된 10대들은, 이 가상 세계에서 멘토로 활약할 수 있다. 그들은 자신의 경험을 바탕으로 힘겨운 10대를 보내는 또래들에게 그들이 공감할 수 있는 조언을 주어 오프라인에서 겪는 여러 가지 난관을 극복할 수 있도록 도와준다. 비록 신체적인 자유는 제한되어 있어도 그들은 가상 세계를 통해 다른 사람과 소중한 인연을 맺고, 물리적 한계를 뛰어넘을 수 있다.

이렇게 인터넷을 통한 상호 관계는 소외된 사람들의 소셜 네트워크를 넓혀준다. 한적한 시골 마을이나 가난한 동네에 살더라도 인터넷을 이용하면 비교적 쉽게 다른 세계와 접촉할 수 있다. 인적 관계 확장이라는 소셜 네트워크의 기능이 어느 정도 위력을 발휘하고 빈곤과 고립을 타개하는 수단으로 작용할 수 있을지는 좀 더 지켜봐야겠지만, 일단 그 잠재력은 충분히 입증되었다.

소셜 네트워크의 범위가
계급의 격차를 키운다

예나 지금이나 친구들이 만들어내는 소셜 네트워크는 사람을 만나고 함께 일하고 심지어 결혼할 때 결정적인 역할을 하는 중요한 발판이었다. 부모를 떠나서 평생의 짝과 살림을 차리는 데까지 걸리는 시간이 길어진 요즘엔 그 어느 때보다 친구들의 역할이 중요해졌다. 이 기간에 젊은이들은 첫 직장을 구하고, 건전하든 아니든 사는 방식을 정하고, 데이트하고 연애하는 등 여러 면에서 중요한 결정을 하게 된다. 소셜 네트워크 전문가들의 말이 맞는다면, 한 젊은이의 미래를 결정하는 데 핵심이 되는 사람은 친구의 친구의 친구다. 즉 인종과 민족과 소득수준과 교육 수준뿐 아니라 몇 단계 건너 연결되어 있는 사람들도 미래의 방향을 결정하는 중요한 요소다.

그러나 이미 살펴본 대로 교육 수준에 따라 소셜 네트워크의 범위가 달라지는 것 또한 사실이다. 교육을 많이 받은 사람은 중요한 일을 상의할 사람이 많고, 느슨한 유대의 네트워크를 가질 기회도 많다. 학력이 변변치 못한 사람은 사회적으로 정해진 한계를 벗어나지 못한다. 예를 들어 고등학교를 졸업한 사람들의 소셜 네트워크는 대학을 졸업한 사람들에 비해 그 규모가 절반 정도밖에 안 된다. 그래도 그들은 젊기 때문에 다른 연령층에 비해 사는 곳이나 소득, 교육 수준 같은 환경 조건을 훨씬 더 쉽게 극복할 수 있다. 영어덜트들은 온라인에서 마음이 통하는 사람을 찾고, 원하는 모임에 가입하고, 사회 활동에 참여하는 등 자신의 네트워크를 넓혀갈 수 있다. 돈이 드는 일도 아니다. 시간만 있으면 된다.

영어덜트들에게 교우 관계는 장차 사회생활을 원만히 해나가는 데 필요한 밑거름이다. 거리가 멀든 가깝든 그들은 마음이 맞는 사람들끼리 모임을 만들어 중요한 사회적 자본으로 삼는다. 교우 관계는 하나의 '공동체'다. 얼마 전까지만 해도 영어덜트들은 20대 중반이나 후반 정도가 되면 목적이 뚜렷한 단체에 가입하여 활동했지만, 요즘 젊은이들은 아직 그럴 준비가 되어 있지 않다. 대신 그들은 온라인과 오프라인을 가리지 않고 친구나 아는 사람으로 구성된 네트워크의 규모와 깊이를 더해가면서 마음이 통하는 공동체를 만들고 있다. 언뜻 보면 쉽게 만들어지고 또 쉽게 없어지는 공동체 같지만, 바로 이곳이 계급·인종·소득의 장벽이 해체되는 시발점이다.

제 6 장

NOT QUITE ADULTS

부모-자식을 잇는 생명선

“성공한 인생이란 어른이 된 자식이 당신과 함께 시간을 보내고 싶어하는 것이다.” 우리가 흔히 보는 스타벅스 컵에 새겨진 '내가 보기에The Way I See It' 시리즈의 99번째인 이 말은 킨코스Kinkos의 설립자 폴 오팔라Paul Orfalea가 했다고 전해진다.

아이 양육과 부모의 역할이란 관점에서 볼 때 오팔라의 어린 시절과 그의 아이들의 어린 시절 사이에는 뚜렷한 차이가 있다. 얼마 전까지만 해도 부모와 자식들 사이에는 보이지 않는 경계선이 뚜렷이 존재했다. 부모들은 아이들이 노는 모습을 먼발치에서 지켜보기만 할 뿐 무슨 이야기를 나누는지 시시콜콜 참견하지 않았다. 어른들끼리 모여 이야기를 나누는 동안 아이들은 다른 방에 모여 놀았다. 아이들은 부모의 간섭 없이 마음대로 동네를 휘젓고 다녔고, 만만치 않은 학교생활을 통해 세상 사는 법을 터득했다. 이와는 달리 요즘 부모들은 대부분 아이들의 삶에 깊이 관여한다. 그들은 함께 쇼핑하고, 전화로 세상 돌아가는 이야기를 나누고, 게임을 같이 하고, 과거에는 어림도 없었을 생활의 자잘한 부분까지 함께 공유한다. 부모는 자식들이 정신적으로 자신들에게 의지하는 모습에 흐뭇해하면서, 자신들이 여전히 그들에게 없어서는 안 될 존재라는 사실을 확인하고 싶어한다. 자식들은 부모로부터 받는 정서적·금전적 지원을 즐기고 또 기대한다. 《기성세대의 몰락 Death of the Grown-Up》을 쓴 다이애나 웨스트 Diana West 처럼 일부 학자들은 이렇게 모호해지는 부모와 자식 사이의 경계를 개탄하면서, 버릇없이 키워놓고 품안에서 놓아주지 못하는 부모들 탓에 젊은이들이 "부모의 그늘을 벗어나지 못한다"고 비판했다.

자식들이 막 성인기로 접어드는 시기가 되면 부모와 자식 간의 관계는 어떻게 달라질까? 청소년기가 끝나갈 때쯤의 10대와 부모의 관계, 그리고 몇 십 년을 훌쩍 뛰어넘어 중년의 '자식'과 나이 든 부모의 관계에 대해서는 알려진 사실이 많다. 그러나 아이들이 어른이 되는 순간에 부모 자식 관계가 어떤 식으로 정립되는지에 관해서는 알려진 것이 전혀 없다. 이런 관계에서 성인으로 들어가는 길고 복잡한 경로를 이해하고, 또 순간의 선택이 나중에 큰 차이를 만드는 투기적인 세상에서 부모 자식 관계가 젊은이의 삶에 어떤 영향을 주는지 확인하는 것이 우리의 관심사다.

'네트워크'는 영어덜트들과 가진 심층 인터뷰를 통해 부모 자식 관계를 가까이에서 들여다볼 기회를 가질 수 있었다. 우리는 그들의 관계에서 세 가지 기본적인 유형을 찾아냈다. 첫째 유형은 부모가 자식의 일에 적극적으로 개입하는 경우로, 이런 부모 밑에서 자란 자식들은 대부분 사회에서 자리를 잘 잡았다. 이런 유형의 부모는 자식들에게 자신감을 심어주고, 서로 마음 편하게 대화할 수 있는 환경을 만들어주고 부모와 기탄없이 의견을 주고받도록 세심하게 배려한다. 그들은 비판적 사고와 리더십, 협력을 중시하는 사회에서 필요한 기술과 방법을 터득하도록 훈련시키는 프로그램에 자식들을 등록시킨다. 특히 그중에서도 소위 헬리콥터 부모라고 불리는 극성 부모들은 자식 주변을 잠시도 떠나지 않고 감시하여 손가락질을 받기도 한다.

둘째 유형은 부모가 자식과 조금 거리를 두고 자신이 성장할 때의 방식을 자식에게 그대로 적용하는 관계다. 이런 집단은 사람은 죽을 때까지 배워야 한다고 생각한다. 실패는 성공의 어머니이고 삶의 일부다. 이런 관계는 젊은이의 자립심을 키워줄 수 있다는 이점이 있지만 반면에 치러야 할 대가도 있다.

셋째 유형은 부모가 무관심으로 일관하거나 심하면 학대하는 경우다. 이런 관계 속에서 자란 젊은이들에게 부모는 뒷바라지를 해주는 사람이기는커녕 오히려 위험한 걸림돌이고 방해물이다.

물론 부모 자식 간의 이런 기본 관계는 예전에도 있었다. 다만 시대적 환경과 각자의 요구가 변하면서 같이 변해왔을 뿐이다. 그러나 살펴본 대로 요즘은 부모 자식 관계가 유별나게 가깝고 서로 긴밀해졌다. 이는 가정의 모습이 근본적으로 변했다는 사실을 보여준다. 과거 어느 때보다 부모 자식 관계가 가깝지 못하면 세상을 헤쳐가기가 더욱 어려워졌다. 게다가 서로가 무관심하거나 괴롭히는 관계라면 삶은 늘 위험한 곡예를 하듯 위태롭다. 부모 자식 간의 관계가 좋을수록 부모가 더욱 적극적으로 자식을 지원해준다는 사실을 생각할 때 특히 그렇다.

가족의 중심이
된 아이들

요즘은 자식의 삶에서 차지하는 부모들의 비중이 그 어느 때보다 높아졌다. 19~26세의 영어덜트들 가운데 부모를 매일 본다고 답한 경우가 절반이었고, 적어도 일주일에 한 번 본다고 말한 사람은 4분의 3에 가까웠다. 직접 만나지 못하는 사람들은 전화로 대화를 나눴다. 26세 이하의 영어덜트들 열 명 가운데 여덟 명은 매일 전화로 부모와 이야기를 나눈다고 했다. 휴대폰 덕분에 통화하기가 쉬워졌고, 페이스북이나 메신저, 문자메시지, 스카이프 등 여러 커뮤니케이션 수단 덕분에 수시로 연락을 주고받을 수 있다. 예전에는 상상도 못할 일이다. 비싼 장거리 전화를 걸기 위해 한 달에 한두 번 정도 기숙사에서 줄을 서서 기다리던 시절을 기억하는 독자들도 적지 않을 것이다.

"이제 그만 독립해라." 얼마 전까지만 해도 부모들은 대부분 자식들에게 그렇게 가르쳤다. 다문화적 시각에서 육아를 바라본 메러디스 스몰Meredith Small이《아기, 그리고 우리 자신Our Babies, Ourselves: How Biology and Culture Shape the Way We Parent》에서 지적했듯이, 어머니들은 어릴

적부터 아이에게 자율과 독립심을 길러주려 애썼다. 그들은 아이를 엄마 아빠의 침대는 고사하고 같은 방에 재우지도 않았다. 아기방에 따로 놓인 아기 침대에서 아이를 재웠다. 아기를 하루 종일 가슴에 품고 있는 어머니는 드물었다. 그보다는 주로 보행기나 유모차에 앉혔다. 그렇게 키워야 열아홉 살이 되었을 때 제 발로 설 수 있다고 믿었다. 한 사람의 성인으로서 자신의 삶을 스스로 개척해나가도록 가르쳐야 한다는 나름의 목표가 그들에게는 있었다. 사진작가 로버트 프랭크Robert Frank는 1940년대 뉴올리언스의 전차에서 찍은 사진에서 어린이에 대한 이런 조급증을 무심한 듯 절묘하게 포착했다. 사진에서 빳빳한 정장을 입은 아이들은 천진한 아이가 아니라 어른이 되기 위한 연습을 하고 있는 존재였고, 어른들은 그런 복장과 그런 표정을 한 아이들을 너무도 당연시 여기는 것처럼 보인다. 당시만 해도 어른이 된다는 것은 중요한 과제였고, 그 여정은 무척이나 일찍 시작되었다.

하지만 지난 세기를 거치면서 이 모든 것이 바뀌었다. 20세기의 가족을 플립북flip-book으로 표현한다면, 어린이는 페이지를 넘길 때마다 가장자리에서 중심부로 이동하는, 그래서 부모가 관심을 가지고 돌보고 사랑하고 투자할 가치가 있는 존재로 표현될 것이다. 사회학자 이바 프론스Ivar Frones가 말했듯이, 아이들은 이제 경제적으로는 쓸모없지만 정서적으로는 소중한 존재가 되었다.

아이들은 페이지의 중심에 있을 뿐 아니라 더 많은 페이지에 존재한다. 지난 세기에 여러 가지 중요한 변화가 있었지만, 그중에서도 아동 보호에 대한 각별한 관심은 특히 눈에 띄는 변화였다. 그 첫 번째는 의무교육과 아동노동법이었다. 이 두 가지는 어린이에 대한 사회적 인식이 변했다는 사실을 반영하는 것이었다. 아이들은 더 이상 어른의 축소판이 아니었다. 오히려 아이들은 양육과 보호가 필요한 존재였다. 어린이는 어엿한 한 인간으로 독립적인 존재가 되었고, '어린 시절'과 '청소년기'는 독특한 발달 과제와 필요성에 의해 뚜렷이 특징지어지는 시기로 인식되었다.

더욱 중요한 것은 인간이 누리는 수명이 급격히 늘어났다는 것이다. 수명만 늘어난 것이 아니라 건강한 인생을 즐길 수 있게 되었다. 지난 세기에 미국인의 평균수명은 남자가 25년, 여자가 30년 늘어났다. 유아사망률은 확연히 줄었고 만성 질병과 신체장애가 노년층으로 국한되고 그나마 말년의 매우 짧은 기간에 집중되었다. 수명이 길어지면서 부모, 조부모, 증조부모, 그리고 형제들과 함께 지내는 시간이 훨씬 더 많아졌다. 말하자면 긍정적인 관계를 더 오래 가꾸어나갈 수 있게 된 것이다. 물론 그것은 어려운 관계를 감내해야 하는 기간이 더 길어졌다는 의미도 된다(하지만 좋게 생각하면 관계를 회복할 시간이 충분하다는 의미도 된다).

자식과 부모에게 영향을 주는 마지막 중요한 변화는 작아지는 가족 규모다. 대가족은 과거의 유물이 되었다. 여성과 부부들이 출산 횟수와 시기를 원하는 대로 조절할 수 있게 되면서, 부부는 아이를 훨씬 더 적게 낳거나 늦게 낳게 되고 출산의 간격도 전보다 더 길어졌다. 수명이 길어진 데다 여러 세대가 같은 시대에 공존하면서도 각 세대에 속한 구성원은 적어졌기 때문에, 가족은 길고 좁아진 형상을 띠게 되었다.

　바로 이런 조건 탓에 가족들의 우애는 더 깊어지고 *끈끈해졌다*. 부모는 아이를 가질 때부터 이 아이가 무사히 살아남아 어른이 될 수 있다는 사실을 확신할 수 있게 되고, 그래서 그 몇 안 되는 자식들에게 더 많은 시간과 자원과 정서를 투자할 수 있다. 이제 부모는 아이들이 자신들보다 더 오래 살리라고 기대해도 좋을 정도가 되었다. 한 세기 전만 해도 어림없는 생각이었다. 그러나 아이들을 많이 낳지 않기 때문에 생기는 문제도 있다. 그 몇 안 되는 자식들에게 너무 많은 희망과 꿈을 걸게 된 것이다. 그래서 아이를 키우는 새토운 방법과 아이디어가 계속 개발되고, 요즘처럼 강도 높은 교육과 새로운 부모 자식 관계가 형성된 것이다.

헬리콥터 부모
vs. 방임형 부모

　　　　　　　자식이 성인이 되는 시기가 되면, 부모는 자식을 데리고 있어야 할지 내보내야 할지 결정해야 한다. 그 문제로 고민하기는 자식들도 마찬가지다. 한 살 두 살 더 먹어갈수록 자식에 대한 간섭은 아무래도 약해지겠지만, 그래도 부모는 계속 관심을 가지고 지켜보려 한다. 반면에 자식은 더 많은 자유를 누리려고 부모와 줄다리기를 하게 된다. 열아홉 살이 넘으면 이런 줄다리기는 더욱더 팽팽한 싸움이 된다. 자식이 스스로 제 앞가림을 할 수 있는 나이가 되어도 이런 줄다리기는 계속된다.

스물네 살인 아비바는 하루에 보통 세 차례 어머니와 통화를 한다. 그녀는 아이비리그에 속한 로스쿨 2학년에 다니고 있다. 아비바는 이렇게 말한다. "엄마는 모든 식구들을 손바닥 위에 놓고 일거수일투족을 지켜보고 있어요." 아비바의 언니가 대학에 다닐 때는 온 가족이 주말마다 언니를 찾아갔다. 그나마 아비바에게는 좀 뜸하게 찾아오는 편이어서 그녀는 다행으로 여긴다. 그렇다고 감시가 느슨한 것은 아니다. 아비바의 어머니는 딸이 누구와 어울리고 누구와 데이트하는지, 또 공부는 제대로 하는지, 시간을 낭비하지는 않는지 등을 모두 알고 싶어한다. 잠은 잘 자는지, 성적은 좋은지, 로스쿨 학생다운 옷을 입고 다니는지 다 꿰고 있어야 직성이 풀린다. "필요한 건 엄마가 알아서 사주세요. 따뜻한 옷이 있는지 확인도 하시고요. 옷다운 옷은 있는지, 신발은 편한지, 아파트는 괜찮은지 다 아셔야 해요."

아비바의 어머니야 할 일을 한다고 생각할지 모르지만, 아비바는 자신을 "늘 아기 취급하는" 부모님이 불만이다. 오히려 아비바는 어머니가 전화를 너무 자주 해서 공부에 집중할 수 없다. 그래서 요즘에는 아예 전화기를 꺼놓는다. 그녀의 어머니는 그 때문에 더욱더 그녀가 하는 일을 확인하려 든다. 아비바는 부모와 분명한 선을 그으려 한다. "너무 많은 얘기는 하지 않으려 해요. 부모님만큼 가까운 사이는 당연히 없죠. 부모님을 사랑하고 두 분을 위해서라면 무슨 일이든 할 수 있어요. 하지만 우리 사이에는 분명 장벽이 있어요. 두 분은 아니겠죠. 하지만 제겐 장벽이에요." 친구들이나 남자친구 이야기라면 특히 선을 그으려 한다.

아비바의 어머니는 끊임없는 간섭으로 딸에게 부담을 주지만, 아비바는 세상이 얼마나 각박하고 경쟁이 치열한지 잘 안다. 그래서 한편으로는 어머니의 지원을 고맙게 여긴다. 어렸을 때부터 어머니는 그녀의 중심에 있었다. 아마도 고향 우크라이나에서 일이 잘 풀리지 않아 이주를 결심했고, 그렇게 미국에서 새로운 탈판을 마련하기 위해 안간힘을 쓰다 보니 딸들에게 더욱 정성을 기울였는지도 모른다. 그러나 아비바의 어머니는 처음부터 자식들의 생활에 깊이 관여하는 중상류층 부모들과는 여러 면에서 구분된다. '베이비 아인슈타인Baby Einstein'부터 시작하여 명문 유치원, 축구 팀, 바이올린과 오케스트라 레슨 등에 이르기까지, 요즘 부모들은 부지런히 자식 뒤를 쫓아다니면서 거의 집착에 가까울 정도로 뒷바라지를 한다. 부모들은 아동발달 전문가의 말에 귀를 기울이고, 자식들에게 전폭적으로 투자해 자식들이 성공한 사회인으로 살아갈 수 있도록 키워넌다. 아이들의 일정에 맞추어 하루 종일 차로 데려다주는 것은 기본이고, 팀 연습, 음악 수업, 개인 지도, 부모와 함께 노는 날 등 필요한 스케줄을 직접 짜주고는 그 뒤를 따라 바쁘게 움직인다. 스케줄만 놓그 보자면 웬만한 기업 CEO의 일정에 못지않게 빽빽하다. 그래도 부모들은 속도를 늦추려 하지 않는다. 위험부담이 너무 크기 때문이다. 시카고 교외에 사는 어떤 아버지는 정도가 지나치다는 점을 순순히 인정한다. "솔직히 다람쥐 쳇바퀴 도는 기분이죠. 왜 내려오고 싶지 않겠습니까? 하지만 우리 아이만 낙오하게 내버려둘 수는 없는 일 아닙니까?"

대체로 중상류층에 속하는 부모들은 음악, 미술, 스포츠 같은 활동을 통해 아이들의 '자본'을 마련해주고, 뚜렷한 자기주장과 거침없는 생각을 높이 사는 세상에서 자식들이 조금도 위축되지 않고 모든 것을 갖출 수 있도록 배려한다. 공부든 사회생활이든 자식들이 조금이라도 뒤처지는 징조가 보이면 즉시 개입해 바로잡는다. 기계공학 석사 학위를 갖고 있는 스물다섯 살의 피에르는 샌디에이고 출신의 청년이다. 늘 '슈퍼맘'이었던 그의 어머니는 그의 진로를 일일이 결정하고 바꿔주었다. 심지어는 그가 좋은 성적을 받을 수 있도록 학교 일까지 적극적으로 거들었다고 그는 회상했다. "언제부터인지 어머니가 제 학교 공부에 깊이 관여하기 시작하더군요. 공부하는 법을 직접 가르쳐주셨어요. 제 곁에는 늘 어머니가 계셨어요. 어머니가 이렇게 저렇게 해라 하면 저는 시키는 대로 앞만 보고 나아갔죠. 저야 편했죠, 뭐." 피에르 자신도 어머니의 극성과 식구들의 지지가 없었다면 이만큼 되기도 힘들었을 것이라고 생각한다.

부모의 투자가 가장 위력을 발휘하는 기간은 자식이 대학 원서를 쓰고 합격 통지를 받고 대학에 들어가 첫해를 보낼 때다. 그동안의 노력이 그들의 아이와 환경이 불리한 집안의 아이를 구별 짓는다. 불리한 환경에서 자란 아이들은 대학이라는 미로 속을 방황하다 툭하면 넘어지고 막다른 골목에 부딪히면서 실수의 대가를 톡톡히 치른다. 하지만 부모가 공부에 적극 개입했던 아이들은 처음부터 대학 생활을 현명하게 꾸려나가는 법을 터득하기 때문에 웬만해서는 실패하는 법이 없다. 그들의 부모는 자녀들이 대학을 졸업한 뒤에도 자녀에게 더 많은 기회를 주기 위해, 자신들이 가진 소셜 네트워크를 총동원하여 누구나 탐낼 만한 직장이나 인턴십 자리를 구해주거나 원하는 대학원에 합격하도록 뒤를 밀어준다.

간혹 지나친 극성 때문에 빈축을 사는 헬리콥터 부모들도 없지 않지만, 그런 극성이 우리가 생각하는 것만큼 그렇게 해로운 것만은 아니다. 24개 대학의 부모와 학생을 대상으로 실시한 최근의 조사에서도, 자주 연락하고 간섭하는 부모를 가진 학생들은 학업에 더 열심이고, 수업 후에도 교수들과 자주 대화를 나누며, 대학 생활에 더 만족하고, 매사에 적극적인 것으로 드러났다. 이것은 부모의 간섭이 유해하다는 증거를 전혀 찾아내지 못했던 10대들에 대한 초기의 조사를 다시 한 번 확인해주는 연구 결과다. 대학 성적과 관련해서는 특히 그렇다. 실제로 부모의 개입과 감시는 청소년들의 학력에 결정적인 역할을 한다.

물론 부모의 극성이 반드시 좋은 것만은 아니다. 부모의 극성이 지나치면 역효과가 나기도 한다. 부모가 뛰어들어 도와주어야 할 상황도 있지만, 아이들의 성장 과정에서는 직접 겪어보그 스스로 해결해야 할 문제도 있는 법이다. 언제 지켜보고 언제 뛰어들어야 할지는 자식의 나이와 상관없이 쉽게 판단하기 어렵다. 막 성인이 된 자식이 한시라도 빨리 자율성과 독립심을 갖추기를(또는 갖추려고 애쓰기를) 기대한다면 더더구나 판단이 쉽지 않을 것이다.

우리는 수백 명의 젊은이들을 인터뷰했지만, 그들에게 헬리콥터 부모의 특징인 극성스러운 감시와 간섭의 사례를 별로 찾아내지 못했다. 적어도 그들의 말대로라면 그랬다. 자식들의 삶에 적극적으로 개입하는 것과 블랙호크(군용 헬리콥터―옮긴이)가 되는 것은 전혀 다른 문제다. 집중적인 밀착과 전혀 관여하지 않는 것, 그 사이 어딘가의 중간 지대가 요즈음 대부분의 부모 자식 관계를 규정하는 자리일 것이다.

엄마는 나의
영원한 절친

자식들이 무대 중앙으로 이동하면서 부모와 자식의 경계는 불분명해졌다. 아이들을 멀리서 지켜보기만 하면 될 뿐 일일이 참견할 필요가 없다는 생각은 옛날 부모의 모습이었다. 요즘 부모들은 자식들이 좀 더 편하고 허물없이 대하기를 바란다. 물론 그렇다고 부모들이 주도권을 내주었다는 것은 아니다. 예전에도 그랬지만 지금도 주도권은 부모가 쥐고 있다. 다만 요즘 영어덜트들은 예전처럼 부모들을 무서워하지도 않고 권위적인 존재로 받아들이지도 않는다. 아마도 새로운 유형의 부모가 새로운 방식으로 부모 노릇을 했기 때문일 것이다.

부모와 어른이 된 자식들 사이의 관계가 갈수록 허물없어진다는 것은 세대 차가 좁아졌다는 뜻이다. '네트워크'의 위탁으로 실시한 연구 결과에 의하면 1970년대 이후로 태도, 행동, 가치관 등 여러 부문에서 세대간의 차이는 계속 좁아져왔다. 인권, 섹스, 낙태, 남녀의 역할 등 많은 민감한 문제에서 부모와 자식의 견해차도 많이 좁아졌다. 요즘 젊은이들은 1970년대와 80년대에 비해 부모의 의견에 더 많이 동의하는 편이다. 세대 차가 좁아진다는 것은 부모와 자식이 과거에 비해 공통분모를 더 많이 가지게 되었다는 것을 의미한다. 그들 사이의 심리적·사회적 거리가 줄었고, 그렇기 때문에 친밀한 관계를 이룰 수 있는 강력한 기반이 형성되었다. 요즘 갓 부모가 된 세대들의 견해가 더 개방적이 되었다는 것도 자식의 일에 적극 개입하고 자신의 의사를 표현하는 육아법을 초래한 요인이 되었다.

요즘 영어덜트들은 부모, 특히 어머니를 조언자나 심지어 허물없는 동료로 생각한다. 발렌티나의 경우가 그렇다. "엄마와 나는 둘도 없는 친구예요. 엄마는 매일 전화를 걸어 오늘 있었던 일을 빠짐없이 말해요. 저도 마찬가지이고요." 그녀는 어머니가 찾아오는 것을 "창문으로 들어오는 햇빛"이라고 표현하며 이렇게 덧붙였다. "얼마나 환하고 반가운 햇빛이에요?" 스물세 살인 발렌티나는 필라델피아에 살면서 임상심리학 박사과정을 준비하고 있다. 발렌티나는 뉴욕에 사는 부모님을 한 달에 적어도 한 번은 본다. 앞서 소개한 아비바는 부모의 간섭이 싫어 이런저런 핑계를 대며 피해 다니지만, 발렌티나는 조금 다르다. 그녀는 부모와의 관계를 설명하면서 '열린 관계'나 '따뜻함'이란 단어를 자주 썼다. 발렌티나는 "부모님들이 사랑과 따뜻함으로 보살펴주셨기 때문에 이만큼 될 수 있었다"고 말한다.

제롬의 어머니는 자식의 인생에서 큰 비중을 차지하고 있다. 실제로 제롬은 자신이 마마보이라는 사실을 순순히 인정한다. 그는 말한다. "엄마가 늘 뒤에 대기하고 있다는 것을 알기 때문에 자신감을 가질 수 있어요. 엄마는 오로지 저를 위해 사시는 분이에요. 저도 엄마를 위해 살아요. 제가 매사에 열심인 이유도 이렇게 키워주신 엄마에게 감사하는 제 마음을 보여드리기 위해서예요. 그래서 뭘 하든지 다 엄마에게 드려요. 학위도 받자마자 엄마에게 드렸어요. 제가 그 학위를 받을 자격이 있다면, 엄마도 그걸 받을 자격이 있으니까요."

스물여섯 살인 제롬은 22년째 퀸스의 조합주택에서 어머니와 남동생과 함께 살고 있다. 교육학을 전공한 제롬은 지금 퀸스의 한 초등학교에서 6학년을 가르친다. 교사 월급 덕분에 그는 "남의 신세를 지지 않고" 살 수 있다. 제롬의 어머니는 결핵성 피부병으로 진단받은 후에 치료를 받고 건강을 회복하고 있다. 제롬은 어머니를 진심으로 존경한다. "엄마는 가장 좋은 친구예요." 어머니의 몸이 허약하고 또 그가 어렸을 때 아버지가 가족을 버리고 떠났다는 사실 때문에 제롬이 어머니를 그렇게 더욱 아끼고 사랑하는지도 모른다.

제롬의 어머니는 적당히 무관심한 태도를 지켰다. 그녀는 아들이 시행착오를 통해 스스로 세상 이치를 터득하도록 배려하고 웬만한 일에는 간섭하지 않았다. 그리고 아들에게 자신이 한 일은 스스로 책임을 져야 한다고 가르쳤다. "고등학교 때 술을 마시고 크게 취한 적이 있었어요. 그때도 엄마는 내버려두었죠." 하지만 제롬의 어머니는 다음 날 자신이 저지른 행동의 결과를 직접 실감할 수 있도록 조치했다. 그런 식으로 제롬의 어머니는 아들에게 실수할 기회를 주었지만, 한편으로는 따끔한 충고도 아끼지 않았다.

제롬은 어머니 곁을 떠나 독립하고 싶지간 자신의 입지가 어느 정도 안정될 때까지는 떠나지 않을 계획이다. 제롬은 대학원에 갈 생각을 하고 있다. 그런 다음 사귄 지 여섯 달 된 여자친구와 함께 살 집을 구할 계획이다. "날개를 펴고 둥지를 떠날 떠가 되긴 했죠. 엄마도 그 점에 대해서는 전혀 이의가 없으세요. 엄마는 제가 하는 일이라면 뭐든지 지지해주세요." 그러나 제롬의 어머니는 혼자 사는 것을 원하지 않을 것이다. "엄마는 우리와 함께 사실 거예요. 양로원은 생각도 해본 적이 없어요. 말도 안 되죠."

마흔 살
캥거루족

지난 세기 중반 이후로, 제롬같이 부모와 함께 사는 영어덜트들의 수는 계속 늘어나고 있다. 본가에서 사는 기간이 길어지거나, 독립했다가도 필요할 경우에는 다시 돌아왔다. 2007년에 21~25세의 젊은이들 가운데 부모와 함께 사는 사람은 여성이 38퍼센트, 남성이 43퍼센트였다. 그러나 그 비율은 나이가 많아질수록 서서히 떨어져 여성은 26세가 21퍼센트, 31세가 10퍼센트, 36세가 6퍼센트였고, 남성은 26세가 26퍼센트, 31세가 12퍼센트, 36세가 8퍼센트였다. 여성들은 항상 남성보다 이른 나이에 집을 떠나 동거하거나 결혼하는 경향을 보인다. 20세기 초반만 해도 젊은이들은 1950년대와 60년대에 성년이 된 사람들보다 더 오래 본가에서 살았다. 20세기 중반에는 부모와 함께 사는 젊은이들이 가장 적었다. 그 이후로 수치는 꾸준히 증가했다. 예를 들어 1960년에 19~35세의 젊은이들 가운데 부모와 함께 사는 영어덜트들은 대략 800만 명이었다. 그러던 것이 2007년에는 두 배 이상으로 늘어나 약 1900만 명에 달했다. 물론 영어덜트들 전체 인구가 거의 두 배가 된 점을 고려하면 크게 늘어났다는 해석에는 조금 무리가 있을지 모른다. 실제로 이들 인구를 비율로 따지면 1960년에는 22퍼센트, 2007년에는 28퍼센트 정도였다. 1950년대와 60년대에 집을 빨리 떠났던 것은 취업 기회가 많았고 사회적으로도 그렇게 해야 할 필요가 있었기 때문이다. 따라서 집을 떠나는 것이 정상이고, 부모에게 얹혀사는 것은 떳떳하지 못한 일이었다.

영어덜트들은 자유와 자율을 원하기 때문에, 한 지붕 밑에 살다 보면 아무래도 부모와 이런저런 문제가 생길 수도 있다. 그러나 우리가 인터뷰한 영어덜트들 가운데 집에서 빈둥거리면서 부모에게 '빈대 붙는' 경우는 거의 없었다. 부모와 같이 사는 젊은이들은 대체로 두 종류로 나뉘었다. 하나는 일이 제대로 풀리지 않아 고향 집으로 돌아와 다시 재기의 기회를 엿보는 부류였고, 또 하나는 스펙을 따거나 돈을 모으기 위해 부모와 같이 사는 부류였다.

사라는 두 부류의 특징을 모두 보여주는 대표적 사례다. 스물아홉 살인 사라는 최근에야 어머니 집에서 나왔다. 사라는 어머니와 오누이처럼 가까운 사이이다. 한 주에도 여러 번 만나고, 만났다 하면 시간 가는 줄 모르고 수다를 떤다. 사라의 어머니와 아버지가 이혼한 이후로 두 사람은 더욱 가까워졌다. 교외에 살았던 그들은 도시에 작은 아파트를 마련하여 새로운 생활을 시작했다. 사라에게 완벽한 주말이란 쇼핑을 하든 여행을 하든 어머니와 함께 보내는 것을 의미한다. 그리고 해마다 때가 되면 두 사람은 '가족 휴가'를 떠난다.

사실 사라는 어머니와 같이 살다 따로 살다 하기를 여러 차례 반복하고 있다. 처음에 사라는 대학 다니는 동안 고향 집에 돌아왔었다. 지방대학의 기숙사 생활이 불편했기 때문이다. 하지만 사라는 결국 학교를 그만두었다. 한 학기를 다녀본 후 생각이 달라졌기 때문이다. 사라는 결혼을 하고 본격적으로 일을 시작했다. 하지만 남편과 사이가 나빠지면서 다시 어머니에게 돌아왔다. 그러다 남편과 화해하면서 다시 고향 집을 떠났다. 그러나 그 결혼은 오래 지속되지 않았고, 결국 이혼한 후 고향 집으로 돌아왔다. 어머니가 한결같이 뒷바라지를 잘해준 덕분에 사라는 복학할 수 있었다.

사라는 이런 상황에서 어머니와 같이 산다는 것이 조금 거북했지만, 오래가지는 않을 상황이고 또 그렇게 해야 할 충분한 이유가 있다고 생각해서 참기로 했다. "다시 복학하기로 마음먹은 데는 어머니가 공짜로 살게 해준 덕도 있어요. 생활비, 식비, 전기료 등 여러 비용을 엄마가 부담해주셨어요. 꼭 돈뿐만이 아니라 정신적으로도 많은 힘이 되어주셨어요. 엄마는 여전히 그런 식으로 제게 힘이 되어주세요." 사라는 자신이 결코 "빈대 붙는 자식"은 아니라고 힘주어 말했다. 어머니에게 얹혀살지만 그녀에게는 분명한 목표가 있고, 학위를 받기 위해 공부하는 동안만 어머니의 도움을 받을 생각이다. 어머니가 그녀와 같이 지내는 것을 좋아하시냐고 물었을 때 사라는 말했다. "그

럼요. 엄마가 원하기 때문에 그렇게 하는 거예요. 엄마는 지금 혼자이기 때문에 제가 곁에 있는 걸 좋아하세요.”

대개 다 큰 자식이 집에 있거나 집으로 다시 들어오면 아주 거북하게 여긴다. 또 주변 사람들도 자식에게 성격상 결함이 있거나 경제적 능력에 문제가 있지 않고서는 그렇게 같이 살 수 없다고 생각한다. 그러나 사라의 경우처럼, 부모들이 기꺼이 자식을 거두고 심지어 들어와 살라고 권하는 경우도 많다. 다 큰 자식이 부모와 함께 살다 보면 분명 안 좋은 점이 있다. 사소한 일로 다툴 일도 생기고 양쪽 모두에게 불편한 일도 있다. 그러나 대개 나쁜 점보다는 좋은 점이 더 많다.

부모와 함께 살면 집세를 내지 않아도 되고, 음식을 만들지 않아도 되고, 빨래를 하지 않아도 된다. 멋쩍긴 하지만 그렇게 하면 돈을 절약할 수 있고, 어려운 일이 닥쳐도 빨리 극복하고 제자리를 잡을 수 있다. 특히 자식이 있으면 부모가 큰 도움이 된다. 어머니에게 아이를 맡기면 마음도 놓이고, 그래서 일이나 공부도 더 열심히 할 수 있다. 적어도 우리가 만나본 젊은이들 가운데는 아이를 키워주는 부모의 노고를 당연하게 생각하는 사람은 없었다. 모두들 부모에게 진심으로 고마워하는 편이었다.

나름대로 이런저런 계획이 있어 본가에서 사는 젊은이들은 혼자 살면서 발버둥치는 젊은이들보다 훨씬 수월하게 긍정적인 결과를 얻는다. 노동계급이나 빈곤층 젊은이들은 특히 그렇다. 어려운 환경에서도 본가에서 살 수 있다면 더욱 확실한 능력과 풍부한 자원을 갖춘 채 사회생활을 해나갈 수 있다.

부모와 영어덜트의
새로운 유대 관계

흔히 다 큰 자식을 계속 뒷바라지하는 것을 좋아할 부모는 없다고 생각한다. 하지만 그렇지 않다. 밖에서 보면 자식들이 부모에게서 받는 혜택만 눈에 띄고 그들이 부모에게 주는 것은 잘 보이지 않겠지만, 실제로는 주는 것이 있으면 받는 것도 있게 마련이다. 자식이 곁에 있으면 부모들은 늘 마음이 든든하고, 또 실제로 자식으로부터 많은 지원을 받는다. 부모들은 자식들에게서 많은 도움을 받고 정신적으로 많이 의지한다고 말한다. 꼭 내리사랑만 있는 것은 아니다. 관계는 쌍방적이다.

특히 이민 가정 출신 영어덜트들을 보면 그들이 부모와 가족에게 실제로 많은 사랑을 돌려준다는 사실을 확인할 수 있다. 가족의 책임과 의무를 유달리 강조하는 문화적 전통을 가진 나라들이 의외로 많다. 그런 나라에서 온 영어덜트들은 결혼할 때까지, 아니 결혼한 후에도 집에서 계속 살면서 가족에게 경제적으로 도움을 준다. 2008년에 19~25세의 이민 2세들, 즉 미국에서 태어난 젊은이들 가운데 상당수가 부모들과 함께 살았다. 특히 인도, 도미니카, 중국 필리핀, 엘살바도르, 과테말라 출신 영어덜트들 가운데 본가에서 사는 사람은 64~74퍼센트에 달했다. 이들이 본가에서 계속 같이 사는 것은 주로 가족에 대한 책임감과 의무감 때문인 것으로 조사되었다.

우리 사회가 갈수록 다문화 사회가 되어가기 대문어, 언제 집을 떠나야 할지, 언제까지 집에 눌러앉아 있어야 할지, 누가 베풀고 누가 받는지 하는 기준도 계속 바뀔 것이다. 인터뷰 결과 갓 이민 온 가정의 젊은이일수록 본가에서 사는 것을 더 편하게 생각하는 것으로 밝혀졌다. 그런 전통이 용인되는 문화에서 왔기 때문이다. 용인되는 정도가 아니라 당연하게 여기는 나라도 있었다. 발렌티나도 이런 상호의존 기간이 유별나게 길었다. 발렌티나의 가족은 그녀가 열 살 때 벨로루시에서 이주해 왔다. 발렌티나는 부모가 새로운 문화에 쉽게 적응하고 새로운 규칙과 제도를 빨리 익힐 수 있도록 여러모로 거들어드렸다. 바뀐 환경에서 함께 힘을 합쳐 삶을 헤쳐나가다 보면 아무래도 더욱더 서로 의지하게 되고 유대감도 각별해질 것이다. 그러나 미국이 고향인 젊은이들도 부모에게 정신적으로나 실질적으로나 큰 도움과 보살핌을 드리는 경우가 많다. 어머니에 대한 제롬의 각별한 애정도 그런 사례였다. 이런 사례는 재정적으로 곤란하거나 부모가 파경을 맞았거나 예기치 못한 질병이나 죽음을 당한 가정의 젊은이들에게서 흔히 볼 수 있다.

유럽의 여러 나라들도 이미 성인기로의 이동 경로가 길어지고 있고, 다 큰 자식들의 독립이 자꾸 늦어지는 현상이 보편화하고 있다. '네트워크'에서 위촉한 연구에서 캐서린 뉴먼Katherine Newman과 소피아 앱터커Sofya Aptekar는 유럽 전역에서 젊은이들과 부모가 같이 사는 가정을 다각도로 조사했다. 이런 현상이 새로 대두하는 나라에서는 부모와 함께 사는 것을 별로 만족스럽게 생각하지 않는 것으로 파악되었다. 그러나 그런 관행이 일반적이고 별로 흉이 되지 않는 나라에서는 부모와 자식이 모두 대체로 만족스러워하는 것으로 조사되었다.

심지어 자식이 고향 집에서 더 오래 살수록 삶의 행복도와 만족도가
더 높아지는 나라도 있었다. 그럴 때 대가족 제도는 경제적 불안, 주
택 구입, 그 밖의 여러 가지 악조건을 극복하는 데 큰 힘이 될 수 있
다. 유럽에 이어 미국에서도 어쩌면 소위 '품 안의 다 큰 자식in-house
adulthood'이라는 새로운 발달 단계가 나타나는지도 모른다. 이 단계는
권위 있는 부모와 순종적인 자식으로 맺어지는 관계보다는 함께 사는
것 자체를 즐기고 서로 동등한 차원에서 돕는 집안에서 더 뚜렷하게
나타난다. 유럽 사람들의 절반 이상이 성인이 된 자식이 부모와 함께
오래 사는 것을 인정한다고 전문가들은 지적한다. 자식이 집을 떠날
때 부모 자식 모두가 가장 아쉬워하는 부분은 바로 의지할 상대가 없
다는 데서 오는 상실감이라고 이들은 입을 모은다. 그리고 그것은 서
구 국가에서도 부모와 영어덜트들의 유대 관계가 유례없이 가까워졌
다는 사실을 반증해주는 것이다.

품 안의
다 큰 자식

　　　　　　부모와 자식은 그 어느 것에도 비유할 수 없는
관계를 유지하면서 첫 18년을 늘 함께해왔기 때문에, 떨어질 때가 되
면 어느 정도의 진통을 서로 감수해야 한다. 브롱스에 사는 한 이혼한
어머니는 아들이 독립해 나갔을 때 느낀 허전함을 《뉴욕타임스》의 리
사 벨킨Lisa Belkin에게 이렇게 썼다.

외아들이 이제 스무 살인데, 이번 주말에 아파트를 얻어 이사합니다. 책임감이 강하고 똑똑한 아이예요. 그러니 그 아이의 독립을 반갑게 받아들여야 옳겠지요. 그런데도 전 그 아이가 독립할 준비가 되지 않은 것 같아 걱정됩니다. 하긴 저도 열아홉 살에 집에서 나왔습니다. 아이도 그 사실을 알고 있습니다. 그래서인지 아이는 '집안 전통'에 따르는 것뿐이라고 생각하는 모양입니다. 겉으로만 본다면 저는 자식 뒷바라지를 아주 잘했고, 아들이 어서 독립할 수 있도록 등을 떠미는 엄마입니다. 하지만 속으로는 아들이 보고 싶으면 어떻게 하나 벌써부터 걱정입니다. 겨울이 곧 올 텐데 난방비나 제때 낼지, 잠들기 전에 난롯불은 제대로 끌지, 제가 전화하겠다고 한 말을 기억이나 할지, 이런저런 생각에 벌써부터 잠이 잘 안 옵니다. 전 그 아이가 네 살 때 애 아빠와 이혼했습니다. 그래서인지 우리 둘은 유별나게 긴 세월을 함께 지낸 것 같은 느낌입니다. 어느새 혼자 살아보겠다고 할 나이가 된 그 애가 대견스럽습니다. 하지만 갑자기 외로워지는 기분은 어쩔 수 없군요.

우리가 인터뷰했던 다이애나의 경우는 자식의 독립이 자식과 부모 모두에게, 특히 부모의 심정에 얼마나 큰 영향을 주는지 잘 보여준다. 다이애나의 아버지는 딸이 떠날 때 결국 눈물을 보이고 말았다. 다이애나는 외동딸이었고 '대디걸'이었다. "아빠와 저는 아주 각별한 사이예요. 보통 아빠와 딸들과는 아주 달라요. 하지만 한편으로는 성격이 너무 비슷해서 자주 충돌하기도 해요."

대학을 졸업한 후, 다이애나는 본가로 들어가 2년 동안 살면서 돈도 모으고 그사이에 직장에서 승진도 했다. 분가에서 살 때 가장 좋은 점은 돈이 안 들고, 요리를 안 해도 되고, 하고 싶은 것을 할 수 있는 자유가 있는 것이라고 다이애나는 말했다. 아버지는 다이애나가 나갈 때 크리스마스 선물로 6개월치 집세를 주었다. 다이애나가 "너무 좋아서 팔짝팔짝 뛸 때" 아버지는 나오는 눈물을 억지로 눌러야 했다. 자신의 품을 벗어나게 된 것을 너무 좋아하는 딸의 태도가 무척 섭섭했다. 딸이 농담으로 아빠는 자기가 나가주기를 바라는 모양이라고 말했을 때, 그는 결국 눈물을 보이고 말았다. 돌이켜보면 어지간히 철이 없었던, 생각하기도 싫은 크리스마스 추억이었다고 다이애나는 한숨을 쉬었다.

결국 그녀는 본가 가까이에 아파트를 구했다. "제 생활이 궁금하면 두 분은 얼마든지 확인하실 수 있어요. 그러니 허전하긴 해도 그 정도면 크게 힘들지 않았을 거예요." 집에서 나오고 나서 아버지와의 관계는 오히려 더 좋아졌다. 말다툼도 줄고 서로가 얼마나 고맙고 소중한 존재인지 실감할 수 있었다. 다이애나는 어머니와도 아주 친했기 때문에, 지금도 일주일에 몇 번은 점심시간에 짬을 내어 식사도 같이 하고 토요일에는 같이 쇼핑을 하거나 바람을 쐬러 다닌다. "매일 얼굴을 보지 않는다는 점만 빼고는 사실 달라진 게 별로 없어요. 전화통화는 지금도 매일 해요. 직장으로 엄마가 너무 자주 전화를 하셔서 전화기를 앞에 놓고 있어야 할 정도라니까요. 다주 미치겠어요." 다이애나는 그 후 결혼하고 가정을 꾸렸다. 그녀의 어머니는 더 자주 찾아와 다이애나의 아들을 돌봐준다. 다이애나는 아직도 일주일에 세

번 정도는 아버지와 전화로 통화하고 일주일에 한 번 정도는 부모를 찾아뵙는다. 그녀에게 부모는 예나 지금이나 늘 "한결같은 의욕의 원천"이다. 다이애나는 무슨 일이 생기면 부모가 지체 없이 도와줄 거라는 것을 잘 알고 있다.

다이애나 같은 경우는 얼마든지 찾을 수 있다. 우리가 인터뷰한 많은 젊은이들 역시 부모들 본인이 예전에 나이가 되어 집을 나갔을 때보다 자신들이 집을 나갈 때 더 힘들어했다고 말한다. 자식이라고 집을 나가는 것이 쉬울 리는 없다. 그러나 아무리 부모와 살갑게 지내왔다 하더라도 독립하여 집을 나가는 것은 자식들로서는 늘 기다려온 순간이다. 하지만 부모는 다르다. 모든 시간과 열정과 자원을 쏟아 키웠기에 더욱 애착이 가는 자식이다. 더구나 자식과 사이가 가깝다면 자식의 독립은 그들이 가장 두려워하는 순간이다. 물론 대다수의 부모들은 자신들의 품을 벗어날 만큼 어른이 된 자식을 보며 대견해하고 흐뭇해한다. 하지만 별로 내세울 것이 없는 환경에서 적당한 길잡이도 없이 어른이 되는 젊은이들이 문제다. 그리고 그들을 걱정해야 할 이유가 더 많이 있다. 그런 젊은이들의 부모들은 자식이 어른으로 접어드는 시기에 아예 무관심한 태도로 일관하거나 아니면 자식들을 아주 힘들게 만들기 때문이다.

알아서 하라는 건
부모의 직무유기

노동계급과 빈곤층 가정의 부모들은 자식들을 더 험하게 키우는 편이다. 그들은 자식들을 제대로 이끌어주지 못하거나, 자신의 일은 스스로 알아서 허야 하고 때로는 세상의 쓴맛도 좀 봐야 한다며 방치한다. 그런 부모들은 자식들에게 일찍 집을 나가라고 재촉하고 등을 떠민다. 열아홉 살이면 무조건 집을 나가는 것으로 정해놓은 집도 있다. 불행히도 이런 부모들은 이미 낡아서 요즘 세상에는 통하지도 않는 규범을 들이대거나, 자식들에게 아무런 득이 되지 않을 방식을 강요한다.

물론 개중에는 나름대로 교육관이 확고한 부모도 있다. 다만 이런 낡은 유형의 양육 철학이 영어덜트들에게 불리한 결과를 초래할 수도 있다는 사실을 인식하지 못할 뿐이다. 이런 집안의 아이들은 대부분 고등학교 이상의 교육은 포기하고, 대신 빨리 직장을 구하고 아이를 낳아 기르는 쪽을 택한다. 그러고는 대부분 나중에 그 같은 결정을 후회한다. 부모가 좀 더 적극적으로 나서서 취업을 말리고 본가에 같이 살면서 공부를 하게 해주었다면, 다른 방식으로 좀 더 나은 길을 택했을 수도 있었을 것이라고 후회한다.

헨리도 부모의 소극적인 태도를 아쉬워하는 젊은이다. 헨리의 아버지와 어머니는 자식에게 아주 엄격한 보수적인 부모였다. "잘못한 일이 있으면 매를 맞거나 금족령이 떨어졌어요. 자신이 저지른 일에 대해서는 반드시 대가를 치러야 했죠." 그는 여름방학, 가족 모임, 어런이 야구단 시합 등으로 이어지는 "지극히 정상적인" 학창 생활을 보냈다. 서로 미워하거나 말썽을 일으키는 사람은 없었지만 가족들끼리 대화는 거의 없었다. 그의 부모는 자기 일은 각자 알아서 해결해야 한다고 생각하는 분들이었다. 헨리는 부모가 자신에게 바라는 것이 있기나 한지 늘 궁금했다. "제가 어떤 사람이 되었으면 하는 바람도 부모님들에게는 없었던 것 같아요."

헨리 본인도 장래 계획 같은 것은 없었다. 헨리는 고등학교 때 운동 선수였고, 운동하는 데 필요한 정도의 성적만 유지했다. 하긴 대학을 가려고 해도 돈이 없어 어렵다는 것을 누구보다 자신이 더 잘 알고 있었다. 그래서인지 부모님과 대학에 관한 얘기를 나눈 적이 없었다. 아니, 그의 장래에 관한 얘기조차 나눈 적이 없었다. 고등학교를 졸업한 후 헨리는 음식 배달 일을 하다가 나중에는 패스트푸드점에서 일했다. 일 년 후에 그는 약국에 일자리를 얻었고 매니저까지 되었다. 그 후에 지금의 직장으로 옮겼다. 처음에는 공장의 사무직으로 시작했지만, 지금은 전기제어장치를 관리하는 일을 맡고 있다. 월급이라고 해봐야 최저 수준이다. 그래서 지금까지도 부모 곁을 벗어나지 못하고 있다.

헨리가 스물세 살 때 갑자기 부모가 집을 팔고 플로리다로 이사하겠다고 했을 때 그는 당황할 수밖에 없었다. 결국 그 일을 계기로 여자친구 집에서 보내는 시간이 많아지게 되자, 그의 부모는 장래 문제를 놓고 그를 다그치기 시작했다. 그는 아무래도 여자친구와 동거를 하게 될 것 같다고 털어놓았고, 부모는 기다렸다는 듯이 허락해주었다. 헨리의 부모는 집을 팔고 플로리다에 집을 샀다. 그리고 헨리가 어렸을 때 살았던 집에서 북쪽으로 몇 킬로미터 떨어진 곳에 작은 여름 별장을 하나 장만했다. 헨리는 부모님과 떨어지게 된 일을 두고 이렇게 말했다. "좀 어처구니가 없었어요. 당장 의지할 데가 없는 외톨이 신세가 됐던 거죠. 혼자 힘으로 살아야 하는 거예요."

헨리는 독립했다. 그는 결국 그 여자친구와 결혼하고 지금은 자기 아파트에서 살면서 아기도 하나 낳았다. 지금에서야 하는 생각이지만 부모가 좀 더 분명한 계획을 세우도록 도와주고, 그를 앉혀놓고 이런 저런 충고도 해주고 대학을 가라고 등을 밀어주었더라면 얼마나 좋았을까 아쉽기만 하다. 특히 대학에 못 간 것은 두고두고 후회스러웠다. "부모님들은 알아서 하라면서, '합격해도 네가 합격하는 거고, 떨어져도 네가 떨어지는 거다'라고 말씀하셨어요." 고등학교 성적도 '그럭저럭' 하는 정도였지만, 대학은 생각도 해보지 않고 막연하게 일자리를 구해야 한다는 생각만 했을 뿐이다. 10대나 영어덜트들 대부분이 그렇듯이, 가장 편한 방법이 가장 좋은 방법처럼 보였다. 헨리 부모의 양육 태도에 딱히 문제가 있다고 할 수는 없다. 그들은 인생이란 자신의 행동에 스스로 책임을 지고 그에 따른 결과를 통해 세상 이치를 배워가는 것이라는 믿음을 갖고 있었을 뿐이다. 하지만 엘리트 부모들은 자식들이 어렸을 때부터 계획적으로 관리하여 무한 경쟁으로 뛰어드는 시대에 그런 소극적인 태도는 매우 좋지 않은 결과를 초래할 수 있다. 헨리가 주로 전전하는 저임금 서비스 분야와 좀 더 안정적인 지식 분야로 확연히 구분되는 요즘 같은 이분법적 경제체제에서 그런 태도는 특히 문제가 될 수 있다. 이제 서른한 살이 된 헨리는 말한다. "장래 걱정을 하게끔 일깨워주는 사람이 있었더라면, 하고 생각할 때가 있어요. 아무 생각 없이 살았거든요."

헨리의 경우를 보면 중요한 순간에 현명한 판단만 했더라면 엉뚱한 우회로를 돌며 시간 낭비를 하지 않아도 되었을 거라는 생각을 하게 된다. 이런 종류의 실수를 만회하려면 보통 큰 대가를 치러야 한다. 치열한 경쟁의 현장에서 실수해가면서 필요한 교훈을 배워나가라고 내버려두는 방법은 일종의 직무 유기다.

이혼
후유증

한 세기 전만 해도 가정을 해체하는 가장 큰 주범은 배우자의 사망이었지만, 지금은 이혼이 그 자리를 대신하고 있다. 요즘 영어덜트들은 대부분 부모의 이혼 때문에 힘겨운 고통을 겪으면서 어린 시절을 보냈다. 이혼한 부부들은 예나 지금이나 자식에 대한 의존도가 높아 어른이 되어도 곁에 두거나 아니면 자주 연락을 주고받아야 덜 외롭다고 생각한다. 어머니들은 특히 그렇다. 이혼을 하게 되면 어머니와 자식, 특히 어머니와 딸 사이의 관계는 더 탄탄해지는 경우가 많다. 반대로 이혼은 아버지와 아들 사이의 관계를 더욱 틀어지게 만든다.

사라는 이혼으로 빚어지는 아버지와 딸의 관계 변화를 누구보다 잘 알고 있다. 사라의 부모는 그녀가 초등학생일 때 이혼했다. 사라로서는 세상이 바뀌는 큰 사건이었다. 사라는 부모의 이혼을 너무도 아쉬워한다. "정상적인 가정에서 자랐다면 활기찬 분위기 속에서 큰 힘을 얻었을 것"이라고 생각하기 때문이다. '가족이라고 해봐야 고작 엄마와 저뿐이었어요." 사라의 어머니는 이혼한 후 교외에 있던 아늑한 집을 떠나 사라를 데리고 도시에 있는 아파트르 옮겼다. 그곳에서 사라는 공립학교에 등록하고 새 친구들을 사귀고 새 출발을 했다. 이혼은 모두에게 힘들었지만 그나마 다행스럽게도 부모는 사라 앞에서는 싸움을 자제했다. 사라의 아버지는 헤어지고 나서도 그녀에게 재정적 뒷바라지를 해주었다.

이혼으로 사라와 어머니 사이는 한층 가까워졌지만, 아버지와의 거리는 지리적으로도 감정적으로도 계속 멀어졌다. 부모의 이혼 이후에 사라는 아버지를 주말에만 보았다. 아버지가 몇 년 뒤에 재혼하고 사우스웨스트로 간 이후로는 여름에만 아버지를 만날 수 있었다. 우리가 사라를 인터뷰했을 때, 그녀는 2년째 아버지 얼굴을 못 보고 있었다. "아빠와는 엄마만큼 가깝지 않아요. 아빠는 내가 자라는 모습을 지켜본 적이 없고 또 제가 어떻게 사는지도 잘 모르세요." 하지만 최근에 두 사람이 서로에게 신경을 쓰기 시작하면서 관계가 "매우 좋아졌고" 연락도 더 자주 하고 공통점도 많이 발견하기 시작했다. "아빠와 많이 친해졌어요"라고 사라는 말했다.

부부가 이혼한 후에도 서로를 계속 헐뜯고 흉본다면 자식들이 나서서 중재를 해야만 한다. 하지만 자식이 감당하기에는 너무 벅찰 정도로 상황이 험악한 경우도 많다. 그럴 때는 자식도 포기하게 된다.

브라이언은 아이오와의 시골 마을에서 자랐다. 누구네 집에 숟가락이 몇 개인지 빤히 알 만큼 작은 동네였기 때문에 고등학교 때 부모의 이혼으로 그가 받은 상처는 곱절로 컸다. 서로 으르렁대며 싸우는 부모 때문에 집에서 괴로운 것은 물론이고, 밖에 나가서도 사람들의 따가운 시선이 견디기 힘들었다. 발 없는 말이 천리를 간다는 말을 절감했다고 그는 고개를 저었다. 브라이언의 부모는 한순간도 사이가 좋은 적이 없었지만, 사랑이 식은 후에도 두 사람은 오랫동안 한집에서 살았다. "어머니 아버지는 몇 년째 방을 따로 썼어요. 좀 더 일찍 헤어지셨으면 차라리 나았을 거라는 생각이 들어요. 아버지는 직장에서 돌아오시면 저녁 식사를 하고 다시 나가셔서 밤늦도록 일하셨어요. 그냥 집에 있기 싫었던 거죠."

지금 브라이언은 플로리다에서 아내와 함께 살면서 건설 쪽 일을 한다. 부모님과의 관계는 그런대로 괜찮은 편이지만, 두 분을 보는 것은 일 년에 한두 번이 고작이다. 브라이언의 아내가 그들의 첫 손자를 임신하고 있기 때문에, 요즘 들어서는 일주일에 두 번 정도 전화 통화를 한다. 브라이언의 부모는 이혼한 지 15년이 지났지만 여전히 서로 헐뜯고 증오한다. 그래서 가끔은 둘 사이에서 처신을 조심해야 할 때가 있다. 어머니가 끊임없이 아버지 험담을 하는 바람에 어머니와의 관계도 나빠졌다. "어머니는 지금도 어떻게 하면 싸울 거리를 만들 수 있을까 궁리하는 것 같아요." 그의 아버지는 좀 느긋한 성격이라고 한다. "아버지는 웬만한 일에는 크게 신경쓰지 않으세요. 그래도 얼굴을 마주치는 것은 아주 질색하세요." 두 사람 사이가 너무 아슬 아슬해서 브라이언과 아내는 얼마 전에 올린 결혼식에 어느 쪽도 초 대하지 않았다. "제 결혼식에 와서까지 싸우는 건 보고 싶지 않았거 든요."

부모가 이혼한 후 어느 한쪽이 재혼하게 되면 집안 분위기는 더욱 복잡해지고 애매해진다. 의붓부모와 의붓형제가 생기면서 새 가정에 이질적인 문화가 들이닥치고, 거기에 상처받았다는 느낌과 버려졌다 는 느낌까지 겹쳐지면 앞으로의 관계까지 험난해질 수밖에 없다. 사 라나 브라이언처럼 이혼으로 큰 상처를 받은 자식들은 혼자 힘으로 어른이 되어야 한다. 이런 가정에서는 어느 누구도 서로의 관계를 어 떻게 가져가야 할지, 기분을 어떻게 처리해야 할지, 또는 책임과 기대 를 어느 정도 가져야 할지 정확히 알지 못한다. 정상적인 집안의 관계 와 달리, 이들 관계는 생각보다 더 자주 긴장을 조성하고 문제를 일으 킨다.

서로가 서로에게
상처뿐인 관계

우리가 인터뷰한 젊은이들 가운데는 부모와의 관계를 아슬아슬하게 이어가는 경우가 더러 있었다. 그들의 관계는 언제 터질지 모르는 시한폭탄이었다. 이런 관계에 있는 부모 들은 대부분 마약을 하거나 알코올의존증이었고, 자식을 신체적으로

나 정서적으로 학대하는 사람들도 많았다. 심지어는 자식을 버리는 부모도 있었다. 서로 으르렁대고 폭력을 써가며 싸우는 부모들은 아이에게 큰 상처를 준다.

테레사는 아버지에게 좋지 않은 것만 배웠다. "아버지는 마약, 폭력, 계집질 같은 나쁜 것만 보여주었어요." 어머니도 별반 도움이 되지 않았다. "어머니는 저를 패배자, 게으름뱅이, 낙오자라고 불렀어요." 니콜은 툭하면 아버지에게 채찍으로 맞았다. 데니스는 10대 때 어머니를 괴롭히기 위해 일부러 임신했다고 말했다. 그러자 어머니는 그녀를 때려서 유산시키려 했다. 데니스는 아버지가 자신을 학대했던 이유를 나중에야 알았다. 마약을 했기 때문이다. 당시에는 그 사실을 몰랐다고 했다. 언제 무슨 일이 터질지 모르는 아슬아슬한 집안 분위기 속에서 이런저런 문제가 끊이지 않았다고 데니스는 한숨을 쉬었다.

태미는 고등학교 때 불량배들과 어울리면서 마약에 손을 댔다. 당연한 결과였는지 모른다. 태미의 아버지는 아내 몰래 바람을 피웠고, 태미와 아내를 때렸다. 태미가 믿을 사람은 어머니밖에 없었다. 태미는 아버지의 폭력에 조금도 굴하지 않고 받은 만큼 되돌려주었다. 임신하고 유산한 데다 마약 복용 혐의로 체포되어 6개월 동안 사회봉사를 한 것이다.

그렇게 몇 년간 뒤숭숭한 세월을 보낸 후, 그녀는 마음을 추스르고 있다. 지금은 컴퓨터 프로그래머로 일하면서 대학에 들어가기 위해 다시 공부를 하고 있다. 태미는 어머니에게는 헌신적이지만, 아버지에 대한 감정은 경멸뿐이다. "아버지는 엄마를 배신했어요." 그녀의 아버지는 필리핀에서 다른 여자와 결혼했다. 어머니와 이혼하지도 않고 버젓이 살림을 차려 아이들까지 낳은 것이다. 아버지의 첩은 지금도 근처에서 살고 있다. 그녀의 아버지는 "폭력적이고, 완고하고, 제멋대로다." 태미와 어머니는 늘 그를 무서워하며 지낸다.

태미의 아버지는 심지어 법원으로부터 딸에 대한 접근 금지 명령을 받은 적도 있었다. 태미를 때려서 병원에 실려 가게 한 적이 있었기 때문이다. 아버지는 딸이 맞을 짓을 했다며 경찰에게 큰소리쳤다고 한다. 태미는 겉으로는 태연한 척 했으나 속으로는 울부짖는 생활의 연속이었다고 털어놓았다. 그녀가 성인이 된 지금, 아버지는 예전처럼 이래라저래라 하지 못한다. "아버지는 저게 할 말이 없죠. 제게 아버지라는 존재는 없었으니까요. 재정적으로도 전혀 도움이 되지 않았어요. 지금 아버지는 아무 권한이 없어요. 우리가 아버지를 무서워하는 것만 빼고요." 그래도 상처는 쉽게 지워지지 않을 것이다.

태미는 어머니를 무척 좋아한다. "엄마는 가장 좋은 친구이고 제 역할모델이에요. 엄마가 일을 처리하시는 모습을 보면 감탄이 절로 나와요." 태미의 어머니는 폭력을 휘두르는 남편에게 굴하지 않았을 뿐 아니라 직장에서도 꾸준히 승진했다. 집안 생활비를 담당하는 사람은 늘 어머니 혼자였다. 아버지는 조금도 보탬이 되지 않았다. 그녀의 어머니는 최근에 이혼소송을 냈다. 태미는 어머니를 본받고 싶어한다. 그래서 자신의 삶을 능숙하게 스스로 꾸려가고 싶다. 태미는 지금 어머니와 함께 산다. 공부도 하고 돈도 절약하고 어머니를 곁에서 지켜드리고 싶기 때문이다. "엄마는 우울할 때면 제게 많이 의지하세요. 그게 제가 존재하는 이유이기도 해요. 엄마에게 수다 떨면서, 엄마가 자신감을 찾도록 추슬러드려요. 엄마도 저한테 그렇게 해주시고요." 그녀가 겪었던 고난은 어떤 면에서 보면 그녀를 훌쩍 성숙하게 만들어주었다. 잃어버린 어린 시절을 되찾으려는 보상 심리가 그녀를 버티게 하는 힘인지도 모른다.

큰 상처를 입었어도 세월이 지나면서 치유되는 관계가 있다. 하지만 너무 심각해서 치유가 어려운 관계도 있다. 어서 커서 어른이 되면 부모와의 끔찍한 인연에서 벗어날 수 있다고 생각할 수도 있다. 집에서 안 살아도 되고, 부모와 싸울지 말지, 싸우면 어떻게 싸울지 결정할 수 있을 만큼 관계가 달라지기도 한다. 나름대로 전에 없던 힘이 생겼다는 느낌도 든다. 부모는 전혀 도움이 안 되고, 그래서 부모 없이도 잘살 수 있다는 생각도 든다. 그래도 상처는 남는다.

가족 때문에 괴로워하는 사람들도 있지만, 아예 그런 문제가 의미 없는 사람조차 있다. 가족이 전혀 없는 경우가 그렇다. 매년 위탁 보호시설에서 성인이 되는 젊은이들이 미국 내에 대략 2만 명 정도가 있다. 어린이들을 방치하거나 학대하면 주 정부가 부모로부터 아이들을 빼앗아 위탁 보호시설로 보낸다. 이런 격리 조치의 일차적 목적은 더 이상 피해를 받지 않도록 아이들을 보호하는 것이다.

아이들을 데려온 주 정부는 아이들이 독립할 수 있도록 여러 면에서 도와주는 등 양육과 관련된 책임을 떠맡는다. 주 정부는 아이들이 가족과 다시 결합할 수 있도록 주선해주지만 그것이 늘 가능한 것은 아니다. 결국 주 정부는 부모 역할을 대신하면서 이 2만 명의 위탁 청소년들에게 각각의 자립 시기를 정해준다.

불행히도 이 청소년들의 운명은 대부분 순탄치 않다. '네트워크' 회원이자 위탁 보호 및 아동보호 시스템 전문가인 마크 코트니Mark Court-ney는 같은 위탁 보호 아동이라 하더라도 나이를 좀 먹은 아이들은 나이가 아주 어린 아이에 비해 집단수용시설 같은 곳에서 살게 될 확률이 높다는 사실을 알아냈다. 이런 환경에 있는 아이들이야말로 독립할 때까지 책임을 지고 도와줄 어른들이 필요하지만, 실제로 그런 어른들과 지속적인 관계를 형성하는 경우는 극히 드물다.

2000년대 초 위탁 보호시설에 있는 18∼21세의 아이들 중 고등학교 졸업장이나 고졸 검정고시 합격증이 없는 경우는 열 명 가운데 네 명 정도였다. 그들은 정신적인 문제로 고생하고 있었고, 범죄를 저지르거나 범죄에 희생되었으며, 집이 없는 경우가 많았다. 코트니의 보고서에 따르면 이 아이들 중 18퍼센트는 보호시설을 떠난 이후로 스물두 살이 될 때까지 적어도 한 번은 집이 없이 지낸 경험이 있다고 했다. 19∼22세 위탁 보호 수용자 가운데 적어도 하룻밤 이상 구속된 경험이 있는 경우는 남자는 절반 이상, 그리고 여자는 열 명 가운데 세 명 정도였다. 당연한 일이지만, 위탁 보호를 받은 적이 있는 젊은 이들은 그렇지 않은 사람에 비해 취업이 잘 안 된다. 그래서 그들은 국가의 보조에 많이 의존하는 편이다. 그리고 그들의 평균수입으로는 빈곤을 면하기가 어렵다. 이 영어덜트들에게 새로운 진로를 마련해주려는 도움의 손길이 없지는 않지만, 그런 프로그램은 재원이 빈약하고 활동도 저조한 편이다. 자격 조건이 되는 위탁 보호 청소년 가운데 자립 생활 지원을 받는 경우는 5분의 2 정도에 지나지 않는다.

좋아지거나
혹은 나빠지거나

다행히 자상한 부모 밑에서 오래 지내다 보면 세월이 흐르면서 부모와의 관계도 좋아지고 한결 가까워지는 경험을 한다. 영어덜트들은 부모에게 진심으로 고마움을 느껴 그것을 말로 표현하기도 한다. 결혼하고 자식을 낳아보면 부모에 대한 고마움을 더욱 절실하게 느낀다. 부모가 자신들을 키우면서 겪었을 고생을 차츰 짐작하게 되고, 그런 부모가 천년만년 곁에 있어주지는 않는다는 현실을 깨닫기 시작한다. 부모 중 한 분이 돌아가시면 살아 있는 부모와의 관계는 한층 더 긴밀해진다.

스물아홉 살의 독신으로, 아이오와에서 태어나 지금은 보스턴 근처에 살고 있는 제니퍼는 그런 느낌을 이렇게 요약했다. "어렸을 때야 저분들이 내 엄마 아빠구나, 그렇게 생각했겠죠. 그런데 고등학교 때쯤 되니까 엄마 아빠가 없으면 좋겠다는 생각이 들더라고요. 도움을 주기는커녕 귀찮게만 하는 존재라고 여겼던 거죠. 나이를 좀 먹고 이제 뒤를 돌아다볼 여유가 생기니까 생각이 달라져요. 참 대단하신 분들이고 정말 고맙다는 생각이 많이 들어요. 고맙다는 말을 직접 하고 싶을 때가 많아요. 엄마 아빠도 문제가 있으면 제게 말해요. 예전 같았으면 어림없는 일이죠."

그러나 좋은 관계가 나빠지는 경우도 있다. 그것도 아주 급속히 나빠질 수 있다. 관심이 있는 부모들은 자식이 성인기로 접어드는 초기부터 적극적으로 개입하여 능력을 키워주고 기회를 마련해주고 조그만 성공을 맛보도록 도와주면서 자식과 관련된 모든 일을 '제대로' 참견한다. 그러나 자식과의 좋은 관계가 갑자기 틀어지는, 예기치 못한 일이 벌어지기도 한다. 루크가 그랬다.

스물다섯 살인 루크는 최근에 아이비리그를 졸업한 후 시카고에 살고 있다. 덴버에서 어린 시절을 보내는 동안 그의 부모는 그에게 여러 가지 세상 살아가는 법을 가르쳐주었고 필요한 자유도 함께 주었다. "부모가 가르칠 수 있는 것에는 한계가 있다는 것이 그분들의 철학이었어요. 그래서인지 웬만하면 모든 것이 '오케이'였어요. 그분들은 기본적으로 제 삶을 제가 직접 살도록 내버려두었어요." 그것이 모두에게 편했다. "저 역시 그런 식에 익숙했기 때문"이라고 그는 말했다. 그의 부모는 "돈줄을 쥐고 있는 길잡이" 역할 정도로 만족했다.

루크의 부모는 아들의 결정을 전폭적으로 지지했고 그가 어떤 선택을 하든 그에 맞는 든든한 발판이 되어주었다. 크로스컨트리 팀의 주장으로 있다가 감독과 맞지 않아 주장 자리를 내놓았던 일부터 외국어 선택과목을 고르는 사소한 문제까지 모든 결정을 스스로 내리게 했다. 루크의 부모는 자식이 미래를 넓게 바라보는 장기적인 안목을 가지도록 도와주었고, 고등학교에서 아이비리그로 가기까지 모든 과정에서 확실한 방향을 제시해주었다. 어느 모로 보나 그들은 매우 가까운 부모 자식이었다.

하지만 좋은 관계는 그가 동성애자라는 사실을 밝힐 때까지만이었다. 루크는 오랫동안 자신이 정말로 게이인지 확신을 하지 못했다. 그러나 고등학교 3학년이 되었을 때는 자신이 게이란 사실을 인정할 수밖에 없었다. 그는 그 사실을 부모에게 말하지 않은 채 3학년을 보냈다. 부모님들이 '대단히 보수적'이었기 때문이다. 또 섣불리 '커밍아웃' 했다가는 부모가 대학 등록금을 대주지 않을지도 몰랐다. 루크는 힘들지만 대학을 끝마칠 때까지는 그 사실을 비밀로 간직하기로 작정했다.

대학을 졸업한 루크는 LSAT(미국 법학대학원 입학시험)에서 우수한 성적을 받았다. 예상했던 대로 여러 일류 로스쿨에서 입학 제안이 쏟아져 들어왔다. 그는 부모로부터 독립할 만큼 정신적으로도 성숙했다는 느낌이 들었다. 부모와 멀리 떨어져 있다는 사실도 도움이 되었다. 덴버에서 시카고는 까마득한 곳이었기 때문에, 루크는 시카고의 게이 사회에서 자신의 성性 정체성에 대해 좀 더 느긋해질 수 있었다. 그는 이제 부모와의 관계가 더 이상 단순할 수만은 없겠다고 생각했다. 그리고 이제는 솔직하게 털어놓아도 괜찮겠다고 판단했다.

하지만 커밍아웃 이후에 부모와의 관계는 급속히 얼어붙었다. 어머니와는 특히 심했다. 루크의 어머니는 "무척 당황했고 그 사실을 받아들이지 못했다." 어머니와는 석 달 동안 말을 하지 않았다. "어머니는 당신의 그런 행동이 제게 얼마나 큰 상처가 되는지 알려고 하지 않았어요. 어머니와 말이 통하지 않는다는 건 문제가 아니에요. 아예 이해하려고도 들지 않으시는 게 섭섭했어요." 그나마 아버지는 좀 나은 편이었다. 그리고 나중에 알고 보니 아버지가 더 속상해했던 것은 조금 다른 이유 때문이었다. "아버지는 제가 그 문제를 더 이상 얘기하지 않으려 한다는 사실을 섭섭하게 생각하셨던 것 같아요. 아버지는 상황이 어느 정도 안 좋은지 눈치채지 못하셨어요. 어머니가 제 문제를 아버지에게 제대로 말하지 않으셨거든요."

하지만 뜻밖에도 루크의 부모는 게이나 레즈비언 자식을 둔 부모들의 모임에 나가기 시작했다. "부모님은 어떻게든 문제를 개선해보려고 애쓰셨어요." 그러나 루크는 부모님과 다시 그 문제로 마주 앉는 것을 주저하고 있다. 아버지 어머니가 이제 더는 그에게 상처를 주지 않지만, 루크에게는 여전히 '지독한 동성애 혐오증'이 내면화되어 있다. "저 같은 환경에서 자란 사람은 어쩔 수 없어요. 어머니 아버지의 목소리만 들어도 열받아요."

우리가 조사한 젊은이들이 대체로 그랬지만, 루크의 상황을 보아도 역시 자식이 성인이 되면서 자식과 부모의 관계는 그리 순조롭게 이어지지만은 않는다. 자식은 변해가고 젊은이로 다시 태어나지만, 부모는 늙어간다. 건강한 관계를 유지하려면 양쪽 모두가 서로 줄 것은 주고, 받을 것은 받아야 한다. 그러려면 사랑이 전제되어야 하고, 아니면 적어도 의무감이라도 있어야 한다. 자식이 한 살 두 살 나이를 먹고 어른이 되어갈 때, 부모와 자식이 어떤 관계를 형성해야 하는지에 대해 정해진 각본 같은 것은 애초에 없다.

새로운 전쟁에 맞는
교전 수칙은?

예전에 비해 가족 관계가 많이 복잡해졌다. 이혼과 재혼의 후유증 탓도 있지만, 가족을 바라보는 시각도 무척 다양해졌기 때문이다. 부모 자식 간의 소통과 유대에 관한 문제가 지난 10년 사이에 갑자기 대두한 것은 아니다. 부모 자식 간의 '새로운' 관계는 예전부터 늘 있어온 문제다.

하지만 성인기로 순조롭게 첫발을 내딛는 데 부모와의 긴밀한 관계가 미치는 영향력은 그 어느 때보다 더 중요해졌다. 적어도 미국에선 그렇다. 아이를 키우는 책임은 대부분 부모의 몫이다. 부모가 앞에서 확실하게 길을 안내하고 이끌어주느냐에 따라 성인으로 옮겨가는 과정에서 자식이 순조롭게 세상을 헤쳐나갈지, 아니면 험난한 세파에서 발버둥만 치다 주저앉을지, 그 운명이 갈린다. 부모 자식 사이가 좋으면 도움이 되겠지만, 그것만으로 대학을 나오고 보수도 좋고 보람 있는 직장을 구할 수 있는 것은 아니다.

성인이 되는 과정이 더 길고 복잡해지면서 부모 자식 간의 관계에도 전에는 없던 모호한 부분이 생겼다. 안내서가 열여덟 살에서 뚝 끝나버리면 부모는 어떻게 해야 할지 몰라 당황하게 된다. 옛날 기준으로 본다면 분명 어른이 틀림없는데도, 아직 성인의 주요 이정표를 제대로 거치지도 못한 '다 큰' 아이를 보게 되면 어른의 기준이 무엇인지 헷갈릴 수밖에 없다. 그런 상태에서 자식이 한 살 두 살 나이를 먹어갈수록 그들의 관계는 더욱 애매해진다.

그렇다고 자식들 몸에 자동항법장치를 달아놓을 수도 없고, 또 "내가 어렸을 땐……" 또는 "옛날에 너희 할아버지 할머니는 절대로……" 운운하며 케케묵은 규범을 들이댈 수도 없다. 이런 교전 수칙은 더 이상 통하지 않는다. 더구나 그냥 방관하거나 실수를 통해 난관을 극복하게 하는 방식은 장기적으로 볼 때 자식에게 손해가 될 수 있다. 되풀이해서 강조하지만 부모가 이런 태도와 인생관을 고집하면 젊은이들의 운명은 돌이킬 수 없는 수렁으로 빠질 수 있다. 노동계급과 하류층에서 흔히 볼 수 있는 부모의 방관적 태도는 자식들을 더욱 불리한 입지로 몰아넣을 확률이 높다.

어느 정도 짐작한 일이지만, 우리는 인터뷰 과정에서 가족으로부터 별다른 지원을 받지 못하고 고군분투하는 젊은이들에게서 원망과 분노 섞인 말을 자주 들을 수 있었다. 그들은 주변에서 자신들보다 더 좋은 환경에 있는 사람들이 부모로부터 많은 도움을 받고, 그래서 나중에 자신들과 전혀 다른 길을 걷고 있는 것을 지켜보면서 속으로 부모를 많이 원망했다고 고백했다. 유복한 환경에서 자란 사람들과 달리 이처럼 불리한 환경을 헤치고 나온 일부 젊은이들은 자신이 해낸 업적을 힘들게 얻은 명예로운 훈장으로 생각했다. 그들은 무엇 하나 기댈 만한 언덕도 없이, 험난한 세상을 스스로 헤쳐나왔다고 생각했다.

맞는 말이다. 대중매체에서 스무살 안팎의 젊은이들을 다룬 기사나 프로그램을 보면, 주로 자리를 잘 잡은 영어덜트들에게만 초점을 맞추는 경우가 대부분이다. 자식들에게 별다른 도움드 주지 않고 이

렇다 할 길잡이도 되어주지 않는 부모 밑에서 사는 젊은이들의 운명
에는 아무도 관심을 기울이지 않는다.

제 7 장

NOT QUITE ADULTS

디지털로 세상 바꾸기

"**선거운동** 현장을 취재하기 위해 길을 달리던 중…… 나는 거리를 달리는 차량들에서 외침과 구호를 들었다. 모두들 자기 차에 탄 채 목청을 높여 '바꿔change'를 연호했다. 그 순간 알았다. 버락 오바마가 이기리라는 것을." 락더보트Rock the Vote('선거로 세상을 바꾸자'는 유권자 시민운동―옮긴이) 블로그에 올린 드니샤de Nish a의 글이다. 그녀는 이 역사적 순간을 직접 눈으로 확인하기 위해 시카고의 그랜드파크에 모인 수천 명의 군중 속에 섞여 있었다. 락더보트의 운영진 헤더 스미스Heather Smith는 이렇게 말했다. "이 젊은 세대는 정치에 관심을 갖고 우리의 미래를 만들어나가고 있습니다."

2008년 초에 《타임》지는 그해를 '청년 유권자의 해'라고 단정했다. 지난 몇 해 동안 젊은 유권자들의 투표율은 늘 실망스러운 수준이었지만, 상황은 달라지기 시작했다. 1990년대에 서른 살 이하의 젊은이들 가운데 투표를 하는 사람은 열 명 중 네 명뿐이었다. 다른 연령층에 비해 훨씬 떨어지는 비율이었다. 많은 사람들이 2004년 이후로 아주 서서히 형성되어온 젊은이들의 세력이 버락 오바마에게 호감을 갖는 새로운 유권자들의 큰 물결로 이어지기를 바라고 있었다. 지지부진한 투표율은 건강한 민주주의의 토대를 위협할 수준으로까지 떨어져 있었기 때문이다.

분명히 확인할 수 있는 사실이 있었다. 지난 40년 동안 미국의 영어덜트들은 신문을 읽고, 동호회 모임에 참석하고, 공식 단체에 가입하고, 공동체 활동을 하고, 투표하고, 노조에 가입하고, 종교단체에 들어가는 등 모든 종류의 '시민 참여' 활동에 소극적인 태도를 보였다는 사실이다. 어떤 활동은 눈에 띄게 참여율이 떨어졌다. 유일한 예외가 있다면 자원봉사 참여율이 조금 높아졌다는 사실뿐이었다.

시민 활동은 성인으로서 해야 할 역할 중에서도 중요한 부분이다. 투표하고 자원봉사를 하고 공동체에 참여하는 등 공공의 이익을 추구하는 이 같은 활동은 한 사회에서 성인으로서 마땅히 져야 할 책임이다. 아이들도 학교와 집에서 이런 책임을 분담하는 훈련을 받고, 또 틈나는 대로 학생회 운영에서부터 불우이웃돕기 모금에 대한 토론에 이르기까지 이런 임무를 실천할 기회를 갖는다. 이웃과 공동체, 나아가 국가를 배려하고 돌보는 책임은 가족을 돌보고 보호하는 것 못지않게 중요하다. 민주주의의 성패는 시민 활동에 달려 있다고 해도 과언이 아니다. 시민 활동을 받아들이는 젊은이들의 의식 수준에 깊은 관심을 갖게 되는 것도 그 때문이다.

아울러 시민 활동이 젊은이들에게 미치는 영향도 중요하다. 시민 참여 활동은 영어덜트들이 기술을 연마하고 자원을 확보할 수 있는 중요한 기회가 되기도 한다. 그리고 성인으로 가는 과정이 길어지면서 영어덜트들이 그런 기회로부터 받을 수 있는 혜택도 크게 늘어났다. 이 시기를 통해 젊은이들은 자연스레 자신과 사회에 대해 다시 한 번 생각해보는 기회를 갖게 된다. 이들은 시민 활동을 통해 자신의 정체성을 다지고 미래를 향한 기반을 닦으며 세상에서 자신이 어울리는 곳을 모색한다.

그런데도 요즘 젊은이들은 대부분 시민 활동과 인연을 끊고 지낸다. 그 이유를 알아내기 위해 '네트워크'는 고등학교 3학년을 대상으로 대규모 연례 조사를 실시해 얻은 자료를 분석했다. 이 자료를 통해 '네트워크'는 물질주의, 동료 시민과 정부에 대한 신뢰, 그리고 적극적이고 열성적인 시민이 되기 위해 중요한 결정을 내리는 데 영향을 주는 신념이나 태도의 변화를 추적했다. '네트워크'는 또 젊은이들의 시민 참여와 교육에 초점을 맞춘 초당적 싱크탱크인 '시민교육및참여정보연구센터Center for Information and Research on Civic Learning and Engagement, CIRCLE'와 협력하여 젊은이들이 사회 활동에 참여하는 이유와 참여하지 않는 이유를 알아내기 위해 그들의 태도와 신념을 투표, 자원봉사와 연계하여 분석했다.

우리가 알아낸 것은 두 가지 이야기이지만 결국은 하나로 통한다. 20대 후반과 30대 초반의 젊은이들은 20대 초반의 젊은이들과는 매우 다른 관점에서 정치에 접근한다는 사실이다. 전자는 물질주의와 개인주의의 급격한 성장과 그에 따른 사회적 신뢰의 급전직하로 레이건과 부시 시절의 후유증을 몸으로 느끼는 부류다. 이들은 정부를 믿지 않는다. 정부는 해결사가 아닌 말썽꾼이라고 그들은 믿는다. 그래서 정치와 시민 활동에 무척 소극적이다. 결과적으로 정치와 시민 활동에서 손을 떼는 현상이 나타난다. 이들보다 나이가 조금 어린 후자는 근본적으로 다른 시각을 갖고 있다. 밀레니엄 세대는 오바마를 전폭적으로 지지하기 위해 삼삼오오 모여들었다. 그리고 오바마는 노련하게도 그들의 힘을 미래를 향한 집단적 희망으로 바꾸어놓았다. 전자에 비해 후자는 정부를 사회적 문제를 해결할 수 있는 주체로 보는 편이고, 일반적으로 동료 시민들을 신뢰하고 그들에게 좀 더 관용적인 태도를 취한다. 이들은 또한 좀 더 개방적이다.

그러나 결코 고삐 풀린 망아지 같은 이상주의자는 아니다. 이 집단은 새로운 유형의 행동주의를 받아들이고 있다. 이 같은 특징은 전자에 속하는 세대와 전통적 학자, 시민운동가들에서는 찾아보기 힘든 요소다. 그들은 기존의 매체는 무시하고 자신만의 미디어를 만들어낸다. "미디어가 되라 Be the media.!" 그들은 그렇게 외치면서 트위터, 유튜브, 페이스북, 블로그, 문자메시지 등을 통해, 전에는 보기 힘들었던 정교한 솜씨와 스피드를 자랑하는 '거리 streets'를 택했다. 이들은 특정 정책을 지지하기 위해 온라인 소셜 네트워킹을 사용하고, 그 정책에 개입하고 정책을 중심으로 모인다. 그들은 마우스 클릭 한 번으로 자신들의 힘을 결집한다.

이 어린 세대들의 새로운 열정에 긍정적인 측면이 없는 것은 아니지만, 순진한 낙관론은 아직 이르다. 그들이 시민 활동에 대해 어느 정도 열의를 보일지는 좀 더 두고 보아야 한다. 경기 침체도 정치 활동에 대한 이 새로운 세대들의 인식 변화에 상당 기간 영향을 미칠 것이다. 최근의 연구 결과에 의하면 경기 침체기에 성인기로 접어든 사람은 정부의 역할을 별로 신뢰하지 않는다는 사실이 밝혀졌다. 그들은 또 제도를 불신하고 비효율적인 것으로 보는 경향이 있다. 정부에 대한 이런 불신은 19~26세의 젊은이들이 가장 심했다.

디지털로 무장한
젊은 반란군이 온다!

《타임》지가 내세운 '청년 유권자의 해'라는 말은 2008년 1월에 처음으로 그 조짐이 눈에 띄기 시작했다. 예비선거가 막 시작되었지만 대학 캠퍼스는 이미 스마트폰을 사용하는 젊은 대통령 후보와 빠른 정보력으로 무장한 젊은 참모들에 대한 소문으로 술렁이고 있었다. 젊은이들은 지체 없이 그들만의 세력을 형성하기 시작했고, 2000년과 2004년의 예비선거와는 달리 자신들의 존재감을 뚜렷하게 드러냈다. 많은 주에서 젊은 유권자의 수는 세 배, 곳에 따라서는 네 배까지 늘어났다. 이 '젊은 반란군 youthquake'들은 오바마의 진영으로 몰려들었다. 오바마는 기성 정치가에게서는 보기 힘든 적극적인 태도를 취했다. 그는 젊은이들에게 자신의 메시지를 직접 던졌고, 그들의 말을 경청했으며, 그들을 선거운동에 끌어들였다. 그들을 전위대로 삼은 대가는 분명히 드러났다. 오바마의 진영으로 모인 학생들은 《타임》지의 지적대로 "초반에 승기를 잡게" 해주었다.

역사적인 순간의 문턱에 한 걸음 다가선 2008년의 예비선거가 끝난 후, 마흔여덟 살의 민주당 후보 버락 오바마와 일흔세 살의 노회한 공화당 후보이자 백인인 데다 특권층으로 순식간에 기성세대를 대표하는 자리에 서게 된 존 매케인 John McCain 사이의 대결에서도 젊은 유권자들은 여전히 큰 위력을 발휘했다. 오바마가 대통령직에 도전하는 최초의 흑인 후보라는 사실은 전혀 문제가 되지 않았다. 이 젊은 세대들은 미국 역사상 가장 다양한 세력의 집합체였다. 단순한 사실이지만 미국의 미래를 위해서는 엄청난 의미를 지니는 현상이었다. 하지만 그보다 더 중요한 것은 오바마가 젊은이들과 소통하는 데 사용한 미디어였다. 유투브, 트위터, 문자메시지, 그리고 소셜 네트워크 사이트인 마이버락오바마 My Barack Obama(이 사이트는 곧 문자메시지 분량에 맞춰 'MyBO'로 줄여 통용되었다) 등이 그의 무기였다.

기존의 방식으로는 요즘 젊은이들을 선거운동에 끌어들일 수가 없다. 일단 유선전화를 갖고 있는 젊은이들이 거의 없고, 휴대폰을 쓰는 사람들은 자동 응답 선거 전화에 동원하기 어렵다. 젊은이들은 자주 이동한다. 그들은 기숙사로 강의실로 학생회관으로 아파트로 계속 움직이고, 구직이나 사교를 목적으로 이 도시 저 도시를 찾는다. 그들은 웬만해서는 투표를 하지 않기 때문에 전통적인 데이터베이스에 잡히지 않고, 일간지를 구독하지 않으며, TV 저녁 뉴스도 보지 않는다.

오바마 진영은 젊은이들이 가장 많은 시간을 보내는 곳을 조사했다. 온라인 소셜 네트워크와 휴대폰이었다. 그는 MyBO를 통해 회원들을 모았다. 오바마의 선거운동은 디지털 도구를 본격적으로 활용하여 이 세대와 소통한 최초의 선거운동이었다. 오바마는 블로고스피어 blogosphere(인터넷상의 모든 웹블로그를 통칭하는 표현으로 블로그 세계를 의미한다—옮긴이)와 소셜 네트워크식 어법으로 그들에게 메시지를 던졌고 그들의 말을 경청했다. 그들과 대화를 시작한 것이다.

노스웨스턴 대학을 나와 시카고의 한 자선단체에서 일하고 있는 조녀선은 그의 세대를 이렇게 요약한다. "현실 참여의 물결이 다시 일고 있습니다. 그는 나이도 젊고 흑인입니다. 기존 권력 모델의 변화를 알리는 신호인 셈이죠. 7선 시장인 시카고의 데일리Daley 시장을 보면 이렇게 생각할 겁니다. '좋아, 평소대로만 하면 다행이지.' 금융 구제 전문위원을 보면 이렇게 생각합니다. '흠, 말쑥하게 차려입은 백인 중년 남성 여섯 명이 모이셨군.' 사람들은 권력을 상징하는 어떤 이미지에 세뇌당합니다. 그러나 오바마는 젊은층을 더 많이 끌어들였습니다. 우리에게는 그게 중요했습니다."

2008년의 최종 선거에서는 2004년보다 340만 명 더 많은 젊은이들이 투표소로 향했고, 그들 스스로가 세간의 관심을 촉발한 후보에게 몰표를 던졌다. 젊은 유권자의 3분의 2가 오바마를 지지했다. 미국 정치가 새로운 시대를 맞은 것이다.

그러나 아직
축배는 이르다

이 같은 뉴스는 분명 고무적이다. 하지만 통계를 분석해보면 그리 좋아할 일만은 아니다. 소위 젊음의 정치를 앞세운 2008년의 새로운 황금기에도 서른 살 이하의 투표자 수는 여전히 50퍼센트를 넘지 못했다. 2004년의 집계에 비해 겨우 4~5퍼센트 오른 수치였다. 반면에 서른 살 이상의 투표자 수는 약 70퍼센트에 달했다. 선거 한 달 전에 전국의 19~25세 젊은이들을 대상으로 실시한 조사에서 80퍼센트 이상이라는 절대 다수가 정부 기구나 정치 조직, 사회 쟁점과 관련된 단체에 참여한 적이 없다고 답했다. 젊은이들의 무관심은 요지부동이었다. 이들은 어떤 이슈를 문제 삼아 의회에 이메일을 보낸 적도 없고, 정치와 연관된 온라인 토론이나 블로그에 참가한 적도 없으며, 정치 집회나 시위에 참여한 적도 없었다. 정치적 운동에 돈을 기부한 적도, 자원봉사에 참여한 적도 없었다. 온라인에 매달려 엄청난 시간을 보내면서도, 그들은 특정 정치 후보, 사건, 주장을 선전하기 위해 페이스북이나 마이스페이스를 사용한 적도, 정치적 성격의 동영상을 올린 적도 없었다.

결국 극히 일부 젊은이들(약 10퍼센트 정도)만이 적극적으로 개입하고 조명을 받는다. 《타임》지를 비롯한 각종 매체에 실린 기사에 등장하는 주인공들은 대부분 4년제 대학에 다니는 학생들이었다. 결국 정치·사회 문제에 적극 개입하는 부류는 한 가지 특징을 공유한다. 대학생이거나 대학 졸업자라는 사실이다. 2008년 대선에서 서른 살 이

하 유권자의 70퍼센트는 적어도 대학에 다닌 경험이 있었다. 고등학교 졸업 또는 그 이하의 학력을 가진 사람들은 30퍼센트에 불과했다. 대학 졸업장을 가진 자와 갖지 않은 자가 정치적 참여도에서 이렇게 현격한 차이를 보이는 것은 참여도와 사회계층에 밀접한 연관 관계가 있다는 방증이다. 그리고 투표를 비롯한 여러 분야의 시민 활동에서도 대학을 졸업한 사람과 그렇지 않은 사람의 격차는 시간이 가면서 벌어졌다.

이런 극심한 정치 혐오나 무관심은 기본적으로 신뢰 부족이 그 발단이다. 신뢰는 희망이 보일 경우에 형성되고, 모든 사람이 목청을 높여 중구난방으로 이야기를 해도 자신의 목소리를 들어준다는 느낌을 가질 수 있을 때 만들어진다. 이 두 가지가 충족되지 않을 때, 투표를 하거나 자원봉사를 해야겠다는 충동은 시들해진다. 장래에 대한 희망이 별로 없는 영어덜트들에게서 이런 현상을 흔히 볼 수 있다. 그리고 그 자리를 대신 메우는 것은 정치는 자기와 상관없는 누군가를 위한 그들만의 잔치라는 냉소주의다. 그리고 그런 냉소주의에는 나름대로 이유가 있다. 시골구석이나 노동자들이 모여 사는 도시 빈민촌, 심지어 이동주택 차량에 사는 젊은이들은 큰 목소리를 내지도 않고 그래서 중요하지도 않다. 셰리 같은 젊은이들이 아무리 목청을 높여봐야 아무도 귀를 기울이지 않는다. 그러니 굳이 투표소로 나가야 할 이유를 느끼지 못하는 것이다.

우리집은 정치에
관심 없어요!

　　　　　　　정치와 투표에 대한 셰리의 생각은 요즘 영어덜트들 가운데 나이가 좀 든 축에 속하는 X세대의 전형일 것이다. 셰리는 대학 졸업장이 없는 다수 집단에 속한다. 삼십 줄에 막 들어선 셰리는 남편 그렉과 함께 이동주택에서 살고 있다. 그 옆에는 신형 포드익스플로러Ford Explorer를 주차시켜 놓았다. 그녀는 지금의 생활에 아주 만족한다. 지금 하고 있는 웨이트리스 일도 마음에 들고, 남편과 일 년에 두어 번 정도 라스베이거스로 가는 휴가도 무시하지 못할 삶의 활력소다.

웨이트리스는 그녀의 활달한 성격에 딱 맞는다. 그렉은 근처에 있는 가족 소유의 작은 식당에서 바텐더로 일하면서 이것저것 식당의 자잘한 일을 다 도맡아 한다. 두 사람은 6년째 행복하게 결혼 생활을 해오고 있다. "그렉은 나 같은 여자를 잘 참아요. 그게 문제죠." 셰리는 크게 웃으며 말했다. 시간이 나면 셰리는 범죄소설을 탐독한다. '연속극'도 좋아하고 수사물도 즐겨 본다. 하지만 신문은 읽어본 적이 없고, 투표도 해본 적이 없다. "투표요? 하긴 해야 하는데 안 하게 돼요." 그녀는 어깨를 으쓱였다. "한 번도 투표해본 적이 없어요." 셰리는 투표하고 싶은 생각이 들 만한 특정 이슈를 알지 못한다. "우린 정치 얘기는 안 해요. 정치 같은 건 관심 없는 집안이죠." 셰리는 자신과 남편과 부모에 대해 그렇게 말했다.

셰리는 공무원과 접촉해본 적도 없다. 정치적 운동에 가담한 적도 없다. 정당에도 가입하지 않았다. 이런 무관심은 우리 주변에 얼마든지 있다. 2004년에 전국 고등학교 3학년생을 대상으로 실시한 조사에서 공무원을 상대하거나 선거운동에 돈을 내거나 자원봉사를 한 적이 한 번도 없다고 대답한 학생은 열 명 가운데 여덟 명이었다. 단 오마바 선거 이후에 선거운동의 양상만 조금 바뀌었을 뿐이다. 이 3학년들은 모니터링더퓨처 조사 대상의 일부였다. '네트워크' 회원인 콘스턴스 플래너건Constance Flanagan과 동료들은 지난 30년 동안 젊은이들의 정치의식과 시민 의식의 변화를 추적해왔다. 그들은 전통적인 정치 형태를 통한 젊은이들의 활동이 2002년을 기준으로 30년만에 최저 수준으로 낮아졌다는 사실을 알아냈다.

셰리는 세계 문제나 경제에는 문외한이다. "세상이 어떻게 돌아가는지 우리는 잘 몰라요. 이라크가 어떻게 되어가는지도 잘 몰라요. 그저 오늘 하루 충실하게 살면 그만이죠. 내가 어떻게 한다고 해서 세상이 달라지는 것도 아니잖아요. 내가 어떻게 할 수 없는 것 때문에 골머리를 앓으며 살 생각은 없어요." 앞으로도 투표하지 않을 작정이냐고 묻자 그녀는 말했다. "하긴 해야죠. 하지만 내 표 하나가 뭐 대단한가요?"

이처럼 무관심한 시민 의식도 사실 이유가 없는 것은 아니다. 셰리는 유권자와 시민의 참여도에서 근본적인 변화가 일어나던 시대에 성년이 된 세대다. 정치적 동기의 핵심은 바로 사회적 신뢰다. 지난 30년 동안 고등학교 3학년생들의 생각이나 태도를 조사하는 과정에서 '네트워크'는 사회적 신뢰가 1980년대 중반부터 떨어지기 시작하여

10년 뒤에는 최저 수준에 이르렀다는 사실을 밝혀냈다. 그 이후로 조금씩 높아졌지만 1980년대 중반 수준으로는 두 번 다시 회복되지 않았다.

X세대가 성년이 되어가는 과정에서 땅에 떨어진 신뢰는 여러 가지 문제를 일으켰다. 특히 레이건 정권과 아버지 부시 정권이 작은 정부를 표방하고 기업 안전망을 해체하는 등 개인주의를 강조하면서, 근로자들은 연금 확보도 의료 비용도 직업 연수도 스스로 알아서 해결해야 했다. 게다가 세계화와 구조 조정의 회오리바람은 근로자의 불안과 불확실성을 가중했다.

불안은 불신을 낳는다. 세상이 어떻게 될지 모를 때, 사람들은 스스로 살 궁리를 하게 된다. 플래너건은 다음과 같이 지적한다. "사는 게 힘들어지고 회사가 위기에 처하게 되면, 동료가 내 자리를 빼앗거나 승진 기회를 가로채지나 않을지 의심하게 됩니다." 제 잇속 챙기기에 급급하고, 자리 보존이 위험하다 싶으면 자신이 유리한 점을 악착같이 지킨다. 이렇게 동료나 친구나 이웃도 못 믿을 판에 어떻게 정치가를 믿을 수 있겠는가? 요즘도 영어덜트들 가운데 나이 든 축의 절반은 여전히 정치가에게 의심의 눈초리를 거두지 않는다. 대학 졸업장이 없거나 미래가 확실치 않은 사람도 역시 마찬가지다. 나이를 불문하고 사람들은 세상이 그들에게 기회와 미래를 약속해준다는 느낌을 받을 때 투표소로 향하게 된다. 국가의 발전을 도모하는 제도와 동료 시민을 믿지 못하고 미래에 대한 기대가 희박해질 때, 그들은 투표를 해야 할 이유를 찾지 못한다. 지난 30년 동안 미래에 대한 기대치는 정치가와 정부에 대한 신뢰도와 함께 거의 제자리를 맴돌았다.

사회에 대한 신뢰도는 실업자, 빈곤층, 소수민족, 그리고 그 밖의 소외 계층들에게서 특히 낮게 나타난다. 힘없는 사람들이 사회를 믿지 못하는 데는 나름대로 이유가 있다. 그들의 삶은 예측하기가 어렵고 그들의 이해관계가 얽힌 쟁점은 무시되기 일쑤다. 뉴욕시에서 의료 감독으로 있는 스물네 살의 푸에르토리코 출신 라라는 이렇게 말한다. "선거 후보자들은 민생 문제에 관심이 있는 것처럼 보이려 합니다. 그래서 선거 기간에는 유권자의 말에 열심히 귀를 기울이죠. 하지만 선거가 끝나면 그것으로 끝입니다. 유권자는 안중에도 없어요."

세리처럼 고등학교만 졸업한 사람들은 사회에 대한 신뢰도가 낮다. 콘스턴스 플래너건은 말한다. "대학에 가기만 해도 사회에 대한 믿음이 높아집니다." 콘스턴스는 고등학교 졸업자와 그 이상의 교육을 받은 젊은이들 집단을 비교하는 과정에서 이런 특성을 분명히 확인했다. 고등학교 때는 사회에 대한 신뢰도에서 낮은 점수를 받았다가 대학에서 1년을 보낸 뒤에 갑자기 높은 점수를 얻은 학생들이 많았다. 이렇게 사회에 대한 신뢰도가 갑자기 높아지는 것은 대학이 사회의식을 심어주기 때문이다. 플래너건은 이렇게 말한다. "학생들은 공동의 이익에 기여하는 사람들의 모습을 자주 접하게 됩니다." '우리는 당신에게 관심이 있다. 우리는 당신을 지켜보고 있다.' 학생들은 이런 메시지를 계속해서 접한다. 그래서 서로 유대감을 느끼고 안심하게 된다. "누군가 자신을 지켜보고 있다는 사실을 의식할 때 사회에 대한 신뢰도는 크게 높아집니다. 그런 원리를 고등학교에 적용한

다면 고등학생들을 시민 활동에 끌어들이는 문제를 어느 정도 해결할
수 있을 것입니다."

'네트워크'도 확인했지만 셰리는 젊은 세대의 사회적 무관심을 다
음과 같이 지적했다. "우리에게는 돈이 최고예요. 톡 까놓고 말해 멋
진 집, 멋진 차, 멋진 옷이 주된 관심사죠." 그래서 '네트워크'는 물질
주의와 신뢰의 관계를 분석했다. 흥미롭게도 1980년대에 사회의 평등
과 정의에 대한 신뢰도가 떨어지면서, 젊은이들의 삶의 기준은 오히
려 높아졌다. 그러다가 1991년 이후로 사회적 평등과 정의에 대한 신
뢰도가 조금씩 회복되면서 지금은 어느 정도 안정된 상태를 유지하는
편이다. 그러나 셰리 같은 X세대들은 부모나 조부모 때에 비해 사회
에 대한 신뢰도가 훨씬 낮은 상태에서 성인기를 맞았다. 그리고 그들
의 사회에 대한 신뢰도는 나이를 먹어도 크게 높아지지 않았다.

물질주의의 팽창과 사회적 신뢰의 하락에는 개인주의라는 공통의
기반이 있다. 물질적 대상을 추구하는 행위는 주로 개인적인 노력이
다. 물질적 대상이 중요한 욕구가 되고 오직 그것만 손에 넣기 위해
노심초사하다 보면, 동료 인간들은 눈에 보이지 않게 되고 오히려 그
들이 자신에게 방해가 되지 않을까 경계하게 된다. 직장에서의 위치
가 불안해지면서 물질적 대상을 손에 넣을 수단 자체가 위협받을 때
는 특히 그렇다.

"어렸을 때부터 저밖에 몰랐어요. 저 이외엔 관심도 없었기 때문
에, 심지어 제 세대조차 별로 믿음이 가지 않습니다." 셰리는 그렇게
말하면서 자기 세대는 다른 사람을 생각하거나 이웃과 사회와 국가를

건강하게 만드는 문제에 익숙하지 않다고 덧붙였다. 자기밖에 모르는 태도는 승진하는 데는 도움이 될지 모르지만, 결국 그것은 시민사회의 기반을 좀먹는 위험한 현상이다.

영어덜트들의 참여도가 저조한 또 한 가지 이유는 그들이 정치 문제를 비롯한 공공의 쟁점에 대해 별로 아는 바가 없다고 생각하기 때문이다. 여러 조사 결과를 종합해보면 영어덜트들은 사회적인 쟁점에 대한 기초 지식조차 없으며, 정치나 시사적 현안이 대해 잘못 알고 있는 경우가 많다는 사실을 알 수 있다. 그들은 정치나 정치적 절차에 관해 배울 기회를 제대로 얻지 못한 채 어른이 된다. 사회적으로 불리한 처지에 있는 소수집단의 젊은이들만 따로 모아 가르치는 학교는 적절한 시민교육을 제공하지 못한다. 이런 환경에 있는 젊은이들에게는 현실 문제에 참여하고 실천할 기회가 좀처럼 주어지지 않는다. 실제로 이들 가운데 3분의 2에 가까운 젊은이들이 현실성 있는 정치적 정보의 필요성을 인정하는 것으로 드러났지만, 고등학교에서 유권자로서 후보들을 평가하고 투표권을 행사하는 게 필요한 교육을 받은 적이 있다고 응답한 젊은이들은 절반에 지나지 않았다.

고등학교에서 실시하는 시민교육은 역사도 짧고 수준도 매우 낮다. 1960년대에는 시민교육 관련 과목이 세 과목 정도 편성되었지만, 요즘은 한 과목 정도라도 있으면 다행인 편이다. 시민교육을 한다는 학교에서도 옛날 교과서를 가지고 젊은이들의 관심사와는 동떨어진 원론적인 이론만 되풀이하는 경우가 대부분이다. 전체적으로 현실성도 없고 지루한 내용이라 종종 조롱거리로 입에 오르내릴 지경이다.

존 스튜어트Jon Stewart가 쓴《존 스튜어트의 데일리 쇼가 선사하는 아
메리카The Daily Show with Jon Stewart Presents America》의 교사판인《무기력
한 민주주의로 가는 길A Citizen's Guide to Democracy Inaction》등이 이런 교
육 현실을 비판하는 대표적인 사례다.

가정에서도 정치 문제는 흥미로운 화젯거리가 되지 못한다. 예전
과 달리 요즘 사람들은 집에서 정치적 쟁점을 두고 토론하는 법이 거
의 없다. 가족 간의 정치적 토론은 시민 활동과 정치적 쟁점에 관한
정보를 접하고 이해할 수 있는 중요한 자리다. 하지만 요즘 집에서 부
모와 정치를 놓고 토론하는 경우가 1년에 한 번이라도 있다고 답한
젊은이는 3분의 1에 불과하다. 그러나 정치 문제에 관심을 가지고 서
로 의견을 교환하는 집안의 젊은이들이 사회문제에도 더욱 적극적으
로 참여하고 투표한다.

행진은 옛말,
이제는 네트워크다

'저항'은 20세기 중반을 상징하는
아이콘이었다. 1968년의 시카고 폭동을 시발점으로 버클리, 앤티악,
워싱턴으로 이어지는 저항의 물결을 타고, '플라워 파워flower power'로
불리는 1960년대 반전 문화의 기수들은 대규모 세력을 형성하여 거리
로 뛰쳐나왔다. 돌이켜보면 이 같은 저항은 이 세대가 정치에 접근하
는 나름의 방식이자 강력한 의사 표출 수단이었다. 그들은 정면 도전,

타협 거부, 적에 대한 불관용 등의 전략을 내세웠다. 요즘 젊은이들은 이런 기존의 전략을 수용하여 자신들의 세계에 맞게 변형시켰다.

아이비리그 출신 스물다섯 살의 동성애자 루크는 이렇게 말했다. "우리는 로봇처럼 무조건 '네, 알았습니다'라고 하지 않습니다." 루크는 투표하고 기부금 내고 온라인을 뒤지는 등 자신이 지지하는 후보를 위해 할 수 있는 일이라면 무엇이든 한다. 요즘 보기 드문 젊은이다. 그러나 그는 자신의 방식을 이렇게 설명한다. "시위 같은 데는 원래 관심이 없는 편입니다. 하지만 프로포지션 8(캘리포니아에서 동성애자 결혼을 금지시킨 주민 발의안)이 발의되었을 때는 가만히 있을 수 없더군요. 그때 처음 시위에 참가해봤습니다. 그래도 시위에 찬성하지는 않아요. 정당한 주장을 내세워 시위를 주도하는 사람도 방법이나 동기는 잘못된 경우가 많거든요. 마이크에 대고 조지 부시를 히틀러에 비유하는 친구들이 있는데, 아주 부적절하고 무책임한 비유죠. 하지만 시위할 때는 그런 비유도 지나치다는 생각이 들지 않습니다."

저항 세력의 주류인 급진주의자들은 루크 같은 생각을 가진 사람들을 동지로 여기지 않는다. 그의 세대 대부분이 그렇듯이, 루크는 생각이 다른 사람과 얼마든지 타협할 의사가 있고 또 실제로 손잡기도 한다. 예를 들어 채식주의자인 콘스턴스 플래너건의 딸이라면 사냥 클럽에는 절대로 가입하지 않을 것이다. 그러나 천연자원 보호를 위해서라면 사냥꾼들과 손잡고 숲과 자연을 보호하는 운동에 앞장설 수 있다. 숲과 강을 보존하려는 이유는 서로 다르지만, 그들은 공동의 목표를 위해 얼마든지 협력할 수 있다.

커뮤니케이션과 정치학을 가르치는, 워싱턴 대학의 '커뮤니케이션 및 시민 참여 센터Center for Communication and Civic Engagement'의 의장 W. 랜스 베넷W. Lance Bennett 교수는 시민 의식에서 신구 세력의 충돌을 지적한다. 뉴스를 꼬박꼬박 챙기고, 시위하고, 선출된 공직자를 만나 따지고, 공공사업에 관심을 드러내는 기존의 시민 참여 활동은 앞선 세대의 어른들이 중요시했던 시민 활동으로, 이런 낡은 방식은 '빈약한 개념의 시민 의식'이라고 베넷 교수는 주장한다. 이런 활동은 젊은이들의 관심을 대변하지 못하고, 좀 더 현대적인 개념의 참여를 유도할 수 없다.

신세대들에게 '시민으로서의 본분'이라는 낡은 모델은 납득하기 어려운 부담이었다. 그 대신 그들은 베넷이 말하는 소위 '실천하는 시민'이라는 개념으로 낡은 모델을 대체했다. 그들의 부모와 조부모들은 투표소에서 표를 행사하고 거리에서 몸으로 저항했다. 그것이 시민의 도리이자 의무였다. 이런 의무감은 교회, 사친회, 엘크스클럽Elks Club(공동체 활동을 통해 인간관계를 다지는 중년 남성들의 모임—옮긴이), 노동조합, 그리고 교실 같은 전통적인 사회적 집단 속에서 배양되었다. 그리고 직장이 안정적이었기 때문에 그들은 사회와 국가에 대해 충성심과 의무감을 가질 수 있었다. 어떤 집단에 소속되면 정체성이 생겼고 또 의무적으로라도 그런 정체성을 가져야 했다. 그러다 보면 집단 규범이란 것이 만들어졌다. 주변에서도 집단의 이익을 위해 투표소로 향하도록 은근히 부추겼다. 이에 대한 반대급부로 정치가들은 '선거구민'의 말에 귀를 기울이고 그들의 관심사에 호응하는 공약을 제시했다. 그렇게 집단 구성원들은 정치가들이 자신들의 말에 관심을 갖는다는 사실을 확인할 수 있었다. 그러나 세상은 변했다. 주로 종교 분야에서 몇 가지 예외가 있긴 하지만, 강력한 소속감을 기반으로 하는 정체성은 과거의 유물이 되고 있다.

그리고 온라인으로 대표되는 좀 더 느슨하고 광범위한 소셜 네트워크가 그 자리를 채우고 들어왔다. 디지털 세계는 새로운 형태의 커뮤니케이션과 유대 관계를 제공할 뿐 아니라, 소속감과 의무감에 대한 우리의 개념까지 바꾸고 있다. 집단은 더 이상 구성원에게 관심을 강요하지 않는다. 오히려 개인은 페이스북, 트위터, 블로그 같은 느슨한 소셜 네트워크 관계를 통해 신뢰하는 인터넷 가족의 추천을 기반으로 하는 상향식 처리 과정에 관심을 기울인다. 이 실천하는 시민들은 정부에 대한 의무감은 약해도 개인의 목적의식은 매우 높다. 이들에게 투표는 '친환경' 제품을 사거나 자원봉사를 하는 것보다 더 의미 있는 일이 아니다.

요즘 영어덜트들은 권위적이고 일방적인 메시지나 요구 사항을 불편하게 여긴다. 그들은 누구에게 분류되고 관리되고 조종당하는 것을 좋아하지 않는다. 소비문화의 융단폭격을 계속 받은 탓인지, 그들은 인위적인 메시지 속에 감추어진 의도를 찾아내는 날카로운 후각을 가지고 있다. 그래서인지 '네트워크'가 실시한 모니터링더퓨처의 분석에서, 고등학교 3학년생 가운데 2002년 한 해 동안 시위에 참여했거나 참여하겠다고 답한 학생은 다섯 명 중 한 명에 그쳤다.

요즘은 더 넓은 의미의 시위가 등장했다. 휴대폰과 소셜 네트워크를 사용한 '똑똑한 군중smart mobs'들이 즉각적이고 자발적인 집단과 협력하여 집단행동을 개시하는 유형이나, 블로그나 페이스북을 사용하여 주류 미디어가 경시하는 뉴스를 보도하는 더 넓은 유형의 저항 운동이 그것이다. 그들의 시위는 처음부터 철저히 조직적이고, 평등하며, 탈권위적이다. 이 세대는 집단의 힘으로 변화를 가져올 수 있다고 굳게 믿는다. 그러나 이 집단은 규모가 작고 개성화되어 있고 널리 분산되어 있다.

존 매케인은 진부하고 관료적인 상명하달식 메시지에 강한 거부감을 보이는 젊은이들의 성향을 제대로 간파하지 못했다. 2000년에 매케인도 디지털 세계에 입문하여 젊은 유권자들과 접촉을 시도했다. 그는 화상회의라는 최신식 도구를 활용하여 취재 회의를 열었고, 젊은 참석자들에게 질문 사항을 이메일로 보내달라고 요청했다. 이런 제스처는 처음 시도되는 생생한 상호 교류 방식의 정치 이벤트로 선전되었다. 승리는 손에 잡히는 듯 보였다. 그러나 그는 중요한 사실 하나를 놓치고 있었다. 디지털 도구를 단순히 젊은이들을 '끌어들이는' 수단으로 만족해서는 그들의 환심을 지속시킬 수 없다는 것이다. 그들에게는 다음 조치가 있어야 했다. 매케인이 이메일로 받은 질문은 250건에 달했지만 대답해준 것은 겨우 12건이었다. 더구나 그는 대중과 자연스레 섞여 의견을 밝히기보다는 정해진 원고를 읽으며 '공식 견해'만 밝히는 치명적인 실수를 저질렀다. 반응은 떨떠름했다. 그의 청중들은 허울뿐인 가식을 눈치챘고 곧 등을 돌렸다.

오바마가 젊은이들에게 쉽게 다가갈 수 있었던 한 가지 이유는 희망, 변화, 그리고 "우리는 함께 해낼 수 있다"는 그의 메시지가 젊은 이들에게 공감을 불러일으켰다는 것이다. 그뿐 아니라 오바마는 젊은 이들이 네트워크를 통해 그의 메시지를 자신들의 버전으로 바꾸어 전달하게 해주었고, 그 과정에서 더욱 큰 메시지를 전달하는 믿을 만한 사절단이 되도록 허락했다. 그리고 그들은 그런 일이라면 누구보다 전문가였다. 물론 그 메시지는 오바마 팀에서 철저히 통제하는 것이었지만 말이다.

자원봉사로 더 큰 세상을 찾아나서다

새로운 참여 모델은 자원봉사에서 더욱 뚜렷하게 드러난다. 요즘 젊은이들은 그 어느 때보다 자원봉사에 참여하는 비율이 훨씬 높다. 매우 '바람직한 변화'다. 물론 고등학교에서 봉사 활동을 의무로 규정하고 있고, 대학이나 직장에 따라 지원서나 이력서에 봉사 내역을 기재할 것을 요구하는 곳이 있기 때문인 탓도 없지 않다. 하지만 이유가 무엇이든 간에 결과는 마찬가지다. 자신이 받은 것을 사회에 환원하는 젊은이들이 많아진 것이다. 고등학교 3학년생 가운데 자원봉사 경험이 있다고 답한 학생은 다섯 명 가운데 네 명이었다. 2008년에는 대학교 1년생의 40퍼센트, 그리고 4년생의 60퍼센트가 대학을 다니는 동안 지역사회 봉사나 자원봉사를 한다고 답했고, 4년생의 15퍼센트는 졸업 후에도 계속하겠다고 답했다.

물론 지역사회 봉사나 자원봉사를 하는 횟수가 대부분 한 달에 한 번 이하라는 사실을 감안하면 아직 개선의 여지는 많아 보인다. 그래도 고등학교를 졸업하면서 의무에서 벗어났는데도 자원봉사를 계속하고 있다는 사실은 고무적인 현상이다. 자원봉사는 앞으로 평생 해야 할 정치적·시민적 활동의 첫걸음이기 때문이다.

'네트워크'의 분석에 따르면, 젊은이들은 자원봉사를 통해 자신들의 관심사와 정체성을 드러내고 그에 필요한 대의명분을 찾는 것으로 나타났다. 그들은 또 행동에 대한 결과를 즉석에서 확인하길 원하고, 믿을 만하고 진심에서 우러나오는 자원봉사나 프로젝트에 참여하고 싶어한다. 이런 요소는 어떤 집단이나 기관에 충성하는 것보다 그들에게는 훨씬 더 큰 가치를 지닌다. 실제로 젊은이들은 특정 집단이나 조직을 위해 '평생 충성을 바치는' 일에는 관심이 별로 없다. 특정 단체를 지지하여 자원봉사를 자처해도, 봉사 활동이 끝나면 열정도 같이 끝나는 경우가 많다. 그런 다음 그들은 새로운 운동이나 단체를 찾아 이동한다. 변화는 이들 게임의 한 특징이다. 그래도 자원봉사는 평생 이어질 사회참여로 들어가는 문이 될 수 있다.

재키는 마약과 폭력이 판치는 시카고의 험한 동네에서 자랐다. 그녀는 위험한 환경 속에서 꿈도 없이 하루하루를 무의미하게 보내는 친구들의 일상을 가까이에서 지켜보았다. 재키는 친구나 학우들을 그런 환경으로부터 벗어나게 할 방법을 찾고 싶었다. 마침 한 상담 교사가 그녀에게 고등학교 봉사 학습 과목의 일환으로 학생정치활동위원회Student Political Action Committee, SPAC를 추천했다.

당시 SPAC는 고등학교에서 공공연히 이루어지는 군대 모병 관행에 제동을 거는 문제와, 좀 더 효율적이고 의무적인 성교육을 시행하는 문제, 이 두 가지 쟁점에 주력하고 있었다. 재키는 이 문제들의 심각성을 피부로 느끼고 있었다. 재키는 친구들의 성 개념이 얼마나 허술한지 잘 알고 있었다. 또 재키는 아무것도 모르는 흑인 아이들을 꼬드겨 그들과는 아무런 상관도 없는 전쟁에 투입하는 군대의 모병 방식에 문제가 있다고 생각했다. "징집관들은 고등학교를 제집처럼 휘젓고 다녔어요. 부모의 허락도 없이 아무 학생이나 붙들고 설득해요. 이건 엄연한 사생활 침해예요. 소수 약자에 속하는 흑인 학생을 국가가 그런 식으로 이용해서는 안 되죠."

재키는 동료 SPAC 회원들과 힘을 합쳐 시카고시 당국에 압력을 가했다. 그들은 시카고 내 모든 고등학교에서 포괄적인 성교육 프로그램을 의무화할 것을 규정하는 소송을 걸고 승소했다. 그녀는 그때의 쾌거를 생각하면 지금도 가슴이 뛴다고 말했다. "우리 모두가 그 일에 덤벼들었어요! 그렇게 많은 학생들과 그렇게 많은 부모님과 선생님들이 한마음으로 모여 사명감을 가지고 투쟁했다는 것이 지금도 믿기지 않아요. 모두가 힘을 합쳤기 때문에 성공할 수 있었던 것 같아요." 그들은 또 시카고의 공립고등학교에서 벌어지는 모병 관행을 바꾸기 위해 싸웠다. 결국 학교는 학생들의 개인 정보가 군징집관에게 들어가는 것을 막는 '거부' 문서에 서명할 권리가 있다는 사실을 학생들에게 분명히 알려야 했다. 재키가 졸업하기 직전에, 시카고의 학군은 SPAC의 요청을 들어주는 쪽으로 정책을 변경했다.

이런 가시적이고 즉각적인 성공으로 재키는 정치적인 문제에 적극적으로 관여하게 되었다. "어떻게 설명해야 할지 모르겠지만, 그 이후로 제가 어떤 사회에 속해 있든지 남다른 관심을 갖고 적극적으로 개입하게 됐어요. 이제는 팔짱 끼고 앉아 세상일이 돌아가는 것을 구경만 하고 있지는 않을 거예요."

버락 오바마가 고향 사람들의 적극적인 지지에 힘입어 대통령에 출마했을 때, 재키는 선거운동에 뛰어들어야겠다고 결심했다. 그녀는 젊은이들로 구성된 행동대를 조직했고 시카고 전역에서 모여든 학생들과 합세하여 아이오와로 가서 예비선거를 위한 운동을 시작했다. 그들은 또 정치적 절차와 사회 변화를 주제로 한 워크숍에 참석했다. 재키는 나중에 시카고로 돌아와 선거운동을 계속했고 예비선거 기간에 참관인으로 활약했다. 그러나 그녀의 모든 자원봉사 노력이 결실을 맺은 것은 바로 투표하는 순간, 그것도 처음 투표하는 그 순간이었다. 최초의 흑인 대통령에게 표를 던지는 열아홉 살짜리 아프리카계 미국인으로서, 재키는 문득 그 순간의 심오한 의미를 새삼 실감했다. "어떻게 그런 일이 일어났는지 지금도 믿기지가 않아요. 선거운동에 쏟았던 그 모든 노력이 실제로 그렇게 보상을 받다니 거짓말 같았어요. 뭉치면 어떤 일도 해낼 수 있다는 것을 처음 알았죠. 정말 짜릿한 경험이었어요."

아쉽게도 재키의 사례는 그녀가 자란 동네의 유형으로 보자면 예외에 속한다. 그처럼 험악한 무법천지 동네에는 아이들을 정치적 활동으로 유도하는 장치가 제대로 갖춰져 있지 않다. 소외당한 도시 빈민 구역의 아이들은 마땅한 직업을 구하기도 힘들고, 긍정적인 역할 모델로 삼을 만한 사람을 만나기도 어렵다. 그래서 이런 동네의 아이들은 고질적인 불평등에 도전하고 맞서 싸울 기회를 제대로 갖지 못한다.

이런 지역은 주류 정치가들도 관심을 기울이지 않기 때문에 대부분 정치적으로 고립되어 있다. 사람들은 먹고사는 일에만 급급해서 한집 식구들이라 해도 제각기 다른 버스를 타고 출근하고, 집에 돌아와도 식사하고 잠자기 바쁘기 때문에 자원봉사는 엄두도 낼 수 없다. 결국 이런 지역에서 시민단체의 수는 갈수록 줄어들거나 사라져간다.

그러나 이처럼 어려운 상황에도 불구하고 재키 같은 젊은이들은 세상을 바꾸는 물결에 하나둘씩 올라타고 있다. 그리고 그 물결은 조금씩 거세지고 파고가 높아진다. 플래너건은 다음과 같이 말했다. "디트로이트 중심지에서, 필라델피아 도심에서, 아이들과 손잡고 일을 벌이는 시민운동가들이 많아지고 있습니다. 그리고 이 시민운동가들은 그들의 좌절이 개인의 문제가 아니라 집단적 문제라는 것, 그리고 정치적으로 조치를 취할 수 있는 문제라는 것을 일깨워줍니다. 그들은 젊은이들에게 책임 부서를 찾아내고, 담당자에게 호소하고, 자신들의 요구를 효과적으로 전달할 방법을 알려줍니다. 요구를 관철하지 못할 때도 많지만, 그래도 괜찮습니다. 문제 해결을 요구한 것만으로도 효과가 있고, 하고 싶은 말을 언제든 할 수 있다는 사실을 깨달은 것만으로도 큰 성과라고 할 수 있습니다." 재키드 실감했지만, 자신들이 세운 정치적 대리인에게 납득할 만한 설명을 요구하고, 그 결과로 나타난 변화를 확인하는 과정은 시민 스스로 힘을 갖추어가는 과정이기도 하다.

정치적 활동이 참여 활동의 전부는 아니다. 정치적 활동이 아니더라도 많은 사람들은 기금 모금 운동에 시간을 내고, 시각장애인들에게 책을 읽어주고, 밀스온휠스Meals on Wheels(거동이 불편한 노인들을 위한 무료 급식 단체—옮긴이)를 운영하는 등 늘 해왔던 방법으로 자원봉사에 참여한다. 서른 살인 오스틴은 자신이 성장한 세인트폴에서 부모와 함께 살며 두 공동체 조직에서 자원봉사를 한다. 그는 정식 직장이 있지만 짬을 내어 지역 복지관 수영장에서 작은 자원봉사팀을 운영한다. 고등학교 때 우연히 시작한 일을 지금까지 계속해오고 있는 것이다. 그는 또한 지역 보이스카웃 위원으로 일주일에 하룻밤 시간을 내어 자원봉사를 한다. 이 역시 열아홉 살 때부터 해오던 일이다.

"학교에서 보조 교사로 봉사하든, 저처럼 보이스카웃 지도자로 봉사하든, 그런 활동을 통해 달라지는 것은 바로 우리 자신입니다." 오스틴의 말은 자원봉사를 하는 사람들이 한결같이 하는 이야기다. "자원봉사를 하면 봉사를 하는 사람들의 삶이 충만해집니다. 봉사를 통해 더 행복해지고, 그 행복한 기운이 주변 사람들까지 행복하게 만듭니다. 물론 열심히 해도 사람들이 인정해주지 않을 때는 기운이 빠지는 것이 사실입니다. 그래도 봉사는 의미 있는 일입니다. 누군가의 희생으로 다른 사람들의 생활이 조금이라도 나아지는 것이죠. 그리고 주변의 세상도 더 좋아질 거고요." 오스틴은 자신의 활동이 즉석에서 결과로 나타난다는 사실에 큰 보람을 느낀다. 굳이 세상을 변화시키려 애쓸 필요가 없다. 단지 이웃에 사는 젊은 소년들이 조금 더 많은 기회를 가질 수 있도록 힘을 보태는 것으로 만족할 뿐이다. 결과는 그런 봉사의 자연스러운 부산물일 뿐이다.

오스틴이 이런 일을 하게 된 데에는 나름대로 계기가 있었겠지만, 무엇보다 일찍이 자원봉사 활동을 통해 그 의미를 깨달을 수 있었던 것이 가장 큰 이유였을 것이다. 많은 학생들이 그런 인연을 통해 세상을 보는 눈을 넓혔고, 개인주의에서 벗어나 커뮤니티와 유대를 맺는 체험을 할 수 있었다. 플래너건은 특히 열악한 환경에서 위험한 길로 빠져들기 쉬운 젊은이들이 자원봉사와 봉사-학습을 통해 중요한 '느슨한' 관계 네트워크를 외부 세계로 넓히는 계기를 맞는다는 사실을 지적한다. 전국의 20대 젊은이 3000명 이상을 대상으로 한 조사에서, 고등학교 때 자원봉사를 한 사람은 조언을 구할 어른을 적어도 한 명 이상 확보할 가능성이 그렇지 않은 사람에 비해 두 배 높은 것으로 나타났다. 자원봉사에 참여한 열 명 가운데 여섯 명은 인종과 소득수준이 다른 사람과 접할 기회를 가졌다고 말했다. 열아홉 살 이전에 봉사 활동을 해본 사람은 젊은 시절에 적극적인 시민 활동을 할 확률이 높았다. 봉사에 참여했던 젊은이들은 직장이나 학교에 쉽게 적응하는 편이고, 아울러 '좋은 일'을 하는 기풍을 일터에 퍼뜨리는 경우도 많았다. 심지어 자원봉사 경험을 토대로 자신들이 하고 싶은 일과 직장을 선택하는 경우도 적지 않았다.

앞에서 살펴보았듯이 요즘 영어덜트들을 가리켜 외부 세계에 냉담한 단절된 세대라고 말하는 것은 조금 섣부른 단정이다. 저밖에 모를 것 같은 젊은이들이 협소한 자아의 세계를 뛰어넘어, 더욱 큰 대의명분과 사상에 뛰어들 기회를 찾고 있다. 이런 외향적 태도는 공동체 이상의 실현을 위한 신호탄일 뿐 아니라, 성인이 되어가는 과정을 알려주는 분명한 표지이기도 하다. 흔히 젊은이들더러 "철 좀 들라"고 훈계하는데, 그 말의 의미는 더 큰 세계의 일정 부분에 대해 책임을 지라는 말일 것이다.

클릭 한 번으로
세상을 바꾼다

오스틴 같은 젊은이는 가치 있는 일이라고 여겨지면 기꺼이 시간을 할애한다. '다푸르를 구하자Save Darfur'에서부터 '고 그린Go Green'에 이르기까지 코즈cause (공익 사이트―옮긴이)는 이들 세대의 상상력을 현실 참여로 바꿀 수 있는 새로운 모델의 기반이다. 코즈는 베넷이 구상하고 있는 '행동하는 시민'에게 필요한 두 가지 요소를 하나로 이어주는 기능을 한다. '행동하는 시민'은 P2P 네트워크를 이용하여 특정 관심사를 해결하는 단체로, 영어덜트들이 매일 사용하는 디지털 도구를 수단으로 삼는다. 《코즈와이어드Cause-Wired》의 저자 톰 왓슨은 한 인터뷰에서 이처럼 특정한 명분을 기반으로 활동하는 주체가 최근 기관에서 개인으로 바뀌었다고 지적한다. 젊은이들이 정부나 특정 조직을 비효율적인 비대 조직으로 간주하게 되면, 그들은 아예 그런 조직의 존재를 무시하고 자신들이 직접 나서서 해결할 방법을 찾는다. 허리케인 카트리나가 강타했을 때 보여준 시민의 반응이나 순식간에 전 세계적 운동으로 발전한 '콜롬비아 무장 혁명군을 반대하는 백만인의 목소리One Million Voices against FARC'처럼, 기존의 제도를 믿지 못하는 시민들의 활동은 당면 문제에 즉각적으로 반응하는 '섬광 같은 공익 사이트flash cause'의 형태로 나타난다. 콜롬비아 정부가 테러 집단으로 규정한 FARC에 저항하기 위해 수천 명의 젊은이들이 전 세계 곳곳에서 일제히 거리로 뛰쳐나온 사건도 끊임없이 팽창하는 연락망을 통해 뉴스를 전달하는 입소문 마케팅의 결과였다.

젊은 시민들을 결집해 실제로 행동으로 옮기게 해주는 일차적 도구는 인터넷이다. 명분을 내세운 사회운동은 온라인에 넘쳐난다. 처음에 사람들은 작은 집단에서 서로 비슷한 생각을 확인하지만, 얼마 지나지 않아 이들은 행동으로 옮기지 않으면 직성이 풀리지 않을 정도로 분위기가 고조된다. 그렇게 삼삼오오 모여들기 시작하면서 이들의 세력은 거대한 대중운동으로 발전하게 된다.

조너선은 다음과 같이 말한다. "인터넷은 넓은 의미로 볼 때 특정 분야에 남다른 관심을 갖는 사람들을 모으는 놀라운 기능을 갖고 있어요. 예를 들면 남미의 악어를 구하는, 보통 사람들은 잘 알기 힘든 일도 인터넷만 있으면 얼마든지 가능하죠. 인터넷을 이용하면 뜻이 맞는 사람을 쉽게 찾을 수 있습니다. 도서관에 표어를 붙이는 것보다 훨씬 효과가 빨라요. 인터넷은 힘이에요. 인터넷은 크고 작은 명분을 위해 헌신하는 사람들, 이런 수단이 없었으면 서로를 찾는 데 애를 먹었을 사람들에게 빠른 속도로 정보를 전달하여 집단화하는 능력을 보여주는 곳이죠."

톰 왓슨에 따르면 "요즘 젊은이들은 뉴스와 정보에 늘 노출되어 있는 환경에서 성장한 덕분에 자연스레 명분이 있는 공익 활동에 관심을 갖게 된다. 엘리트 축에 속하는 아이들은 독자적으로 그런 활동을 찾아다닌다. 그들의 문화는 DIY 문화다. 그들은 알아서 자신의 생각을 스스로 단련하고 다른 사람에게 자신의 생각을 끊임없이 말한다. 소셜 네트워크와 사이버공간이 그들의 생활 무대이기 때문에, 그들은 자신이 하는 일에 대해 더 개방적이다."

정체불명의 자선사업에 돈을 보내는 것으로 그치는 소극적인 방식이 아니라 관심이 가는 사회운동을 찾아내어 직접 시간과 돈을 투자하고 그 결과를 직접 확인할 수 있는 즉시성immediacy에 이들 세대는 큰 매력을 느낀다. 페이스북의 '코즈causes' 페이지나 이메일, 트위터 계정의 트위트에 한 번 클릭하기만 하면 마음이 동하는 활동에 힘을 보탤 수 있다. 키바Kiva.org는 이런 개별화된 방법의 좋은 예로, 이들 세대가 선호하는 즉시성을 무기로 삼는다. 키바를 이용하면 자신이 돈을 기부하려는 사람과 직접 교류할 수 있다. 이 같은 '마이크로 렌딩micro-lending' 방식의 웹사이트는 적은 액수의 기부금을 모아 수령자에게 전달한다. 받는 사람이 사진과 함께 구체적인 사연을 공개하기 때문에, 기부하는 사람들은 실상을 즉시 확인할 수 있다. 기부자들은 거창한 익명의 단체에 기부하는 것이 아니라 실제로 살아 숨 쉬는 구체적인 동료 시민에게 직접 도움을 준다. 받는 사람은 그 돈으로 치킨을 사고 장비를 구입한다. 기부 액수는 적어도 분명 세상을 바꾸는 행위다. 이 세대가 가장 중요하게 여기는 것은 자신이 직접 참여하는 활동의 결과를 즉석에서 확인하고 만족을 느낄 수 있다는 점이다. 그래서 그들이 추구하는 코즈와 일체감을 가질 수 있다.

페이스북 역시 명분 지향적인 이 세대의 충동을 자극한다. 페이스북의 사회 활동은 일상적인 내용이 많고 또 풍자적이다. 예를 들면 '성 조지 축일을 공휴일로!Make St. George's Day a Bank Holiday!' '데릭 주랜더 센터, 글을 잘 못 읽는 어린이, 향학열이 남다른 어린이 환영Derek Zoolander Center for Kids Who Can't Read Good and Wanna Learn to Do Other Stuff Good Too' 같은 것이 있는가 하면 좀 더 진지한 것도 있다. '암 예방을 위해 오 캠페인을 지지합시다Support the O Campaign for Cancer Prevention'는 규모가 가장 큰 사이트로 440만 명의 정회원을 자랑한다. '다푸르를 구하자'도 100만 명이 넘는 회원을 확보한 상태다.

하지만 아무리 인기가 있어도 이 사이트들에선 큰돈이 모이지 않는다. 페이스북에 올라온 '다푸르를 구하자'에 모인 금액은 회원당 평균 2센트 정도였다. 실제로 효과를 기대하기에는 턱없이 모자란 액수다. 상업성과 대의명분의 흥미로운 교차점 위에 영어덜트들이 있다. 당연한 일이지만 마케팅 전문가들은 코즈에 관심이 남다른 이들 세대를 '끌어들일 수 있는' 거대한 잠재력을 간파했다. 그들은 소비와 자선을 하나로 엮었다. 그들은 갭Gap 티셔츠를 하나 사던 아프리카의 어린이 한 명을 기아에서 구할 수 있다며 젊은 소비자를 자극했다. 신발을 한 켤레 사면 환경단체에 5달러를 기부하는 셈이 된다. 부모 세대들이 전가의 보도로 휘두르던 보이콧Boycott(불매운동)을 이들은 바이콧Buycott(구매운동)으로 바꿔놓았다.

조너선은 말한다. "요즘 우리는 이익의 1퍼센트를 어떤 명분 있는 사업에 기부하는 가게에서 쇼핑합니다. 우리는 그런 식으로 사회에 개입하죠. 우리는 유기농 전문 매장 홀푸드Whole Foods에서 쇼핑하고 유기농 계란을 삽니다. 소규모 농장을 좋아해서가 아니라 집단적 양심을 갖고 있기 때문이죠. 이런 노력을 통해 우리는 노동자를 착취하는 업자들에게 압력을 가합니다. 월마트는 방사유정란을 들여놓습니다. 별것 아닌 것 같아도 이것은 대단히 중요한 일이에요. 조금이라도 더 좋은 일을 하려는 사람을 택하는 것, 거기에 특별한 노력이 들어가는 것도 아닙니다."

힘들이지 않아도 가능한 일, 그것이 핵심이다. 클릭만 하면 된다. 티셔츠 한 벌 사기만 해도 된다. 그러나 저항하고 시위하는 낡은 정치에 익숙한 많은 행동주의자들은 이런 클릭을 걱정스러운 눈초리로 바라본다.

루크는 대부분의 사이트들이 피상적이라며 실망하는 표정이다. 어떤 사이트에 가입했느냐는 질문에 그는 웃으면서 대답했다. "나는 페이스북의 '세라 페일린보다 외교 경험이 더 많다I Have More Foreign Policy Experience than Sarah Palin'라는 단체의 회원입니다. 재미있잖아요? 하지만 별 의미가 없는 사이트예요. 안 그래요?"

아직까지는 클릭 한 번만으로 동참할 수 있다. 톰 왓슨은 이렇게 말한다. "클릭하면 기분이야 좋겠죠. 하지만 그것만으로 무슨 대단한 일을 하겠습니까?" 클릭으로 가시적인 변화가 나타나는 것은 아니다. 변화는 적지 않은 시간과 자원을 투입해야 가능한 일이다. 클릭에는 깊은 지식도 이해도 필요 없다. 클릭을 하면 실제 활동에 대한 '기회비용' 없이 기분이 좋아질 수 있다. 그러나 클릭은 하나의 시작이다. 오바마가 한 번에 10달러라는 선거 기금 기록을 깰 수 있었던 것도 바로 이런 방법 때문이었다.

신중한 작전과 치밀한 기획만 있다면 소셜 네트워크와 디지털 미디어는 단순한 클릭 이상의 의미를 지닌다. 특정 명분을 내세우고 주최하는 사람들이 개인의 방법에 간섭하지 않고 영어덜트들 스스로 메시지를 전달하도록 유도한다면, 젊은이들이 자발적으로 참여할 가능성은 그만큼 커진다. 코즈와 그 밖의 디지털 도구는 더 많은 젊은이들을 사회운동에 끌어들이는 유인책이 될 수 있다. 아울러 주류에 끼지 못해 소외감을 느끼는 사람들까지 끌어들일 수 있다.

신민주주의를
구현하는 대중 광장

재키와 조너선, 루크에게는 한 가지 공통점이 있다. 그들은 모두 대학을 다니거나 졸업했다. 그들은 옛날과는 다른 방식으로 사회에 참여하고 관여한다. 그들의 참여가 지난 시대의 학생 시위와 견주어 '어떤 의미가 있는지'는 두고 논의해야 할 문제다. 그러나 그들은 자신들이 추구하는 명분을 믿는다. 하지만 대다수의 젊은이들은 그렇지 못하다. 그리고 현실 참여에 관심이 없는 사람들 대다수는 세리처럼 고등학교를 마친 후 그 이상의 어떤 교육도 받지 않거나 대학을 가지 않기로 마음먹은 사람들이다.

투표를 하거나, 특정 후보에게 기부를 하거나, 자원봉사를 하거나, 클럽이나 커뮤니티 프로젝트에 참여하거나, 공적 모임에 참석하거나, 공동체를 위해 사람들과 함께 일하는 등 여러 분야에서 대학 경험이 없는 젊은이들이 참여할 가능성은 대학 경험이 있는 사람의 절반 정도밖에 되지 않는다. 대학 경험이 없는 서른 살 이하의 사람들이 이런 종류의 사업에 참여한 비율은 2009년에 20퍼센트가 고작이었다. 대학을 다닌 사람은 40퍼센트였다. 그런 의미에서 새로운 젊은이들의 움직임은 분명 흥미로운 일임이 틀림없다. 하지만 특히 수십 년 동안 참여하는 사람과 참여하지 않는 사람들의 계층이 계속 분리되어 있다는 엄연한 현실을 생각하면 그 흥미는 반감될 수밖에 없다. 그리고 대학을 다닌 사람들이라 하더라도 막상 그 수준을 들여다보면 과연 이런 현상이 흥미로운 일인지 의심스럽기까지 하다.

대학 경험이 있는 사람과 없는 사람들이 시민 활동 참여도에서 큰 차이를 보이는 이유는 고등학교 때까지 그들이 받은 시민 의식과 정치에 관한 학습 과정과 수준이 서로 달랐기 때문이다. 교육 수준이 낮은 사람들의 참여도가 낮은 것은 성격의 결함이나 게으름, 이기심 때문이 아니다. 그보다는 일찌감치 다져졌어야 할 인생의 기초공사가 부실했다는 데에서 그 원인을 찾아야 할 것이다. 그 기초공사는 집에서부터 시작되지만, 젊은이들이 관여하는 조직이나 학교에서도 이런 기초 교육은 이루어져야 한다. '네트워크'와 그 밖의 전문가들은 커뮤니티 조직에 참여하고 시민 의식의 중요성을 강조하는 집안 환경에서 자란 학생일수록 대학 진학을 더욱 적극적으로 희망하고 있다는 사실을 알아냈다. 그들은 고등학교 때부터 헌법을 공부하고, 시민 활동과 관련된 역할연기 연극이나 모의재판에 참여하고, 지역사회 봉사 등 다양한 과외 활동을 벌인다.

대학에 들어가도 참여 활동의 기회는 계속 주어진다. 대학 캠퍼스는 학생들이 사회적 관심과 사회적 활동을 자연스레 익히고 실천하는 중심 터전이기 때문에, 정치적 활동과 시민 활동에 필요한 학생들을 모집하고 동원하기가 한결 수월하다. 정치인들은 대학 캠퍼스에서 집회를 개최할 수 있고, 이에 대해 영어덜트들은 기존의 수단을 이용하여 정치에 참여할 수 있다. 대학에 다니는 기간은 또한 의식을 확장하는 기간이기도 하다. 다양한 관점이나 쟁점을 가지고 치열한 지적 탐험을 벌이고 고민하는 장소로 대학만 한 곳도 드물다. 대학생들은 더 넓은 세상과의 관계를 통해 자신들의 정체성을 파악한다. 그들은 앞으로의 삶을 채워가는 데 필요한 역할을 선택하기 시작한다. 그들은 개인적 참여, 자신의 능력과 기술에 대한 의식, 그리그 다른 사람들과의 연계 의식을 다진다. 이 모든 것이 대학에 의해 뚜렷이 구분되는 특징이다.

샌디에이고 출신의 노조 간부 메이에게 대학은 주변 세계를 향한 눈을 넓히는 계기를 마련해준 곳이었다. 그녀는 대학 생활을 통해 베트남 여성으로서, 그리고 사회복지 운동가로서 자신의 정체성을 처음 의식하기 시작했다. 그녀는 UCLA에서 수강한 민족 연구 수업을 통해 자신의 정체성과 사회적 위치를 이해할 수 있었다고 고백했다. "그 수업에서 정치의식이 형성되기 시작했어요. 그 수업 프로그램을 통해 정말로 다양하고 풍부한 경험을 했어요." 메이는 학내 아시아계 잡지에 기고하고, 다양한 쟁점과 관련된 조직에 가입했으며, 학생회에서 봉사했다. "학생회 활동을 해야 교양과목 중 하나인 민족 연구 과목 학점을 딸 수 있었어요." 그 과정에서 그녀는 멘토 역할을 해준 사람들을 많이 만났다. 그들은 여러 분야에 관심을 가질 수 있도록 메이를 지도해주었다. "그때 다양한 사고방식을 많이 접할 수 있었어요." 그녀는 자신의 경험을 이렇게 회고했다. "그때가 참 좋았어요. 정말로 하루가 다르게 성장하고 있다는 기분이었어요. 장차 사회정의를 실현하는 일을 해야겠다고 제 자신과 약속한 것도 그때였어요." 그녀는 자신과의 약속을 지켰다. 지금 그녀는 노조 조직원으로 비영리 분야의 일을 계속하고 있다. 메이는 또한 투표를 열심히 하고, 국회의원에게 편지를 쓰고, 항의할 일이 있을 때는 항의하는 등 아시아계 미국인 커뮤니티를 위한 일에 열심히 참가한다.

시민 참여라는 관점에서 볼 때 대학은 젊은이들에게 무언가를 '가르치는' 곳이라기보다는 앞으로 평생 몸담고 일할 분야를 이어주는 곳이라는 점에서 중요한 의미를 지닌다. 즉 어떤 대학을 가느냐에 따라 직장과 대학원과 커뮤니티 조직이 달라진다. 대학을 다닌 사람은 결국 시민으로서의 문제의식을 배양하고 시민으로서 갖추어야 할 지식을 얻을 기회가 많다. 그들은 또한 조직이나 커뮤니티 모임으로부터 가입이나 참석 요청을 자주 받게 된다. 그리고 주변 사람들이 그런 단체에 참여하는 모습을 자주 보기 때문에 자신도 참여해야 할 것 같은 압력을 받는다. 이런 여러 가지 이유 때문에, 대학 경험은 초기 성인기와 그 이후 사회에 대한 참여 정도를 좌우하는 중요한 요소가 된다.

대학에 가지 않는 사람들에게는 고등학교 졸업 이후로 사회 활동에 참여할 기회가 별로 주어지지 않는다. 대학 경험이 없는 사람들은 봉사 단체나 정당, 노조 등 더 넓은 범위의 사회적 단체와 접할 가능성이 훨씬 적다.

대학을 다니지 못한 이들이 볼 때, 노조의 약화는 가뜩이나 부족한 사회참여 기회와 리더십 배양 기회를 빼앗는 요인이었다. 노조의 조직력을 다각도에서 연구해온 콘스턴스 플래너건에 따르면, 사람들은 노조 활동을 통해 대의민주주의 절차를 배운다고 한다. 노조 지도자들은 특정 직책을 놓고 경선에 출마하고, 선거운동을 하고, 연설을 하고, 타협하는 법을 배우고, 그리고 또 구성원의 말에 귀 기울인다. 이에 대해 노조원들은 대표를 선출하고 민주적 절차를 통해 자신들의 관심사를 표출하는 법을 배운다. 노조는 또한 긴주적 절차를 정식으로 훈련할 수 있는 기회를 제공한다. 플래너건은 다음과 같이 말한다. "노조 활동은 정치 역량을 키우는 한 가지 방법입니다. 노조에 가입하면 소속감을 갖게 되고 자기 목소리를 갖게 됩니다. 힘 있는 극소수 세력을 제외한다면, 대부분의 사람들은 누군가와 손잡지 않고서는 자신들의 정치적 영향력을 행사할 수 없습니다. 일반 노조원들에게는 무엇보다 단결 의식이 중요합니다." 서비스 분야의 급속한 성장으로 제조업이 사양길에 접어들면서 노조의 힘은 약화되었고, 이 분야에 있는 젊은이들이 정치적 절차를 통해 자신의 의도를 관철할 기회도 덩달아 줄어들었다. 그들은 자신들의 말을 들어주는 사람들이 있다는 기분을 느낄 수 없었다.

그러나 온라인 활성화로 이들의 활동 범위가 확대되고 참여를 막는 장벽이 낮아지면서 힘없는 사람들의 지위는 상당 부분 회복되었다. 온라인 세계에서는 외향적 성격을 가진 사람이든 인상적인 이력서를 내세우는 사람이든, 한 개인이 다른 개인에 대해 갖는 이점이 평준화되는 경향이 있다. 그래서 어떤 면에서는 사회적 불평등이 크게 완화된다. 온라인은 대형화된 대중 광장이다.

디지털 미디어는 새로운 방식으로 새로운 청중에게 손을 뻗기 때문에 투표하고 자원봉사를 하는 젊은이들과 그렇지 않은 젊은이들을 잇는 가교가 될 수 있다. 조지프 칸 Joseph Kahne은 최근에 퓨인터넷Pew Internet과 아메리칸 라이프 프로젝트America Life Project를 결합하면서 '맥아더 디지털 미디어 및 러닝 이니셔티브MacArthur Digital Media and Learning Initiative'의 일환으로 비디오게임과 시민 참여에 관한 조사를 마무리했다. 그는 디지털 미디어를 통해 엘리트 젊은이들과 노동계급, 그리고 불우한 젊은이들의 간격을 좁힐 수 있는 여러 징후를 찾아냈다. 예를 들어 시민 활동과 관계된 내용의 비디오게임을 활용하여 젊은이들을 오프라인 시민 활동 행사에 참여하도록 유도할 수 있다는 흥미로운 사실을 찾아냈다.

예를 들어 게임을 통해 윤리적인 문제를 제기하고, 리더십 역할을 부여하고, 초보자들을 돕는 요령을 익힐 수 있다. 시민 활동과 관련된 내용의 게임을 하는 젊은이들은 그렇지 않은 젊은이들보다 사회적 현안을 토론하고 자원봉사를 하고 자선사업에 필요한 돈을 모금하고 지역 문제를 해결하는 일에 동참하는 비율이 높았다. 칸의 연구 대상이었던 10대들은 아직 어려서 투표할 수 없었지만, 그래도 그들은 선거 운동에 적극적으로 동참했다.

이런 게임은 말만 게임일 뿐 실제 내용에서는 어설픈 방법으로 시민의 의무를 강조했던 과거의 '선전용' 게임과는 질적으로 다르다. 이런 게임은 게임 디자인을 가르치는 게임스타 머캐닉Gamestar Mechanic 이나 가상공간에서 자신만의 세계를 만들어 운영하는 세컨드라이프처럼 매력적인 방식으로 플레이어를 실생활로 끌어들여 공해나 빈곤 같은 쟁점에 달려들어 더 큰 공공의 선을 위해 협력하도록 유도한다. 조사 대상이 된 1100명의 10대 가운데 이 비디오게임을 하지 않았다는 응답자가 39명에 불과했다는 사실을 보아도 알 수 있듯이, 이 게임은 각종 직업에 종사하는 폭넓고 다양한 젊은이들을 참여시킬 수 있는 훌륭한 전략적 도구가 될 수 있다.

칸은 또한 소셜 네트워크, 블로그, 세컨드라이프 등 여러 유형의 디지털 미디어에 참여하는 젊은이들이 자신과 의견이 같거나 다른 사람들을 접하게 되면서 긍정적인 효과를 기대할 수 있다는 사실을 알아냈다. 다시 말해 다양한 의견에 많이 노출될수록, 시민 활동에 참여하게 될 가능성도 높아진다. 그 밖에도 디지털 미디어를 많이 사용하는 사람들은 전혀 사용하지 않거나 자주 사용하지 않는 사람들에 비해 자신의 신념과 반대되는 주장을 비롯하여 다양한 정보를 더 많이 알게 된다는 사실을 밝혀낸 연구 결과가 많이 있다. 이것은 인터넷에 접속하는 젊은이들이 오락이나 소비문화 쪽에서만 대부분의 시간을 보낸다든가, 인터넷이 특별 이익집단이나 피상적 관계를 고착화한다는 일반적인 우려와는 전혀 상반되는 내용이다.

칸은 이렇게 말한다. "대학에 가지 않는 아이들도 상당수가 디지털 미디어를 사용한다는 새로운 조사 결과가 있습니다. 그렇다면 디지털 미디어를 대학에 가지 않는 젊은이들을 끌어들이는 도구로 활용할 수도 있을 겁니다. 디지털 미디어는 성인기로 연착륙하지 못하는 아이들을 바람직한 네트워크로 유도할 수 있습니다. 우리가 조사한 바에 따르면 대학에 가지 않는 젊은이들도 대학 다니는 사람들에 못지않게 웹사이트에서 자주 토론을 벌이고 있습니다. 그렇다면 이런 아이들에게 손을 뻗는 것은 그다지 어려운 일이 아닐 겁니다."

성인기가 늦춰지는 만큼 정치적 관심도 늦춰진다

지난 대통령 선거 때 잔뜩 고무되었던 밀레니엄 세대를 지켜보면서 디지털 세계의 위력을 다시 한 번 실감한 우리는 영어덜트들을 시민 활동의 옛 둥지로 다시 불러

올 수도 있겠다는 조심스러운 전망을 다시 하게 된다. 희망적인 조짐은 또 있다. 나이가 들어갈수록 시민 참여도가 높아진다는 사실이다. 따라서 성인으로 넘어가는 과도기가 지연되면 시민 활동으로 뛰어드는 시기도 아울러 늦춰지게 될 것이다. 그렇다면 이렇게 길어지는 과도기를 역이용하여 그들을 시민 활동으로 끌어들일 수 있는 새로운 장치를 만들 기회도 많아졌다고 볼 수 있다. 그 문제는 마지막 장에서 개관할 것이다.

디트로이트에 사는 셰리는 투표도 하고 시민 활동에도 참여해야 한다는 사실을 잘 알고 있지만, 또래들 대부분이 그렇듯이 투표장으로 가야 할 결정적인 동기가 없다. 다시 말해 자기 권리를 스스로 챙겨야 할 필요성을 절감하지 못한다. 성인으로 가는 과정이 길어지면서, 그에 어울리는 사친회, 노조, 새로운 주택, 새로운 공동체 등 시민 활동에 참여할 수 있는 기존의 기회 또한 지연된다. 성인으로 가는 길목을 지키는 이런 이정표를 세워야 할 동기는 결국 투표함에서 나오는 경우가 많다.

셰리와 남편은 아직 투표를 해야 할 이유를 못 찾았다. 그들은 제대로 된 집을 장만할 돈을 모을 때까지 이동주택에서 임시로 살기로 했지만, 그 흔한 이웃 하나 없기 때문에 공동체 의식이라는 것을 구체적으로 실감하지 못한다. 두 사람 모두 서비스 분야에서 일한다. 평생을 제너럴모터스의 작업장에서 보낸 셰리의 아버지는 그나마 노조가 있어서 투표를 할 수 있었지만, 서비스 분야에서 일하는 그들에게 투표는 절실한 문제가 아니다. 셰리와 그렉은 아직 아이가 없다. 아이가 있다면 학교를 통해 정치적인 훈련을 받을 수 있을지 모른다. 학교라는 체제는 그 자체로 매우 정치적인 실체이니까 말이다. 학교를 선택하는 것부터가 정치적 선거구에 의해 결정되고, 학교 자체도 보통 지방세로 재원을 조달한다. 세금을 내는 일만큼 사람들을 투표소로 가게 만드는 것도 없다. "독신으로 사는 사람들보다는 가족이 있고 아이를 키우는 사람들이 법의 영향을 더 많이 받는 것 같아요." 이렇게 말하는 셰리는 아직 통념적인 성인의 이정표를 세우지 못한 사람들의 특성을 그대로 보여준다. "내게도 아이가 있었다면 세상사에 좀 더 관심을 가졌을 것 같아요."

셰리는 또한 직장이든 집이든 별다른 불만이 없다. 직장에서 그녀에게 나가라고 할 리도 없고, 결혼 생활도 그만하면 행복한 편이고, 열심히 살다 보면 자신과 남편에게 남부럽지 않은 미래가 올 것이라고 그녀는 생각한다. 그리고 범죄나 빈곤을 비롯한 사회적 병폐의 영향을 받을 일도 없었다. 셰리와 그렉에게는 마음을 바꿀 만한 일이 없다. 굳이 투표해야 할 이유가 없는 것이다.

어른이 되는 기간이 길어지면서 투표와 시민 활동을 시작하는 시기도 10년 정도 뒤로 밀려났다. 나이를 먹고 성숙해지면, 시간에 대한 인식이나 세상에 대한 관심도 달라진다. 자신 이외에는 관심이 없던 사람들도 시선을 외부로 향해 사회를 바라보게 된다. 이런 관점의 변화는 '네트워크'가 실시한 수백 건의 인터뷰를 통해서도 확인되었다. 우리는 20대 후반과 30대 초반의 젊은이들과 사회참여 문제를 놓고 좀 더 의미 있는 이야기를 나누었다. 그 결과 그들이 10대 후반과 20

대 초반의 젊은이들에 비해 시민 의식 수준이 상당히 높다는 사실을 확인할 수 있었다.

서른 살의 결혼한 아이 엄마인 앤은 그 차이를 이렇게 설명했다. "20대는 저밖에 모를 때죠. …… 그런 걸 꼭 나쁘다고 할 수는 없는 것 같아요. 내 코가 석 자이고, 발등의 불이 더 급하니까요. 아무래도 세상일보다는 자신의 일에 더 관심이 쏠릴 수밖에 없겠죠. 그때는 주변 세계에 대해서 별로 아는 것도 없고, 사회 속에서 자신의 역할도 실감하기 어렵겠죠." 하지만 나이가 들어가면서 그런 태도는 조금씩 달라진다고 그녀는 말한다. "특히 가족을 갖기 되던 깨닫게 되는 것 같아요. '그래, 내 아이를 위해서라도 세상이 좀 달라져야겠어'라고 말이에요."

시민 활동을 시작하는 시기가 이렇게 늦어지는 현상은 투표에 관한 통계자료를 보아도 분명히 알 수 있다. '네트워크'는 1960년대로 거슬러 올라가 첫 투표를 하는 사람들을 상대로 투표 성향을 추적한 결과, 사람들은 나이를 먹어가면서 투표도 자주 하게 된다는 사실을 알아냈다. 1960년에 성년이 된 세대는 처음부터 투표율이 높았지만, 세월이 흐르면서 투표율은 완만하게나마 꾸준히 상승했다. 1960년에 그들이 투표에 처음 참가했을 때의 투표율은 67퍼센트였지만, 여덟 번의 대통령 선거를 거치면서 투표율은 78퍼센트로 상승했다. 그들 이후로는 나이와 관계없이 모든 세대의 첫 투표율이 점점 낮아졌다. 그러나 그들 또한 20대와 30대를 거치면서 투표에 적극적으로 참여한 것으로 나타났다. 전통적인 성인의 이정표와 성인의 책임감이 뒤로 밀려난 때문인지는 몰라도, 젊은이들의 투표율은 출발선에서는 느리게 움직였어도 시간이 흐르면서 결국에는 일정 수준으로 올라섰다. 저조한 투표율은 확실히 우려할 만한 일이지만, 그렇다고 모든 젊은이들이 등을 돌리는 것은 아닐 것이다. 조금 더디긴 해도 어른으로서 갖추어야 할 것을 하나씩 떠맡기 시작하면서, 투표권을 행사하는 사람도 점점 늘어날 것이다.

소셜 네트워크를 통해 싹트는 새로운 희망!

정치와 공동체 생활과 관련된 영어덜트들의 참여도를 나타낸 기존의 지표들을 보면 상당히 우려할 만한 수준이라는 생각이 든다. 그러나 우리가 조사한 바에 따르면 이들은 현실 참여 시기를 조금 늦추는 것일 뿐 참여 자체를 거부하는 것은 아니라는 사실을 알 수 있다. 젊은이들이 맡아야 할 성인의 역할과 책임이 많아지면서, 자연스레 시민 활동에 개입할 기회도 많아지고 동시에 정치와 정부에 대한 그들의 관심도 높아질 것이다.

특히 요즘처럼 성인이 되는 기간이 길어지는 상황에서는 막 성인이 되고 나서 몇 년 동안이 가장 중요하다. 이때만큼 현실 참여의 가능성이 구체화되는 시기도 드물다. 현실에 참여하는 젊은이들이 많아져야 우리 민주주의의 미래가 그만큼 견고해진다. 아울러 시민 활동 참여는 영어덜트들의 기술과 능력을 길러주는 기능도 한다. 유복한 사람들에게 현실 참여는 성인으로서의 정체성을 확인하면서 자신의 능력을 발견하는 기회다. 그들은 사회적 문제와 씨름하면서 자신의 가치관과 신념을 형성하고 표현하고, 스스로 성장하고 있다는 느낌을 확인하고, 마음이 통하는 사람들을 찾는다.

하지만 시민 참여는 열악한 환경에 있는 젊은이들에게 훨씬 더 큰 기회를 부여한다. 자칫 엉뚱한 길로 빠지기 쉬운 젊은이들에게 시민 활동 참여는 그렇지 않았으면 갖지 못했을 기술과 경험과 자원을 쌓는 중요한 계기가 될 수 있다. 시민 참여는 팀워크를 다지고 리더가 되고 세상을 바꾸는 법을 배울 기회를 제공하고, 사회적 활동의 결과를 직접 확인할 수 있게 해준다. 또한 젊은이들은 그런 활동을 통해 이력을 쌓고 소셜 네트워크를 확대해 자신의 전망을 밝게 만든다. 그들의 잠재력을 일깨우기만 하면 그들이 몸으로 실감할 수 있는 기회를 확실히 만들어줄 수 있다. 오바마 선거 팀이 그 첫발을 내디뎠지만, 아직 갈 길은 멀다.

대학에 가는 사람과 가지 못한 사람들이 보여주는 참여도의 차이는 여전히 우려할 만한 수준이다. 노동계급 출신의 젊은이들은 물론, 소수민족과 새로운 이주자의 자녀들도 아직 고등학교를 마치거나 대학에 가는 비율이 낮다. 그렇기 때문에 교회에서, 동네에서, 그 밖의 여러 장소에서 이들이 시민 활동에 참여할 기회를 창출하고 확대하는 작업은 통일된 정치집단으로서의 국민이라는 더전저를 위해서도 소홀히 다룰 수 없는 문제다. 재키의 경우에서 볼 수 있듯, 대학에 가기 전에 10대들이 심도 있고 의미 있는 시민 활동을 하는 경험을 쌓을 수 있다면, 그런 경험이 그들에게는 높은 성적과 대학 진학으로 이어지는 계기가 될 수도 있다. 그렇다면 불리한 처지에 있는 젊은이들에게 시민 활동은 대학행을 보장해주는 티켓일지도 모른다. 그뿐 아니라 그렇게 하는 것이 우리의 민주적 이상뿐 아니라 국가의 미래를 위해서도 도움이 되는 일일 것이다.

지난 대통령 선거 결과를 지켜보면서, 많은 미국인들은 정부와 정치 과정에 새로운 희망을 가질 수 있었다. 하지만 그런 낙관론은 금융 위기와 깊은 불황으로 색이 바랬다. 그래서 더욱더 정치가와 사회의 공공 분야에 종사하는 사람들은 영어덜트들에게 관심을 계속 기울여야 한다.

기성 정치계에 등을 돌리는 영어덜트들이 많아지는 것은 일종의 위험신호다. 지난 대선에서 드러난 변화의 물결은 긍정적인 방향으로의 변화였지만, 실상을 들여다보면 그 수준은 대단하지 않았고 꾸준히 지속되지도 않았다. 그런 변화도 대학을 다니거나 대학 졸업장을 가진 영어덜트들이 주도한 것이었다.

전통적 방식의 정치 참여는 민주주의의 존속, 특히 투표의 존속을 위해서 중요하다. 그러나 이제 막 생겨나기 시작한 참여 방식 역시 그에 못지않게 중요하다. 특히 디지털 미디어가 그렇다. 앞으로는 디지털 미디어가 대세를 이룰 것이다. 나이를 먹은 사람들이 눈치채지 못하고 있을 뿐, 실제로 대다수의 젊은이들은 디지털 미디어를 통해 현실에 참여한다. 요즘 젊은이들은 새로운 유형의 소셜 네트워크와 정치적 활동에 가담한다. 재키가 말했듯이, 기성세대는 젊은이들이 결코 현실에 무관심하지 않다는 것을 깨달아야 한다. 참여 방식이 다를 뿐이다. 셰리와 같은 세대들이 사회에 좀 더 많은 관심을 가지고 참여하려 한다면, 그리고 자신들의 미래에 대해 곡소리를 높이려 한다면, 사회는 그들의 잠재력을 더욱 적극적으로 키워주어야 한다. 그렇지 않다면 우리의 민주주의는 기로에 설 수밖에 없다.

제 8 장

NOT QUITE ADULTS

성인의 새로운 키워드는 독립 아닌 유대

미국뿐 아니라 전 세계에서 수많은 젊은이들의 운명은 그들의 복지를 책임지는 주체가 누구인가에 달려 있다. 젊은이 자신인가, 가족인가, 시장인가, 정부인가?

성인기로 가는 과정이 길어지고 복잡해지고, 경제가 세계화되고, 시장에 대한 규제가 완화되고, 시장구조가 독점적으로 변해가면서 영어덜트들을 사회적으로 자립하게 하는 책임은 가족의 손으로 넘어갔다. 근래 그 어느 때보다 부모들은 성인이 된 자식을 계속 뒷바라지해야 한다. 그러나 그렇게 할 수 있는 가족의 능력은 공식적으로든 비공식적으로든 어떤 연줄을 통해 다른 사람, 다른 조직, 다른 사회 환경과 접촉할 수 있는 자원이 있느냐 없느냐에 따라 크게 차이가 난다.

가족이 소유한 자원에 따라 젊은이들의 엇갈리는 운명도 고착화될 수밖에 없다. 중산층과 엘리트 가족 출신은 부모에게서 돈과 시간과 그 밖의 여러 가지를 후원받는다. 그들은 부모의 뒷받침으로 20대를 실속 있게 보낼 수 있다. 가계소득에 따라 자녀들에게 지출하는 재정 규모도 엄청나게 달라진다. 전국적으로 소득 상위 25퍼센트에 해당하는 부모들은 2006년에 성인 자녀(2007년 기준으로 22세부터 25세까지)에게 평균 1만 7615달러를 준 반면, 하위 25퍼센트의 부모들이 준 돈은 4500달러가 고작이었다. 중상류층 부모들은 자식이 스무 살이 될 때까지 이미 남다른 투자를 한 터였다. 그들은 자식이 어른이 되었을 때 잘살 수 있도록 모든 자원을 동원하여 자녀들의 기술과 자본을 배양해준다. 하지만 그런 여건을 갖추지 못한 불리한 환경의 젊은이들은 기반 자체가 불안하여 심각하게 위태로운 순간을 여러 번 맞는다. 물론 자원이 적어도 성공할 수 있고, 많아도 실패하는 것은 예나 지금이나 변함없는 사실이다. 자원이 없다고 해서 반드시 실패한다고 말할 수 없듯, 자원이 있다고 해서 성공이 보장되는 것은 아니다. 그러나 자원의 유무에 따라 성인기 초기의 결과를 가늠할 수 있는 것 또한 부인할 수 없는 사실이다. 자원이 있으면 잘못된 판단과 실수를 피해갈 수 있다. 연금, 의료보험, 갖가지 혜택이 있는 안정적인 직장, 그리고 회사의 충성도 등 제2차 세계대전 이후의 세대가 의지했던 안전망이 허술해지면서, 이런 잘못된 판단과 실수는 더욱 치명적인 결과를 초래할 수 있다.

성인이 된 자식들을 뒷바라지하는 데 별 어려움을 느끼지 않았던 중산층 가정은 최근에 큰 타격을 받았다. 2008년에 시작된 대침체 Great Recession 이후로 중산층 가정의 입지가 크게 흔들리고 있다. 중산

층이 위축되고 가계소득이 해마다 줄어들면서, 가족들은 자녀들에게
예전 같은 수준의 자원을 제공할 여유가 없어졌다. 중하위층 가족들
은 더 말할 것도 없다. 자원이 아주 없는 편도 아니고, 그렇다고 넉넉
한 살림살이를 꾸릴 형편도 못 되는 어정쩡한 수입으로는 정부의 지
원을 받을 수도 없다. 어느 정도 안정적인 중산층이라 하더라도 2차
저당과 불안해진 퇴직 연금을 먼저 틀어막아야 하기 때문에, 자식들
에게 장기적으로 돈이 들어가야 한다면 큰 부담이 될 수밖에 없다.

　노동계급은 1970년대 이후로 수입이 정체되어 있고 안정적인 일자
리가 거의 사라졌기 때문에 자녀들 뒷바라지를 넉넉하게 해줄 수 없
다. 자원이 부족한 것도 문제이지만, 노동계급 부모들은 대체로 자식
들이 일찍 독립하리라 믿는 편이기 때문에 아이들이 혼자 힘으로 서
게 내버려둔다. 경제 형편이 좋지 않은 집안의 아이들은 훨씬 빨리 독
립한다. 수양부모 사이에서 자랐거나 청소년 감호시설에서 자란 아이
들은 19~22세, 즉 법적으로 성인이 되는 순간 갑자기 지원이 끊긴
다. 이때가 되면 전적으로 홀로서기를 해야 한다. 이런 취약한 상황의
젊은이들은 열악한 조건에서 스스로 세상을 헤쳐나가야 한다.

　성인기로 막 접어든 젊은이들의 향후 삶을 결정하는 막중한 책임
은 부모와 가정에 있지만, 정부도 이런 책임에서는 빠질 수 없다. 국
가는 젊은이들에게 다양한 자원을 제공한다. 정부 지원의 금액과 유
형은 젊은이들이 처한 형편에 따라 달라진다. 다울러 정부는 불리한
상황에 있는 젊은이들을 누가 책임지고 관리하는지 조사하여 지원의
수준을 결정한다. 주 정부에 따라서는 젊은이들이 학교를 다니거나

취업 시장에 나오거나 가정을 꾸릴 때 그들이 디딜 수 있는 발판을 마련해주는 곳도 있다. 그러나 미국같이 개인주의적 성향이 강한 나라에선 젊은이들에 대한 대단한 지원을 기대하기가 어렵다. 국가 차원의 지원보다는 개인의 역량을 더 중요하게 여기는 문화 탓에, 정부도 개인의 문제는 개인이 해결하게 내버려두는 편이다. '죽든 살든 각자가 알아서 할 일'이라며 시장 원리에 따라 교육, 취업, 주택, 배우자 선택을 당사자와 가족들의 결정에 맡긴다. 그 때문에 경쟁은 한층 치열해질 수밖에 없다. 요즘 젊은이들은 몇 십 년 동안 두고두고 영향을 미칠 수 있는 의미심장한 결정을 성인기 초기에 미리 내리고 행동에 옮긴다. 이때 내린 결정에 따라 성인기의 삶이 성공하느냐 실패하느냐가 갈라질 수 있다. 다른 나라의 젊은이들과 달리 미국 젊은이들이 죽기 살기로 덤벼들지 않으면 뒤처질 수밖에 없는 것처럼 보이는 것도 어쩌면 당연한 일인지도 모른다.

성인기로 넘어가는 과도기의 힘겨운 도전은 소수민족이나 열악한 환경에 있는 계층만의 문제가 아니다. 중산층도 힘겹기는 마찬가지다. 요즘 같은 시기에 별다른 도움이 없어도 성인기를 맞이할 수 있다면 그것은 극히 예외적인 경우일 것이다. 법은 열아홉 살이나 스물두 살이 되면 '의존' 관계가 거짓말처럼 끝나고 '독립'이 거짓말처럼 시작되는 것으로 규정하고 있지만, 현실은 전혀 그렇지 못하다. 실제로 자립, 졸업, 취업, 결혼, 출산 등 기존의 잣대를 들이대어 '성인'이라고 할 수 있는 젊은이들은 요즘 찾아보기 힘들다. 20대를 벗어나 삼십 줄에 접어들어도 사정은 마찬가지다. 그리고 누가 봐도 버젓한 성인이라고 생각되는 젊은이를 요즘은 보기 어렵다. 20대 후반이나 30대 초반에도 어른이 되었다는 기분을 못 느낀다고 토로하는 사람이 적지 않다. 행동거지나 정신 상태, 모든 면에서 청소년기와 성인기의 경계가 매우 모호해졌다.

이 시대에 어울리는 성인의 새로운 이정표는 (오랫동안 성인의 분명한 핵심적 특징이었던) '독립'이 아니라, (소위 상호 의존이라고 바꾸어 부르는) 사람들과의 '유대'가 아닌가 싶다. 가정이나 정부가 제공하는 허약한 기반과 새로운 불확실성을 보완하는 가장 효과적인 전략은 사람들과의 관계의 그물망을 더 넓히고 강화하는 것이다. 개인적 만남이든 업무상의 만남이든 강력한 소셜 네트워크는 필요한 지지 기반을 제공하고 활성화해 개인의 성장을 촉진할 수 있다. 상호 의존은 다른 누군가에게 자신의 복지를 전적으로 의존하는 것이 아니라, 긍정적이고 건강하고 상호적인 관계를 형성하고 유지하는 법을 터득한다는 개념이다. 그런 관계를 통해 젊은이들은 자신의 안전망을 스스로 확보하고 다른 사람을 위한 안전망에 기여한다.

다른 사람들과 의미 있는 관계를 맺게 되면 학업 성적이 높아지고 직장에서 일이 수월해지고 정서적으로 성숙할 수 있으며 삶에 대한 만족도가 높아진다. 또한 마약이나 알코올 의존증도 해결할 수 있다. 그 외에도 상호 의존성은 아는 사람과 느슨하게 연결된 광범위한 네트워크를 통해 소중한 자원을 손에 넣을 수 있는 기회를 준다.

성인기로 접어드는 과도기의 폭이 넓어지면서 그에 따른 비용은 대부분 개인의 몫으로 전가되어, 젊은이들과 그들의 부모가 가지고 있거나 만들어낼 수 있는 자원이나 사회적 연줄을 통해 충당된다. 그러나 그 과도기는 진학, 취직, 공동체, 주택 시장 같은 다중적 제도의 맥락에서 진행된다. 예전에는 이런 제도가 과도기에 영향을 주면서 젊은이들의 앞길을 안내하고 성인기를 형성하는 기초가 되었지만, 지금 이런 제도는 우리의 생활 패턴과 잘 맞지 않는다. 따라서 제도에 대한 재투자가 사회적으로 매우 중요한 시점이 되었다. 이제 가족, 학교, 직장, 의료보험, 결혼, 여가, 은퇴, 그리고 이런 것들을 둘러싼 정책과 실천 등 핵심 제도를 대폭 재고해야 할 때다.

우리는 이제 몇 가지 새로운 방향의 실천 방안을 제안하려 한다. 우리는 영어덜트들에 대한 책임이 대부분 부모에게 있다는 변할 수 없는 사실을 감안하여, 먼저 부모에 대한 제안으로 시작하려 한다. 그러나 시장과 정부도 이런 과도기에 주요한 역할을 맡아야 할 빼놓을 수 없는 당사자로 보고, 갈수록 벌어지는 가족 자원의 불평등을 시장과 정부가 나서서 해소해야 한다고 믿는다. 따라서 건강한 학교와 일터와 가정을 만들기 위한 좀 더 가시적인 아이디어를 비롯하여, 흔들리는 중산층 출신의 젊은이들을 위한 몇 가지 확고한 프로그램을 지적할 것이다.

부모의 노련한
길잡이가 절실하다

성인기로 접어드는 과정이 더 길고 복잡해진 것을 부모의 '잘못'으로만 돌릴 수는 없는 일이다. 이미 보았듯이 더 큰 주범은 사회적·경제적 힘이다. 그러나 자식이 성인이 되었을 때 어떤 위치를 차지하고, 앞길을 헤쳐나갈 때 어떤 일이 일어나고, 이러니 저러니 해도 어쨌든 잘 살아나갈지를 결정하는 가장 중요한 당사자는 그래도 부모밖에 없다. 부모와 영어덜트들의 건강한 관계는 자식들의 성인기 초기 성공 여부를 결정하는 가장 중요한 요소다. 부모에게 느끼는 친밀감 역시 부모와의 건강한 관계를 보여주는 또 하나의 중요한 지표다.

하지만 그보다 훨씬 중요한 것은 부모의 적극적인 지원과 길잡이다. 일정한 나이가 되면 이제 스스로 결정을 내려야 하겠지만, 영어덜트에게는 그 어느 때보다 노련한 길잡이가 필요하다. 성인기로 가는 과도기 내내, 부모는 자식들이 득과 실을 따져보고, 가려서 선택하고, 기회를 찾아내고, 성인 세계에 대한 올바른 기대를 갖도록 도와주어야 한다. 부모의 도움이 있느냐 없느냐에 따라 결과는 크게 달라진다. 이것은 자원과 큰 관련이 없는 문제다. 부모가 아닌 다른 어른들의 지원 역시 중요하다. 특히 부모가 필요한 기술과 지식을 갖추지 못한 취약한 가정에서 자란 젊은이들은 부모 이외의 어른들이 대신 나서서 뒷받침을 해주어야 한다.

따라서 자식들이 성인기에 접어들었을 때 방관하거나, 시행착오를 거치며 세상 사는 법을 배우라고 내버려두는 것은 역효과만 내기 쉽다. 부모가 앞에서 이끌어주지 않으면 쉽게 피할 수도 있는 실수를 저지르고 만다. 자식에게 모든 것을 맡기면 너무 오랫동안 제멋대로 살다가 필요한 기술이나 정보가 터무니없이 부족한 상태로 성인이 될 수밖에 없다. 간섭할 때는 간섭해주어야 나쁜 결과를 피할 수 있다. 물론 자신이 직접 결정해야 할 일이 있고, 직접 책임을 져야 할 일도 있으며, 실수를 통해 배워야 할 것도 분명 있다. 그러나 간섭하지 않아 손해를 볼 것이 분명한데도 실수를 하도록 내버려두는 것은 바람직한 교육 방식이 아니다.

모든 부모와 자식에게 꼭 필요한 것이 한 가지 있다. 규칙적인 대화다. 요즘처럼 부모와 자식이 가까운 사이를 유지하는 시절도 없어 보이지만, 자식이 성인기로 접어들 때는 특히 그런 관계가 유지되어야 새로운 대화를 만들어갈 수 있다. 자식이 대학에 가든, 집을 구하든, 집에 있든, 부모와 자식은 모든 것이 바뀌는 시기에 서로에게 거는 기대를 털어놓고 말해야 한다.

얼마나 자주 이야기를 나누어야 원만한 사이인가? 소통의 수단은 무엇인가? 피해야 할 화제는 무엇인가? 이런 것들이 우선 합의되어야 한다. 마찬가지로 떨어져 지내는 부모와 자식이 얼마나 자주 서로를 찾기를 원하는지에 대한 합의도 있어야 한다. 본가에 같이 살 경우 지켜야 할 규칙도 있다. 함부로 남자친구나 여자친구를 끌어들여 잘 수는 없는 노릇이다. 또 부모가 자식의 친구들과 어느 정도 허물없이 지내는 것이 좋은지, 자식이 다니는 직장의 상사나 대학교의 교수나 직원과는 어느 정도 커뮤니케이션이 이루어져야 하는지 등에 관해 서로의 생각을 교환해야 한다. 그리고 대학에 입학했다면, 부모가 자식의 성적이나 그 밖의 학교생활을 두고 얼마나 자주 의견을 나눌지에 대해서도 일정한 합의가 있어야 한다. 현행 가족 교육 권리 및 사생활 보호법Family Educational Rights and Privacy Act, FERPA에 의하면 학교 행정 실무자와 교수는 학생에 관해 부모들과 어느 정도 이상의 정보를 주고받을 수 없다. 그 밖에도 이 시기는 술이나 마약, 이성관계, 성 문제, 돈 등 민감한 문제에 대해 서로 마음을 열고 대화해야 할 중요한 기간이기도 하다.

젊은이들도 실패의 아픔을 이해할 수 있어야 한다. 요즘 젊은이들은 너무 응석받이로 자라 세상에 안 되는 일이 없는 것처럼 생각하는 경향이 없지 않다. 필요한 학점을 얻거나 원하는 직장에 들어가기 위해서는 피나는 노력과 많은 시간을 투자해야 한다는 상식을 잘 이해하지 못하는 젊은이들이 종종 있다. 이런 이해 부족은 특히 교육을 다룬 연구에서 두드러졌다. 학생은 고등교육의 소비자이니 당연히 학점도 구입할 수 있다고 생각하는 젊은이들도 적지 않다. 비싼 강의료를 냈으니 당연히 학점을 받을 자격이 있다고 생각하는 것이다. 그렇게 된 데에는 대학이 노골적으로 기업식 운영을 흉내 낸 탓도 어느 정도는 있다.

자신의 능력이 무한하다고 착각하는 젊은이들도 많다. 부모들이 그렇게 키웠기 때문이다. 하지만 정말로 성공하려면 교육과 직업에 대한 세부적이고 현실적인 계획이 있어야 한다. 모두가 최고가 될 수는 없다. 분명한 계획과 확실한 능력이 없으면 야망을 성취할 수 없다. 부모는 자녀들이 자신의 능력을 정확히 알고, 목표를 달성하기 위해 해야 할 일과 그 목표의 현실성을 냉정하게 판단할 수 있도록 도와야 한다.

부모만이 아니라 젊은이들과 관련된 기관들도 현실적인 지도에 앞장서야 한다. 그런 의미에서 학점 인플레이션은 당장 개선되어야 할 문제다. 고등학교와 대학교의 성적 분포는 지나칠 정도로 높이 형성되어 있다. C학점은 사망 선고나 다름없다. 그래서 교사나 교수는 C학점을 주기를 망설인다. C학점을 주었다가는 학생이 곤란한 상황에 빠질지도 모른다고 생각하기 때문이다. 그러나 C학점의 의미는 '평균'이다. 그리고 분명 대부분의 학생은 평균 수준이다. 부모와 교사들은 자식과 학생들의 성적과 잠재력을 두고 솔직한 태도를 취하지 못한다. 그리고 그들이 세상에 나아가 무엇을 해낼 수 있을지 냉정하게 판단하지 못한다.

부모는 또한 아이들에게 세상 사는 법을 가르침으로써 앞으로의 삶을 준비할 수 있게 도와야 한다. 책에서 배울 수 없는 것을 가르쳐 주는 것이 부모가 해야 할 일이다. 능력 있는 엘리트 부모는 에티켓, 책임감, 시간 관리, 자기 관리, 전략적 사고, 어른을 위하고 공경하는 법 등 학교가 소홀히 하는 부분을 틈나는 대로 자식들에게 주입한다. 이런 것은 사실 소득과 관계없이 모든 가정에서 가르쳐줄 수 있는 소중한 기술이다. 그러나 형편이 좋지 못한 가정은 그것이 생각처럼 쉬운 일이 아니다. 부모가 게임의 원리도 모르고 게임의 규칙이 어떻게 바뀌었는지도 모르는 상태에서 아이들을 가르칠 수는 없는 노릇이다. 그러나 방법이 없지는 않다. 보이스카웃이나 걸스카웃, 교회를 이용할 수도 있고, 방과 후 프로그램을 활용하는 것도 한 가지 방법이다.

우리가 인터뷰한 결과에 따르면 자식들은 대부분 아버지보다는 어머니와 더 가깝게 지내고 있었다. 남녀 구분 없이 대다수의 젊은이들이 아버지와는 다소 소원했다. 특히 서로를 망가뜨리는 파괴적인 관계는 거의 예외없이 아버지와의 관계에서 나타났고, 특히 열악한 환경에 처한 사람들에게서 많이 볼 수 있었다.

'새로운' 아버지를 선포하는 시대에, 그들로부터 이런 이야기를 계속 들어야 한다는 것은 실망스럽고도 가슴 아픈 일이다. 그러나 그들의 경우를 지켜보면 아버지와의 관계를 개선하기 위해 꾸준히 노력하는 것이 아이들의 삶에서 얼마나 중요한지를 다시 한 번 확인할 수 있다. 아버지와의 원만한 관계는 어릴 때만 필요한 것이 아니다. 성인이 되어가는 시기는 아버지와의 관계를 더욱 다질 수 있는 절호의 기회다. 아버지와의 관계가 흔들리는 상태로 성인기어 접어든다면(실제로 대부분의 경우가 그렇지만) 좀처럼 친밀한 관계를 만들어내기가 어렵다.

자식과 서먹한 사이를 아무렇지도 않게 여기는 아버지도 많지만, 그 어느 때보다 이 시기에는 자식의 일에 적극적으로 개입해야 한다. 그것은 시대적 요청이다. 그렇게 하면 자식에게도 도움이 되겠지만, 부모 역시 혜택을 받는다. 그래서 많은 중년, 노년의 아버지들은 자식과의 관계를 개선하기를 원한다. 자식과의 관계는 남자의 삶에서 끈질기게 따라붙는 주제다.

적극적인 부모일수록
물러서는 법을 배워야 한다

적극적인 부모가 된
다고 해도 이것저것 가리지 않고 다 해줄 수는 없는 노릇이다. 실제로
기껏 해줬는데 간섭으로 여길 수도 있고, 도가 지나쳐 문제가 생기는
경우도 있다. 스무 살이 됐다고 해서 심리적·사회적·재정적으로 독
립할 수 있는 것은 아니지만, 그래도 이 나이쯤 되면 어느 정도 부모
와 선을 그을 수 있어야 한다. 아무리 의도가 좋아도 자칫하면 과보호
가 될 수 있으며, 아이들의 독립심만 깎아먹을 위험이 있다. 자식의
능력과 기회에 관심을 갖는 것은 좋지만, 그렇다고 응석을 다 받아주
어 성장을 가로막는다면 내버려두느니만 못하다. 직접 겪어보고 스스
로 해결해봐야 성숙해질 수 있는 문제도 있다. 그럴 때는 개입하고 싶
은 충동이 들어도 꾹 참아야 한다.

성인이 된 자식의 성공을 보는 것만큼 행복한 순간도 없을 것이다.
그리고 자식이 성공하지 못했을 때만큼 상처로 남는 순간도 없을 것
이다. 더구나 자식에게 모든 것을 걸라고 부추기는 아이 중심적인 우
리 문화에서, 실패한 자식을 둔 부모는 견디기 힘든 수치심과 죄의식
을 감당해야 한다. 중상류층 부모들에게는 특히 그렇다. 이 부모들은
성인이 된 자식의 미래에 대해 책임감을 느낄 뿐 아니라, 성인이 된
자식의 성공과 실패를 자신의 성공과 실패로 받아들인다.

예전의 부모들은 "내가 어렸을 때는……" 따위의 말을 입에 달고
살았다. 이제 그런 사고는 통하지 않는다. 그때는 그때고 지금은 지금

이다. 그런 식으로 자식을 훈계하려 들었다가는 오히려 자식은 자신의 방식을 더욱 고집하려 들 뿐이다. 성인이 된 자식들이 재정, 학교, 직장, 사회, 이성 관계 등에서 난관에 부딪히게 되면, 부모는 섣불리 간섭하지 말고 일단 세심하게 관찰해야 한다. '드디어 이런 문제를 생각할 나이가 되었구나' 하며 대견하게 여기고 자식의 의견을 듣고 도와줄 방법을 찾아야 한다. 무엇보다 성인이 될 자식과 마주앉은 것 자체가 아이에게 도움을 줄 수 있는 관계의 출발점이라는 사실을 잊지 말아야 한다.

요즘처럼 부모와 젊은 자식 사이의 관계가 친밀했던 시절도 없는 것 같다. 앞으로 함께 살아가야 할 남은 기간에도 역시 그런 친밀한 관계는 유지될 것이다. 그만큼 부모 자식을 가르는 경계가 많이 허물어졌다. 이제 자식이 성인이 되고 중년을 거쳐 심지어 노년이 되는 과정에서 부모와의 관계는 계속 바뀌어갈 것이다. 그러나 그것은 한편으로 부모 자식이 함께 나이 들어가면서 가져야 할 관계에 대해 정해진 각본이 없다는 의미도 된다.

한 가지 분명한 것은 자녀의 일에 적극적으로 개입하는 부모일수록 한 걸음 뒤로 물러서는 법을 먼저 배워야 한다는 사실이다. 반면에 너무 방관만 하는 부모는 자녀에게 한 걸음 더 다가가 관심을 보여야 한다. 《가이랜드》의 저자 마이클이 최근 인터뷰에서 말했듯이 "멀티탭 같은 부모가 되어야 한다. 아이의 안전을 위해 접지가 되어 있어야 하고, 전원을 마음껏 공급할 수도 있어야 한다. 과부하가 걸리면 얼른 차단시킬 수도 있어야 한다." 극성스러운 부모는 열을 좀 식혀야 하고 관심이 너무 없는 부모는 열을 좀 올릴 필요가 있다.

엄한 사랑은
효과가 없다

요즘 들어 성인이 된 젊은이들의 생활 방식에서 가장 달라진 세태를 들라면, 스무 살이 넘어서도 부모와 계속 함께 사는 사람들이 많아졌다는 사실을 꼽을 수 있을 것이다. 처음부터 집을 나가지 않았든 나갔다가 다시 돌아왔든, 어쨌거나 예전에는 흔히 볼 수 없었던 풍경이다. 이런 젊은이들을 보고 개탄하거나 비난하는 목소리도 적지 않다. 적어도 미국에서는 부모와 같이 산다는 것 자체가 손가락질 받을 흉이다. 그러나 꼭 그렇게 생각할 필요는 없다. 오히려 장성했으니 이제 그만 나가라고 등을 떠미는 부모나 아무 생각 없이 먼저 충동적으로 박차고 나오는 자식이 더 큰 문제를 일으키는 경우가 많다.

부모와 함께 살면서 꿈을 향해 한발 한발 적극적으로 다가간다면 더 밝은 미래를 기약할 수 있다. 그동안 공부를 더 할 수도 있고, 자립하기 전까지 돈을 모을 수도 있다. 부모와 함께 살면 가족과 친구와의 유대 관계를 유리하게 꾸려가며 더 나은 미래를 위한 발판으로 삼을 수 있다. 그사이에 현장 경험을 쌓고 필요한 기술과 인맥을 확보할 수도 있다. 월급이 박한 직장을 다니거나 아예 월급도 없이 수습 기간을 보내야 할 경우엔 특히 그렇다. 또 특별한 취미 활동도 하고 해외여행도 다니면서 미래의 소중한 자원이 될지도 모르는 경험을 쌓을 수 있다. 무엇보다 그 기간을 기술을 습득하고 경험과 스펙을 쌓고 인간관계를 다지는 기회로 삼을 수 있다.

부모와 함께 살면 또 장차 살 집을 구할 때 필요한 돈을 모으고, 남들보다 사회생활을 좀 더 유리하게 시작할 수 있는 기반을 마련할 수 있다. 사회 초년병 시절부터 버젓한 직장을 찾기는 어려울 것이다. 하지만 사회에 첫발을 내디딜 때의 소득이 앞으로의 소득수준을 결정하기 때문에, 기반이 허약한 젊은이들에게는 본가에 오래 있는 편이 좋은 전략일 수 있다. 부모에게 얹혀살다 보면 여러 문제도 생기고 긴장도 되겠지만, 어떤 식으로든 집안에 도움을 주면서 학교를 더 다니고 기술을 연마하고 일자리를 구한다면 꼭 나쁘게 생각할 일만은 아닐 것이다. 단, 부모와 자식은 집세나 집안일을 돕는 문제, 서로 지켜야 할 규칙, 얼마 동안 같이 살지 등등에 대해 서로의 생각을 터놓고 이야기해야 한다.

그러나 장성한 자식이 일도 하지 않고, 학교에 가지도 않고, 장래를 위한 어떤 준비도 하지 않는 경우도 있다. 그런 자식을 보면 부모들은 자식을 내보낼 생각부터 한다. 맹수들이 때가 되면 새끼를 밀림으로 떠나보내듯 '엄한 사랑tough love'만이 자식을 살리는 길이라 생각하는 것이다. 과연 그럴까? 우리가 조사한 바에 따르면 엄한 사랑은 거의 대부분 효과가 없었다. 기술이나 스펙이나 안정된 직장이나 성숙함 등 그 어느 것도 완전히 갖추지 못한 상태로 자식을 집 밖으로 내모는 것은 오히려 그들을 궁지로 몰아넣는 일이다. 그보다는 부모가 자식에게 거는 기대를 분명히 말하고, 자식에게 현실적이면서도 뚜렷한 목표를 세워주는 것이 가장 좋은 방법일 것이다. 그래도 자식의 태도에 별다른 변화가 없다면 그때 가서 어려운 결정을 내려도 늦지 않다. 그럴 때 내리는 결정도 각 가정이 처한 환경에 따라 신중하게 내려야 한다. 말하자면 불변의 확고한 규칙도, 성과가 입증된 대처법이란 것도 없다. 그러나 인터뷰를 통해 우리는 대부분의 젊은이들이 이런 상황에서 길잡이를 해줄 누군가를 절실히 필요로 한다는 사실을 확인할 수 있었다. 그리고 그들은 부모가 그때 최후통첩을 하지 않았다는 사실을 무척 고맙게 생각했다. 만일 그랬더라면 부모의 기대를 저버리고 엉뚱한 길로 갔을 것이라고 그들은 말했다. 그러나 자식이 부모와 함께 살 때, 필요한 경비는 여전히 부모들이 부담한다. 모든 가정이 그럴 만한 여유가 있는 것은 아니다.

대학에 가지 않거나 부모와 함께 살 형편이 되지 않는 젊은이들에게는, 공적 기관이든 사적 기관이든 특정 단체가 나서서 혁신적이고 대안적인 생활공간을 조성해주어야 한다. 대학 캠퍼스 안에서 사는 학생들에게 제공되는 것과 비슷한 제도를 만들면 된다. 4년제 기숙대학residential college은 교수, 카운셀러, 행정관, 기숙사 사감 모두가 학생의 학업 과정과 사회생활을 추적하고 감시하며 부모의 역할을 대신한다. 그뿐 아니라 학교 내에서의 조직 생활과 교과과정도 친구를 사귀고 단체 생활을 하는 데 도움이 된다. 대학 캠퍼스는 은행·의료시설·학생 기구·피트니스 센터 등 폭넓고 다양한 시설을 갖춘 종합적인 서비스 기관으로, 주거·식사·쇼핑·상담·사회 활동을 모두 해결해주는 원스톱 쇼핑센터다. 어떤 면에서는 군대도 주거와 일과 교육을 동시에 해결해주는 제도라고 할 수 있다. 여건만 맞는다면 군 생활을 통해 미래를 설계할 수도 있다.

대학이나 군대에 가지 않고 대신 취직을 하거나 아니면 커뮤니티 칼리지나 직업학교에 가려는 젊은이들에게도 이와 비슷한 시설을 만들어줄 필요가 있다. 이들에게도 취업 상담을 해주고 네트워크를 이어주는 원스톱 쇼핑이 가능한 주거 환경이 필요하다. 기업 인사 담당자는 주말 세미나를 열어 이들에게 업무의 성격과 그에 필요한 기술, 그리고 전반적인 업무 개요를 설명할 수 있다. 젊은이들은 그런 시설에서 봉사하는 직업 교사와 멘토를 만나 조언을 구할 수 있다. 그들은 또한 대학 학자금, 의료보험, 사회 지원에 대한 정보를 찾을 수도 있다. '네트워크' 회원인 MDRC의 토머스 브록Thomas Brock의 말대로, 고등교육을 받지 못하는 약자를 위해 존재하는 기관이 지원다운 지원을 하지 못하는 데 반해, 소수 명문 대학들이 능력 있는 학생들만 골라 데려가 전폭적인 지원을 하는 체제는 대단한 아이러니가 아닐 수 없다. 열악한 환경에 있는 젊은이들의 미래를 위해서 소수 엘리트 집단이 누리는 혜택과 기회를 나누어 줄 방법을 찾아야 한다.

20대는
투자의 황금기

미래를 준비하면서 잠시 부모와 함께 지내는 기간은 투자를 위한 시간이다. 하지만 이런저런 핑계로 모험을 피하는 젊은이들과 부모들이 너무 많다. 무엇보다도 그들은 돈을 빌리기 싫어한다. 빚을 진다는 것 자체를 좋지 않게 생각하기 때문이다. 그러나 우리가 계속 주장해온 것처럼, 이 시기는 이런 '손해'를 무릅쓰고라도 미래에 투자해야 하는 인생의 황금기다. 좋은 빚이란 것도 있다.

대부분의 젊은이는 미래의 소득을 미리 짐작할 수 없기 때문에, 20대와 30대 초반에는 철저히 긴축재정을 택한다. 당연히 대학은 돈이 많이 들어 엄두를 못 낸다. 그러나 대학이나 그 밖의 교육기관에 대한 투자는 단기적이고 일회적인 일반 소비 행위가 아니라 자신을 위한 장기적 투자다. 대학 등록금이 상상을 초월할 정도로 올랐기 때문에 진학을 망설이는 것도 당연하다. 그런 걱정을 하는 사람들은 교육을 필수적인 것이라기보다는 능력에 따라 선택하는 어떤 것이라 여기고, 대학은 자신들의 능력 밖에 있는 별개의 영역이라고 판단한다. 그래서 경제력이 없는 사람들은 계속 도태될 수밖에 없다.

간신히 대학에 들어갔어도 집안 형편이 어려워 미래를 위한 투자를 지속할 수 없는 영어덜트들에게는 더 많은 보조금과 장학금이 지급되어야 한다. 저소득층 자녀들을 위한 대표적인 장학제도인 펠그랜트의 현재 수준은 인플레이션이나 학비 인상 폭을 따라잡지 못하고 있다. 펠그랜트가 부담하는 금액은 학생들이 실제로 내야 하는 등록금에 미치지 못한다. 이에 은행의 학자금 융자 프로그램인 연방 가족 교육대출 프로그램Federal Family Education Loan Program은 2010년에 장학금 지급 실태를 전면 재조사한 후, 10년 기한으로 펠그랜트에 저소득층 학생들을 위한 지원금 360억 달러를 다시 책정했다. 이 법안은 또한 펠그랜트 장학금의 최대 한도액에 인플레이션을 감안한 증가분을 자동적으로 추가하도록 조치했다. 하지만 그래 봐야 1년 동안 인상되는 금액은 500달러밖에 되지 않는다. 펠그랜트 최대 한도액에 비하면 체감하기 어려운 인상 폭이다. 이런 법률은 소득을 바탕으로 하는 결제 방식을 도입하고 대출금을 다 갚는 시점을 앞당겨줌으로써 학생들의 부담을 조금이나마 덜어준다. 2014년이 되었을 때 영어덜트들의 학자금 상환금은 소득의 10퍼센트를 넘지 않을 것이다. 현재는 소득의 15퍼센트를 내야 한다.

이렇게 몇 가지 제도가 조금 개선되었다고는 해도, 가족들의 부담은 여전히 만만치 않다. 또 모든 가정이 그런 부담을 감당할 수 있는 것도 아니다. 제2차 세계대전 이후에 마련된 GI빌GI Bill(퇴역 군인에게 교육, 주택, 보험, 의료, 직업훈련 등의 기회를 제공하는 법률―옮긴이)은 미국의 개혁과 경제 발전에 박차를 가하여 이 나라를 과학과 기술 분야에서 세계적 리더로 올려놓은 일등 공신이었다. 더학에 갈 경제적 여력이 없다는 이유만으로 똑똑한 젊은이들이 재능을 발휘하지 못한다는 것은 미국의 수치다. 중상류층은 자신들이 누릴 수 있는 사치의 일부를 희생하여 자녀의 미래에 투자할 수 있기 때문에 정부의 보조금에 기댈 필요가 없지만, 노동계급과 저소득층은 사정이 다르다. 가뜩이나 없는 형편이기 때문에 더 줄일 수 있는 것도 없다.

일류 대학에 지원할 수 있을 만큼 성적이 좋은 학생들은 대학을 선택하는 문제에서도 여유를 가질 수 있다. 최고 명문 대학을 가든 한 단계 낮춰 가든, 길게 놓고 보면 큰 차이가 있는 것 같지는 않다. 그런 정도의 실력이면 어디를 가든 필요한 학점을 이수하고 자기 앞가림을 잘 해나갈 것이다. 이 대학이 아닌 저 대학을 택했을 경우의 득실을 따지는 것은 크게 중요한 문제가 아니다. 하지만 성적이 시원치 않은 학생들에게는 학위가 중요하다. 학위를 받고 못 받고에 따라 인생의 기회와 결과가 전혀 달라질 수 있다. 요즘처럼 경제 상황이 불안할 때에는 특히 그렇다. 대학 학위는 여전히 그만한 값어치를 한다. 평생 일을 하며 살다 보면 들어간 학비도 보상받을 것이고 소득도 그만큼 높아질 것이다.

대학은 졸업장을 받았을 때 분명한 보답을 해준다. 아무리 큰 마음을 먹고 대학에 갔어도 졸업하지 못하면 소용이 없다. 대학에 갈 준비가 되어 있지 않거나, 대학이 자신에게 맞는지 확신이 들지 않는 학생들은 방황하다 비싼 대가를 치르곤 한다. 대학을 제대로 끝마치지 못할 경우 학자금 빚은 두고두고 짐이 될 확률이 높다. 졸업장이 없으면 대출을 받은 보람을 느낄 만한 직업을 얻기가 어렵기 때문이다.

대학을 끝까지 다니지 못하는 데는 초등학교와 중고등학교 때 제대로 교육을 받지 못한 탓도 있고, 또 부모의 책임도 어느 정도 있지만, 대학의 인센티브 구조에도 일부 책임이 있다. 현재 연방 기금은 졸업률이 아니라 등록률과 연계되어 있다. 과감한 발상의 전환으로 이 기금을 졸업률과 연계한다면, 기로에 선 학생들이 무사히 졸업할 수 있도록 지원하는 혁신적인 전기를 마련할 수 있을 것이다. 마찬가지로 신입생들을 대학이란 조직에 몰아놓고 정신없이 닦아세우는 고약한 인센티브들도 재고되어야 한다. 대학에 뜻을 두고 있는 학생과 그들의 부모에게 현재의 졸업률을 알려주면 대부분 당황스러움을 금치 못할 것이다. 그만큼 졸업률을 제대로 분석한 자료가 많지 않다. 대부분 등록률에만 치중하기 때문이다. 이런 상황에서 졸업률을 기준으로 대학 순위를 발표하고 있는 《US 뉴스 & 월드 리포트》의 자료는 좋은 참고가 된다. 이 자료들의 원형은 《워싱턴먼슬리Washington Monthly》가 개발한 대학의 '사회적 유동성social mobility' 공식이다. 《워싱턴먼슬리》는 특정 대학 출신 가운데 가정환경이 좋지 않은 저소득층 학생의 수를 분석한 자료를 발표했다. 그들의 '사회적 유동성' 공식은 펠그랜트 장학금을 받는 학생의 비율과 그들의 SAT 평균 점수를 바탕으로 그 학교의 가능한 졸업률을 예측한다. 예상 비율보다 더 많은 학생을 졸업시킨 학교는 예상대로 나오거나 예상보다 못한 학교보다 더 좋은 점수를 받는다. 또한 연방 교육부가 학자금 지원 신청자에게 그들이 지원하는 대학의 졸업률을 알려주는 것도 바람직한 조치다. 이 같은 조치는 좀 더 적극적으로 장려할 필요가 있다.

어느 집이나 돈 문제가 가장 큰 골칫거리일 것이다. 그래서 더욱더 돈을 제대로 알고 합리적으로 예산을 짜도록 집에서부터 가르쳐야 한다. 갓 성인이 된 자식들은 큰돈을 다루어본 적이 없고, 또 신용카드나 대출 약정 조항에 대한 세부적인 지식이 없기 때문에 학자금을 빌릴 때 심각한 실수를 할 수도 있다. 확실한 금융 지식은 세계사나 이차방정식 못지않게 중요한데도 소비·세금·저축에 관한 교과과정을 마련한 학교는 거의 없고, 자신들이 얻어 쓰는 빚의 실질적인 의미를 이해하는 학생도 거의 없다. 이는 가정의 책임이기도 하다. 부모들은 집에서 자식들과 좀처럼 돈 문제를 꺼내지 않는다. 집안의 경제 형편은 서로 알아도 모른 척한다. 예금계좌를 어떻게 처리하고, 신용카드가 어떻게 운용되고, 신용 점수가 어떻게 결정되며, 장차 주택담보대출이나 자동차 대출금이 어떤 의미를 지니며, 예산을 어떻게 세워야 하는지 등 나중에 독립하여 혼자 힘으로 살아야 할 때 꼭 알아야 할 일상생활의 재정 기술을 갖춰주려면 학교와 집에서 더 많은 것을 가르쳐야 한다. 부모는 어떤 비용을 누가 부담할지 자식에게 분명히 의사 표시를 해야 한다. 그리고 자식에게도 분명 집안의 비용 일부를 분담할 책임이 있다. 부모가 모든 부담을 떠안는 식으로는 자식들에게 재정적 독립심을 키워줄 수 없다.

대학, 현실적으로
생각하기

모든 사람이 성공할 수는 없는 일이다. 하지만 우리는 막연하게나마 모든 사람에게 공평한 경쟁의 기회가 있고, 누구나 자신의 앞길을 헤쳐나갈 수 있다고 생각한다. 그러나 젊은이들에게 주어지는 경쟁의 기회는 그들이 소속된 가정과 학교와 직장 환경에 따라 다르게 다가온다.

"대학은 승차권이다"라는 말을 귀에 못이 박이도록 들어왔을 것이다. 그래서 누구나 4년제 대학 졸업장을 받을 수 있고, 또 졸업장은 누구에게나 필요하다고 생각한다. 하지만 그러면서도 사람들은 애써 현실을 외면한다. 대학생이 될 자격이 안 되는 학생을 꼬드겨 대학에 갈 수 있다고 부추기는 것은 무책임한 짓이다. 이런 학생이야말로 좋은 조언과, 분명한 방향 제시, 그리고 확실한 지도가 필요하다. 이들에게는 더 세심한 지원이 뒷받침되어야 한다. 그나마 예전에는 고등학교에 진로 상담 교사가 있어 학생들에게 도움을 주었지만, 일부 새로 생긴 학교나 재정 상태가 열악한 학교에서는 이런 자리도 줄었거나 아예 사라졌다. 자식을 지원하는 부모들의 유형이 갈라지듯이, 일부 명문 고등학교들이 많은 상담 교사를 확보하여 대학을 지망하는 학생들을 대신해 추천장을 쓰고, 전화를 걸고, 학고를 분석하는 등 여러 가지 폭넓은 서비스를 제공하는 데 반해 자원이 부족한 학교에서는 이런 서비스가 취약할 수밖에 없다. 가뜩이나 열악한 환경의 학생들을 더욱 기운 빠지게 하는 요소다.

조너선을 보면 판이한 두 부류의 학교 현실을 실감할 수 있다. 뉴욕 교외의 한 부자 동네에 있는 그의 고등학교에서는 "아이들의 약 95퍼센트가 4년제 대학에 간다"고 조너선은 말한다. "거기에는 그럴 만한 이유가 있습니다. 진학에 필요한 전반적인 인프라가 잘 갖춰져 있거든요. 상담 교사들이 매우 헌신적으로 도와줍니다. 영어 수업은 에세이 작문에 초점을 맞춥니다. …… 어느 순간 우리가 얼마나 많은 자원을 갖고 있는지 깨닫게 되죠."

타일러의 사정은 전혀 다르다. 고등학교 때 상담 교사를 만난 것은 딱 한 번이고, 그나마도 더 이상 공부할 생각은 아예 하지도 말라는 말만 들었을 뿐이다. 그때는 그 상담 교사의 만류가 섭섭하게 들렸지만, 많은 사람들이 이해하지 못하는 사실을 그는 이해할 수 있었다. 즉 대학생이 된다고 해서 그 어려운 공부를 감당할 수 있는 것은 아니고, 학점이 미달되면 재수강을 하거나 계절학기를 듣는다고 해서 문제가 해결되는 것도 아니라는 사실이다. 그런 식으로는 필요한 기술이나 지식을 채울 수 없다. 열아홉 살이 되면 누구나 대학에 갈 수 있다는 발상부터 고쳐야 한다. 학생들의 능력이나 전망을 제대로 직시하고 대학이 어림없다고 판단되면, 4년제 대학 졸업장에 못지않은 현실적이고 가치 있는 대안을 제시해야 한다. 타일러의 상담 교사는 타일러에게 굳이 대학에 갈 필요가 없다고 말했지만, 그 대신 무엇을 하라는 말은 없었다. 타일러 같은 영어덜트에게는 대학 이외의 대안이 필요하다.

요즘은 고등학교를 졸업한 후에도 일정 기간 훈련을 받는 추세로 바뀌고 있다. 그런 '훈련'이 4년제 대학 졸업장과 겨룰 수 있는 것은 아니지만, 적어도 고등학교에서 나오자마자 곧장 대학에 가는 것보다는 이처럼 우회로를 거쳐 좀 더 효과적이고 긍정적인 결과를 낳는 경우가 많다. 마땅히 지도해주는 사람이 없는 학생들은 고등학교를 나오고 나서 대학에 들어가기까지 한 해 정도 휴지기를 가지면 자신이 좋아하는 분야를 찾고 좀 더 성숙한 판단을 할 시간을 벌 수 있다. 실제로 고등학교를 졸업한 후 평화봉사단Peace Corps이나 아메리코Ameri-Corps 같은 봉사 활동을 통해 멘토를 만나 생각의 지평을 넓힌 사례가 많다. 또 경우에 따라서는 고등학교를 졸업한 후 짜임새 있는 훈련 프로그램을 거쳐 직장에 들어간 덕택에 더욱 좋은 실적을 올리는 사람들도 있다. 이런 경우에 '온라인'을 활용하면 큰 도움을 받을 수 있다. 예를 들어 '온라인'을 통해 자신에게 맞는 직업이 무엇인지, 그런 직업을 얻기 위해 갖춰야 할 자격은 무엇인지, 어떤 종류의 훈련을 받아야 하는지 등을 알 수 있다.

자식이 대학을 제대로 다니기 위해 어떤 능력을 갖춰야 하는지 모르는 부모가 아직도 많다. 대학 중퇴율이 높고 또 커뮤니티 칼리지에서 4년제 대학으로 가는 경우가 절반도 안 되는 요즘 같은 상황에서는 무엇보다 가치 있고 생산적인 대안을 마련하는 것이 시급하다. 젊은이들이 자신의 적성을 제대로 파악하고, 그 적성을 살리기 위해 필요한 조치가 무엇이며 현재 어떤 선택을 할 수 있는지를 좀 더 쉽게 찾을 수 있도록 교사와 부모들이 더욱 포괄적이고 구체적인 지도를 해야 한다. 이것은 열악한 환경에 있는 학생들뿐 아니라, 좋은 환경 속에서도 마땅한 지도가 없어 뛰어난 능력을 적재적소에 발휘하지 못하고 방황하는 젊은이들에게 특히 중요하다. 이제 몇 가지 대안을 살펴보겠지만, 우선 이 젊은이들에게 밝은 미래를 마련해주기 위해 생각해볼 수 있는 가능성은 무궁무진하다는 사실부터 인식해야 한다.

또한 진로를 찾는 데 남들보다 더 많은 시간이 필요한 젊은이들도 있다. 인정하고 싶지는 않겠지만, 우리나라에서 사회적 계급은 젊은 이들의 운명을 정해놓고 배당하는 굳건한 성채다. 우리는 젊은이들을 인터뷰하고 자료를 분석하면서 수시로 그와 같이 바람직하지 못한 유산을 확인했다. 따라서 불우한 환경에 있지만 능력이 뛰어난 일부 젊은이들이 유복한 동료들을 따라잡으려면 어느 정도 시간이 필요하다는 점을 우리는 인정해야 한다. 그때까지 견디지 못해 아까운 젊은이들이 너무 빨리 포기하는 것은 안타깝기 그지없는 일이다. 이들의 노력을 받쳐주고 실패의 위험을 줄여주는 프로그램이 무엇보다 절실하다. 대학 생활 첫해에 학점이 미달된 학생에게 기회를 주는 '신입생 탈락 면제'도 그런 프로그램 중 하나다. 그런 배려를 해도 결국 조기에 중퇴하고 마는 학생들에게는 재정을 보조해주거나 상환해야 할 학자 융자금을 감액 또는 면제해주어 부담을 덜어주어야 한다. 그 밖에 뒤늦게 대학 생활에 적응하기가 어렵다는 사실을 깨닫는 학생들의 피해를 최소화하도록 도와주는 프로그램도 있다.

또한 대부분의 대학은 학생들이 대학 생활에 자연스레 적응할 수 있도록 포괄적이고 광범위한 오리엔테이션을 제공하고 있다. 오리엔테이션은 신입생에게 대학을 소개할 뿐 아니라 캠퍼스에서 제공하는 다양한 지원 프로그램을 학생들에게 자세히 알려주어 원만한 학업 활동을 할 수 있도록 도와주는 장치다. 오리엔테이션에서는 특정 학과의 수업을 준비하고 시간을 체계적으로 관리하고 사회적 관계를 만들어가는 법 이외에도 학업에 필요한 사항과 아울러 사회생활을 관리하는 법까지 가르친다. 집안에서 대학에 간 사람이 아무도 없는 학생들에게 이런 과정은 특히 중요하다.

결국 가장 중요한 것은 모든 젊은이들이 자신의 관심과 능력에 맞는 진로를 찾도록 도와주고, 그곳에 도달하는 데 필요한 조치를 분명히 인식하게 해주는 일이다. 이제 우리는 학교나 직장으로 가는 과정을 성공적으로 만들어나가도록 도와주는 방법을 개관할 것이다.

취업을 보장하는 커리어 아카데미

4년제 대학에 가지 않을 학생들은 처음부터 커리어 아카데미career academy에 가는 편이 좋다. 오랜 기간 이 프로그램의 효율성을 평가해온 MDRC의 로버트 이브리는 "이것은 예전 실업학교와는 다르다"고 말한다. 커리어 아카데미는 대학에 가지 않는 학생들을 말썽꾸러기 이복동생으로 취급하는 것이 아니라, 적극적으로 끌어안아 그들에게 현실적인 방안을 제시한다. 이브리는 커리어 아카데미에 관해 다음과 같이 말한다. "여기는 엘리트 양성소는 아니지만 그렇다고 낙오자 집합소도 아닙니다. 여기에는 또한 AP 과정을 듣는 학생도 있고 생활고와 싸우는 학생도 있습니다. 커리어 아카데미는 교육 경험을 수업과 일관되게 연결하여 살아 있는 경험으로 만들어줍니다. 프로그램의 모든 수업은 특정 직업과 연결되어 있습니다. 그리고 그런 방식으로 학교를 더욱 의미 있는 실체로 만듭니다." 현재 이런 아카데미는 미국 전역에 2500가가 있어 '학교 안의 학교'로 운영되고 있다. 학생 수는 학년당 30~60명 정도다. 일부 아카데미는 주 정부에서 기금을 조달받는다. 학생들은 조를 짜서 함께 수업을 듣는데, 정규 과목과 실업교육을 함께 받고, 다양한 인턴 과정이나 수습 교육과정에 참여한다.

예를 들어 캘리포니아의 한 커리어 아카데미는 보건 사업을 중점적으로 다룬다. 1학년과 2학년 교과과정은 기본 과목 이외에도 직업 준비work readiness에 초점을 맞춘다. 그들은 SAT 과정에 관해 배우고 그 밖에도 대학 진학을 위한 준비를 한다. 하지만 역점을 두는 것은 직업 개발 쪽이다. 2학년 때는 의료기관에서 직접 실습 과정을 밟는다. 그 과정을 통해 자신이 택할 수 있는 분야의 범위를 미리 탐색한다. 3학년이 되면 지역 병원에서 유급 인턴 과정을 이수한다. 이브리는 이렇게 말한다. "학생들이 맡는 업무는 수준이 상당히 높습니다. 주로 병원의 의료 실험실에서 일하지요. 컴퓨터 아카데미에 있는 학생이라면 인텔에서 일을 합니다. 항공 아카데미에 다니는 학생은 플로리다 코코비치의 케네디 우주 센터에서 일합니다." 커리어 아카데미에서 제공하는 수업은 직업에 관한 학생들의 관심사를 반영한다. 이를테면 의료 아카데미 학생들은 과학 시간에 페니실린의 발견에 관해 공부한다. "학생들은 그런 수업을 통해 전공에 흥미를 느끼고 목적의식을 더욱 불태웁니다. 그리고 현실 세계에서 일하는 기분을 미리 실감하고 맛보게 되죠."

커리어 아카데미의 또 다른 자부심은 교사들의 수준이다. 커리어 아카데미의 학생들은 교사들과 남다른 공감대를 형성하고, 그들과 한층 긴밀한 관계를 유지한다. 일반 고등학교의 경우 대학에 가지 않는 학생들은 대학 진학을 준비하는 학생들에 비해 차별대우를 받는다고 생각한다. 교사들이 자신들에게 적절한 관심을 보여주지 않는다고 느낀다. 하지만 커리어 아카데미의 학생들은 학교가 적절한 교육을 제공하고 있으며, 그래서 자신들이 더욱더 분명한 목적의식을 가질 수 있다고 생각한다. 이 프로그램은 또한 저소득층 가정의 젊은이들이 이력서를 작성할 때 신원보증인이 되어주고 경력을 입증해준다. 유복한 환경의 학생들은 당연하게 여기는 자원이지만, 이들에게는 쉽게 얻을 수 없는 소중한 자원이다.

MDRC는 여러 곳의 커리어 아카데미를 대상으로 그 성과를 정밀 조사했다. 결과는 예상 밖이었다. 고등학교를 졸업하고 커리어 아카데미에 참가한 사람들은 8년 뒤에 그렇지 않은 또래보다 훨씬 더 많은 돈을 벌고 있었다. 8년 동안 총 3만 달러 이상 차이가 났다. 로버트 이브리는 이렇게 말한다. "이것은 단기 대학 출신자들이 버는 소득에 해당하는 수준입니다." "이것만 보아도 이 과정의 존재 의미를 알 수 있을 겁니다. 커리어 아카데미에는 분명 그만한 브상이 뒤따릅니다." 그런 수준의 소득은 또한 그들이 무난히 성인기로 이행할 수 있도록 도와준다. 덕분에 그들은 이 프로그램을 이수하지 않은 학우들에 비해 결혼할 확률이 높았고, 편부모가 될 확률이 적었으며, 부모로부터 독립해서 살 가능성은 많았다.

빌과 멜린다 게이츠 재단Bill and Melinda Gates Foundation의 어젠다에는 커뮤니티 칼리지의 수준을 향상시키는 항목이 포함되어 있다. 오바마 행정부 역시 커뮤니티 칼리지 연수를 위한 추가 기금으로 20억 달러를 책정했다. 4년제 대학에 가지 않거나 갈 수 없는 학생들의 기술을 향상시키고 기회의 폭을 넓히는 기능을 하는 커뮤니티 칼리지의 역할을 인정한 것이다. 오바마 정부는 또한 커뮤니티 칼리지와 기업을 직접 연계하는 방안을 모색 중이다.

커뮤니티 칼리지는 4년제 대학에 갈 여유가 없거나 갈 준비가 되어 있지 않은 학생들, 직장 생활을 하다가 다시 공부를 하려는 사람들, 그리고 너무 일찍 가족을 부양해야 하는 탓에 곁길로 빠진 사람들을 더 좋은 직장으로 이어주는 중요한 사다리다. 그러나 재정적 지원 부족, 불충분한 서비스, 빈약한 '보충' 수업 등 여러 요소들이 학생들의 발목을 잡고 있는 것 또한 부인할 수 없는 사실이다.

커뮤니티 칼리지는 어떤 면에서 향후의 방향을 가늠할 대세다. 기존의 고등교육 모델은 학생들의 새로운 요구에 발맞춰 저녁, 주말, 또는 속성반으로 수업 시간을 편리하게 변경하고, 모든 수업을 온라인으로 하거나, 아니면 온라인과 오프라인 수업을 병행하는 등 포맷을 바꾸고 있다. 몇 가지만 더 예를 들면 학생들은 학교 간의 과목 교환이나 전일 수업과 시간제 수업 사이를 자유롭게 오갈 수 있는 유연성, 그리고 비용이 적은 쪽을 선택할 수 있는 권한 등을 요구하고 있다. 2020년의 대학은 지금과는 전혀 다른 모습으로 바뀔 것이고, 4년짜리 전일 기숙사 생활로 이루어지는 프로그램은 대폭 축소될 것이다.

아울러 커뮤니티 칼리지의 재학률과 졸업률을 향상시키기 위한 혁신적인 프로그램도 다각도로 추진되고 있다. '네트워크'가 MDRC와 협력하여 개발한 새로운 프로그램인 오프닝도어스도 그중 하나다. 오프닝도어스는 저소득층 학생의 졸업률과 직장 성활 실적을 향상시키는 데 필요한 현실 참여를 실험하기 위한 프로그램이다. 예를 들어 '공동체 학습learning communities'을 근거로 한 현실 참여 사이트들은 함께 수업을 받는 작은 규모의 학생 집단에게 협조 능력을 길러주고, 스터디 그룹을 만들고 교실 밖에서도 지지 세력을 확보할 수 있는 관계를 만들어준다. 그 밖에도 아이 돌보기, 내실 있는 직업 및 교육 상담, 실적에 기반을 둔 재정적 인센티브 등을 통해 현실 참여 기회를 제공하는 사이트도 있다. 전국의 커뮤니티 칼리지에서는 비주류 저소득층 학생들을 위한 프로그램을 비롯해 다양한 프로그램의 가능성을 실험 중이다.

방법의 엄정함을 고려할 때 아직까지는 긍정적인 조치로 평가할 수 있다. MDRC는 통제 집단과 실험 집단을 활용하여 프로그램의 효율성을 테스트한다. 이 연구는 오프닝도어스의 참여 수업을 받는 학생의 경험과 기존 수업만 받는 학생의 경험을 비교한다. 평가진은 이런 실험 연구를 통해 이 프로그램들이 두 집단에게서 결과적으로 어떤 차이를 유발하는지 조사한다.

예를 들어 실적 기반 재정적 인센티브의 초기 결과를 보면 루이지애나에서 다시 대학에 복학한 저소득층 싱글맘들이 상당히 큰 도움을 받았다는 사실을 알 수 있다. 이들은 장학금 덕택에 대학에 등록할 수 있었고, 더구나 전일 수업 학생으로 등록할 수 있었다. 이 학생들은 학업을 지속하는 비율이 높았고, 세 번째 학기에 등록하는 학생들은 통제 집단의 학생들에 비해 약 30퍼센트 많았다. 이 프로그램에 참가한 학생들의 이수 학점 또한 증가했고, 사회적·심리적 결과에서도 긍정적인 영향을 받았다. 그들은 장기 목표에서도 성공할 수 있다고 생각하는 비율이 높았다.

이런 종류의 현실 참여를 해본 커뮤니티 칼리지 학생들과 대학 진학을 생각하지 않는 커리어 아카데미의 고등학생들이 이 프로그램들을 통해 얻는 혜택은 그들의 성공률을 통해서도 입증된다. 사회생활을 제대로 하기 위해서는 정시에 출근하고, 복장을 단정히 하고, 상사에게 예의를 지키는 등 몇 가지 소프트스킬soft skill(기업 조직에서 커뮤니케이션, 협상, 팀워크, 리더십 등을 활성화할 수 있는 능력—옮긴이)을 갖추어야 한다.

하지만 4년제나 2년제 졸업장이 필요 없는 직장에서도 그런 소프트스킬은 여전히 유효하다. 업무 자체와는 별 관계가 없는 성적이나 졸업장에 집착하는 것보다는 자신이 특정 업무에 필요한 능력과 기술을 가지고 있음을 입증할 방법을 찾는 편이 취업에 훨씬 도움이 될 것이다. 그렇게 한다면 대학에 가지 않은 젊은이들도 자기에게 어울리는 자리를 놓고 제대로 된 경쟁을 벌일 기회를 가질 수 있을 것이다.

보호막 없는
직장에서 살아남는 법

앞으로는 직업의 판도가 크게 달라질 것이다. 일부에서는 2008년 후반부터 시작된 경기 침체가 많은 업종의 수명을 단축할 것이라고 지적하면서, 노동시장의 판을 근본적으로 다시 짜야 할 때라고 주장한다. 지금부터 5년이나 10년 뒤에 상황이 어떻게 달라질지는 아무도 알 수 없지만 한 가지만은 확실하다. 이런 붕괴의 잿더미에서도 새로운 사업은 일어날 것이고, 그때는 요즘 근로자보다 훨씬 더 융통성 있고 재능이 많은 고도의 숙련공에 대한 수요가 급증할 것이라는 점이다. 변화가 심한 경제 체제에서는 여러 직업에서 두루 통하는 일반 기술general skill이 가장 각광을 받을 것이다. 그리고 근로자들은 분야와 관계없이 연륜이 쌓이면서 직장을 바꿀 가능성이 높다. 직업 쇼핑이 새로운 모델이 되는 것도 피할 수 없는 추세일 것이다. 이런 의미에서 노동시장에 적응하고 융통성을 발휘하는 법만 배울 수 있다면, 어떤 상황이 닥쳐도 얼마든지 대접을 받을 수 있을 것이다. 여러 정황을 미루어 짐작해볼 때, 젊은이들은 실제로 이런 유동성에 별다른 불편을 못 느끼는 것 같다. 아니 오히려 그들은 그편을 선호하는지도 모른다.

그러나 지금처럼 밑바닥 노동자를 위한 특별한 보호 장치가 없는 상태에서 앞으로도 계속 서비스 분야가 판도를 조우한다면, 고소득 직장인과 저소득 직장인은 완전히 분리되고 중간층은 사라져버리는 결과를 피할 수 없을 것이다. 1940년대와 50년대 제조 부문에서 보았듯이 그런 보호 장치를 만드는 데는 노조의 결집만큼 결정적인 요소가 따로 없다. 당시의 제조업은 몇 십 년 동안 중산층의 부피를 늘리는 데 큰 기여를 했다. 그러나 노조의 부패가 극에 달했던 레이건 시대에 이르러 구식 노조 모델은 서서히 종말을 맞았다. 그러나 그것이 노조의 종언은 아니었다. 노조는 여전히 노동자의 안전망과 업무 연수와 퇴직을 책임지는 최후의 보루다.

노조가 있든 없든, 모든 분야의 기업들은 현장 업무 훈련에 재투자해야 한다. 1979년에 기업은 당시 돈으로 200억 달러를 업무 연수에 재투자했다. 국가고용법프로젝트National Employment Law Project가 발표한 내용에 따르면 요즘 회사들은 이 분야에 고작 60억 달러만 투자한다. 더 나은 직급과 보수를 원한다면 훈련은 피할 수 없는 절차다. 어디에서 무슨 일을 하든 근로자의 뒤를 계속 따라다니는 규격화되고 공인된 자격증 체제는 요즘처럼 노동력 이동이 잦은 분위기에서 더욱 그 위력을 발휘한다. 이런 훈련은 지역 노동력의 수요와 맞물려 실행되어야 한다. 그러기 위해서는 기업, 정부, 커뮤니티 칼리지, 실업학교 간에 더욱 적극적인 협조가 필요하다. 어디서나 통하는 기술과 스펙은 특정 분야의 업무 능력과 수요를 충족시키는 데 도움이 될 것이고, 수업료의 효력을 다시 한 번 확인시켜줄 것이다.

신입 사원은 수습 기간을 통해 특정 분야에서 요구하는 기술에 대한 폭넓은 시야를 얻고 직접적이고 체계적인 방법으로 응용 기술을 습득할 수 있다. 갓 성인이 된 젊은이들에게 수습 기간은 확실한 직업을 찾을 수 있는 소중한 과정이다. 직업 체험Job shadowing은 구체적인 계획이 없는 학생들에게 주어진 또 하나의 선택이다. 성인으로 가는 과도기를 노동력 향상의 기회로 활용할 수 있는 방법은 많다. 그러나 그때에도 기업의 협조가 있어야 하고, 기업과 학교 간의 강력한 파트너십이 전제되어야 한다. 고등학교와 실업학교와 커뮤니티 칼리지는 특히 그렇다.

갈수록 수당이 줄어들면서, 반사적으로 의료 혜택에 대한 관심은 점점 더 높아지고 있다. 영어덜트들은 대부분 의료보험에 가입하지 않을 공산이 크다. 새로운 보건법은 영어덜트들을 위해 보험 적용 범위를 확장할 것이다. 예를 들어 개정된 법에 따라 영어덜트들은 부모의 보험증서로 스물여섯 살까지 보험 혜택을 받을 수 있다. 또한 보험 가입을 수월하게 하기 위해 여러 조항을 수정했다. 예컨대 보험을 들지 않은 사람들 가운데 고용주가 보험을 제공하지 않거나 소득이 빈곤선poverty line의 400퍼센트 이하인 경우라면 주 정부 의료보험 교환시장State Exchanges에서 의료보험을 구입하는 차등제 보조금을 받을 수 있다.

고용주에게 보험을 제공하라는 압력도 거세지고 있다. 종업원에게 보험을 제공하지 않거나 보험 교환 시장을 통해 보험금을 받는 종업원이 한 명이라도 있는 대형 업체는 전일 근무 직원 일인당 2000달러의 벌금을 내게 될 것이다. 작은 사업장은 교환 시장을 통해 보험을 구입할 수 있다. 그렇게 되면 보험으로 인한 비용을 절감할 수 있다. 그러나 시간제 근로자는 새로운 법에서도 보험 혜택을 받을 수 없다. 옛날에 비해 요즘의 영어덜트는 시간제 근무를 할 가능성이 더 높다.

이 여러 가지 요인들은 사실 변수가 많다. 정부는 의료보험 제도의 조기 개정을 강행하겠다는 입장이지만, 의회의 강력한 반대에 부딪혀 별다른 진전을 보지 못하는 상황이다. 그러나 2010년 4월 현재, 의회 예산국은 의회가 10년 동안 9380억 달러의 순비용을 투입하여 2019년까지 비보험자의 수를 3200만 명 정도 줄일 계획이라고 발표했다. 아울러 같은 기간에 적자액은 1240억 달러 정도 줄일 계획이다.

시민 활동은
살아 있는 교육이다

2008년 오바마 선거 팀은 젊은 유권자들의 표와 이들 세대의 상징인 소셜 미디어를 십분 활용했다. 이는 우리 사회와 민주주의의 미래를 위해서도 중요한 의미를 지닌다. 고등학교와 대학교 때의 시민 활동 체험은 그 이후에 이어지는 투표, 사회참여, 자원봉사뿐 아니라 학업 성적, 대학 진학, 대학 졸업 등과도 연결된다. 따라서 시민 활동을 강조하거나 요구하는 교과과정은 젊은이들을 평생 꾸준히 시민 활동으로 유도할 수 있는 중요한 도구가 될 수 있다. 고등학교 때의 봉사 학습 기회는 이들을 현실 참여에 적극적인 시민으로 양성할 수 있다는 희망을 갖게 해주었다. '봉사 학습'은 다양한 의미를 갖고 있지만 항상 정규 교과과정과 밀접하게 연결된 프로젝트이기 때문에, 학교와 대학과 지역사회 간의 긴밀한 협조가 전제되어야 한다. 봉사 학습 체험은 지역사회 봉사나 자원봉사,

정부기관이나 지역사회 기관 방문, 토론 참여, 모의재판이나 역할연기 등의 다양한 프로그램을 통해 그 효능을 입증할 수 있다. 봉사 학습은 학생들을 앞세워 대화 분위기를 조성하고 중요한 쟁점에 대하여 지역사회와 학교를 변화시킴으로써 관련자 모두가 민주주의를 적극 '실천'하도록 격려한다.

실제로 이를 위한 프로그램이 많이 만들어지고, 이에 대한 투자도 적지 않게 이루어지고 있다. 그 가운데 몇 가지 대표적인 사례를 강조하고 싶다. 첫째는 봉사 및 자원 보존단Service and Conservation Corps 같은 국가 봉사 프로그램이다. 이 프로그램은 41개 주와 컬럼비아 특별구에서 운영되고 있다. 오래전 뉴딜 기간에 결성된 시민 자원 보존단Civilian Conservation Corps, CCC처럼, 봉사 및 자원 보존단은 공원을 조성하고 관리함으로써 환경과 공공부지를 복구하고 공공주택을 보수하여 국가의 인프라를 개선한다.

아메리코도 또 하나의 우수 사례다. 아메리코는 지역사회 봉사를 활용하여 학생들에게 생활 능력을 개발하고 대학 학자금도 마련할 수 있는 기회를 제공한다. '네트워크'의 초기 분석 자료를 보면 아메리코가 젊은이들을 하나의 통일된 정치 주체로 결집하는 데 적지 않은 성과를 올렸다는 사실을 확인할 수 있다. 예를 들어 팀의 리더를 맡은 참가자들은 책임감을 직접 체험하는 기회를 가졌고, 연소득이 4만 달러 이하인 노동계급 출신 학생들은 다른 사람들의 생각을 알 수 있는 기회를 가졌다고 보고했다. 참여자들은 여의치 않은 상황에서 시간을 관리하는 법을 배우고, 또 개인적·직업적 기술에 관해 좀 더 현실적인 생각을 갖게 되었다.

새로 제정된 에드워드 케네디 미국봉사법Edward M. Kennedy Serve America Act, PL 111-13은 여러 단체와 조합을 새로 받아들여 아메리코 프로그램의 활동 범위를 넓히고 있다. 게다가 이 법은 각종 교육 관련 포상을 확대하고, 젊은이들의 봉사 활동 참여의 폭을 넓히고, 여러 가지 책임을 균형 있게 처리할 수 있는 유연성을 길러주고, 저소득 집단의 요구를 들어주고, 소외된 젊은이들을 끌어들이는 사업을 중점적으로 지원한다. 특히 상근 봉사를 하는 직원들에게 유급휴가를 주는 고용주들에게는 세제 혜택을 준다.

유스빌드Youth Build, 청년단Youth Corps, 시민정의단Civic Justice Corps 같은 프로그램도 주목할 만하다. 고등학교를 졸업한 후에도, 그리고 대학에 다니는 동안에도 진로를 놓고 고민을 거듭하는 젊은이들은 한 해 정도 국가나 지역사회에 봉사를 하면서 생각을 정리할 수 있다. 대학을 졸업해도 이것은 마찬가지다. 그리고 일류 학교에 다니는 엘리트 학생이라 하더라도, 평화봉사단이나 '미국을 위한 교육Teach for America' 같은 프로그램을 통해 자아를 정립하고 직업을 선택해야 할 시기에 생각을 정리할 수 있는 기회를 가질 수 있다. 이 프로그램들은 또한 업무 지원을 개선하고 학교에서 직장으로 원활히 이동할 수 있도록 여러 가지 방안을 마련하며, 아울러 길어지는 성인기로의 과도기 동안 부족한 인프라를 창출하는 좋은 사례다.

새로운 세대의
신결혼 풍속도

요즘 젊은이들의 최대 관심사는 뭐니 뭐니 해도 결혼과 가정일 것이다. 그러나 전과 달리 빈손으로 만나 부부가 되어 하나의 목표와 이정표를 공유하면서 첫걸음을 내딛는 남녀는 보기 힘들어졌다. 결혼할 생각이 있는 사람은 먼저 갖출 것을 갖추고 나서 결혼한다. 이렇게 결혼을 미루면 확실히 좋은 점이 있다.

결혼을 하고 가정을 꾸리기에 앞서 그에 대한 준비부터 철저히 하면 부부 관계가 더 좋아질 수 있다. 나이를 먹으면 먹을수록 젊은이들은 자신의 처지를 더 잘 알게 된다. 무엇이 필요하고 무엇이 가능하며 무엇이 한계이고 배우자는 어떤 사람이어야 하는지 냉정하게 판단하게 된다. 20대 후반이나 30대 초반까지 결혼을 미루다 보면, 배우자나 부모로서 인생의 역경을 슬기롭게 헤쳐나갈 능력도 그만큼 많아진다. 또 그 정도 나이가 되면 교육도 충분히 받고 직장에서도 어느 정도 위치를 확보한 상태일 것이다. 또한 인간관계도 원만해지고 자금 형편도 조금씩 나아진다. 결혼을 미루면 이성 교제의 폭도 넓어진다. 그러다 보면 이성에 대해서도 이해심이 깊어지고, 좋은 짝을 찾는 눈도 더 밝아진다. 긍정적인 측면만 말했지만, 혼자 사는 삶을 맛보는 것도 어떤 면에서는 괜찮은 경험일지 모른다.

여성에게는 혼전 준비가 특히 중요하다. 아무리 세상이 바뀌었다 해도 아이를 기르는 일은 여전히 여성들의 몫이다. 육아 부담에 가족들의 주문까지 더해지면 여성의 경력은 큰 타격을 입을 수밖에 없다.

요즘은 여성들이 남성보다 학력 수준이 더 높기 때문에 여성이 치르는 희생은 더욱 크게 느껴진다. 게다가 이혼이라도 한다면, 가사와 육아와 직장 일을 병행하는 일은 더욱 벅찬 부담이 된다.

그러나 결혼하기 전에 이런저런 것을 다 따지다 보면 결혼의 필요성을 느끼지 못할 수도 있다. 그래서 혼자 오래 살다 보면 예기치 않은 문제와 부딪힌다. 너무 다른 환경에서 살았기 때문에 서로에 대한 이질감을 좁히지 못하는 것이다. 그래서 각자의 방식을 고집할 수도 있다. 짝을 찾을 때도 까다롭게 따지고, 좀처럼 마음에 드는 사람을 찾지 못한다. 결혼 전에 일정 기간 '자기'만의 시간을 갖는 것도 좋지만, 그 기간이 너무 길면 '우리'만의 가능성을 놓고 약혼자나 배우자와 협상을 벌여야 할 경우도 있다.

스물두 살이 되었다고 결혼해야 하는 것은 아니다. 오히려 연구 결과에 따르면 그 반대가 더 바람직하다. 더욱 확실한 결혼과 탄탄한 미래를 보장받으려면 대학이나 직업훈련을 마칠 때까지 결혼과 출산을 미루는 것이 전제되어야 한다. 한 번 엇나간 운명은 되돌릴 수 없다. 조기 결혼과 조기 출산으로 미래를 저당잡히면 두 번 다시 돌려받을 수 없다. 중요한 것은 교육이다. 그 밖의 것은 그다지 중요하지 않다. 결혼 전에 집을 사고, 빚에서 해방되고, 완벽한 직업을 찾는 것도 중요하지만, 그 어느 것도 교육만큼 절박하지는 않다.

결혼을 미루면 인구 문제가 생긴다. 결혼이 늦어지면 아이도 그만큼 덜 낳게 된다. 수명은 자꾸 길어지는데 출생률이 낮아지면 인구는 노령화될 것이다. 각 세대는 은퇴하는 인구를 대체할 인력을 찾지 못할 것이다. 실제로 많은 유럽 국가들은 현재 이런 딜레마에 처해 있다. 미국은 이민률이 높기 때문에 그런대로 이런 문제를 피해갈 수 있었다. 하지만 지금은 결혼을 한참 미루거나 아예 결혼을 하지 않거나 일부러 아이를 낳지 않는 사람들의 비율이 그 어느 때보다 높다. 그렇다면 인구에 관한 고민도 마냥 남의 일만은 아닐 것이다.

물론 출산 기술이 발달했기 때문에, 나중에 원하면 낳고 싶은 만큼 낳을 수 있을지도 모른다. 하지만 여성의 출산 능력에는 분명한 생물학적 시계가 있다. 남성도 나름대로 시계가 있기는 마찬가지다. 사회생활을 시작하는 남성들은 열심히 일하고, 직장에서 입지를 확보하고, 결혼한 다음 아이를 낳고 가정을 꾸리는 모습을 그린다. 그들은 일정한 소득과 편안한 노후를 위해 오랜 세월 긴 시간을 사무실에서 보낼 것이다. 그러나 30대 후반이나 40대 초반까지 기다렸다 아이를 갖는다면, 그들의 은퇴는 그들이 상상하는 것과는 매우 다른 양상으로 나타날 것이다. 마흔 살에 아이를 가지면 아이가 고등학교를 졸업할 즈음에 아버지는 은퇴해야 한다. 결국 대학 등록금은 퇴직금으로 충당하는 수밖에 없다.

요즘 젊은이들이 택하는 가장 안전한 방법은 스물여섯 살 이후로 결혼과 출산을 미루는 것이다. 특히 대학을 졸업해 교육을 중시하는 부모들이나 여유로운 환경에 있는 사람들은 늦게 결혼하는 것을 당연한 일로 여긴다. 자식은 아무리 컸어도 부모에게는 가장 소중한 존재다. 자식이 빨리 독립하면 교육을 받고 취직할 수 있는 기회를 잡기가 더 어려워지는 것이 사실이다. 자식을 일찍 낳는 사람들은 미래에 대한 뚜렷한 희망이 없기 때문에 자식을 낳는다고 말한다. 그 말이 사실인지 아니면 단순한 자기 합리화인지는 단정하기 어렵다. 그러나 한 가지는 분명하다. 일찍 결혼하고 일찍 아이를 낳으면 인생이 주는 여러 가지 행복을 누릴 기회는 그만큼 줄어든다는 사실이다.

요즘 커플들은 결혼을 미루는 추세이지만, 그렇다고 함께 사는 것까지 미루지는 않는다. 데이트와 연애에 대한 개념도 많이 달라졌지만, 그렇다고 이런 풍습 자체가 사라진 것은 아니다. 과거 세대와 다른 점이 있다면 동거를 인정하는 사람들이 많아지고 있다는 것이다. 우리는 그러나 이런 동거 관계에서도 계층 간의 확실한 균열을 본다. 유복한 사람들은 동거를 결혼을 위한 예비 과정으로 생각하는 반면, 환경이 불리한 사람은 임신이나 재정적 이유 때문에 어쩔 수 없이 택하는 방편으로 여긴다.

우리 사회에서 동거는 매우 불안한 관계이고, 그런 불안은 자식까지 힘들게 한다. 하긴 동거만 불안한 것은 아니다. 결혼도 불안하기는 마찬가지다. 두 사람 사이가 안정적이고 헌신적이고, 별다른 갈등이나 긴장이 없을 때는 동거도 좋은 점이 많다. 어쨌든 자식들이 관련되었을 때 가장 중요한 것은 안정성이다.

물론 최종적으로 중요한 것은 결혼 그 자체라고 주장하는 사람이 많다. 결혼은 위태로운 관계를 묶어주는 접착제라고 보는 것이다. 그러나 실제로 결혼을 서두르는 층은 주로 기반이 불안한 사람들이다. 그들의 관계와 결혼이 불안한 이유는 그들이 다른 영역에서 취약한 이유와 크게 다르지 않다. 그들은 교육도 많이 받지 못했고, 자원도 거의 없고, 기술도 부족하다. 이들에게 어느 정도 준비를 해놓고 결혼하라는 말은 전혀 설득력을 지니지 못한다.

동거 커플이 급격히 증가하고, 사회적으로도 그런 추세를 인정하는 분위기임을 감안한다면, 유럽 국가에서 통용되는 모델을 채택하는 문제도 고려해볼 수 있을 것 같다. 유럽은 동거 관계를 전혀 수치로 여기지 않기 때문에, 동거하는 커플에게 결혼과 똑같은 법적 권리와 책임을 준다. 이런 법적 장치는 동거 커플들이 장기적이고 헌신적인 관계를 다질 수 있도록 유도하기 위한 것으로 일종의 시민 보호 장치다.

어른도, 아이도 아닌 피터팬 세대의 출현

어디를 가나 젊은이들의 세대를 걱정하는 소리가 높다. 언론에서도 공개 토론장에서도 모두가 한목소리로 요즘 젊은이들이 뭔가 잘못되었다고 지적한다. 그리고 성인이 되는 과정이 이렇게 길어지면 결국 가정과 사회가 흔들릴 것이라고 호들갑을 피운다. 환경이 불리한 젊은이들에게는 이런 변화가 적응하기 어렵겠지만, 이 시기를 슬기롭게 넘기느냐 못 넘기느냐에 따라 결과는 크게 달라진다. 지난 세기의 전반부에 태어난 남성들이 약속이나 한 듯이 한 줄로 서서 걸어갔던 학교, 직장, 은퇴라는 인생의 뚜렷한 절차가 이제 무너지고 있다. 새로운 유연성이 확산되면서 인생에서 만날 수 있는 기회와 선택의 폭은 확장되었다. 그것은 결국 해방을 의미했다. 마찬가지로 허리를 단단히 졸라매었던 어머니의 앞치마끈이 풀리고 여성들은 더 많은 자유와 선택권을 갖게 되었다. 교육적 성과는 눈부셨고 더 많은 젊은이들이 대학 교육을 받을 수 있게 되었다. 일정 시기가 되면 반드시 거쳐야 했던 통과의례는 이제 거의 사라졌다. 무엇을 해야 할 때라든가 어떻게 해야 한다는 절차는 의미가 없어졌다.

미시간 출신의 한 남성은 이렇게 말했다. "누구에게나 적용되는 절차라는 것은 없는 것 같습니다. 남들 다 하는데 하지 않으면 뭔가 잘못하고 있는 것 아닌가 생각할지 모르지만, 그건 고정관념일 뿐입니다." 또 이렇게 말하는 뉴요커도 있었다. "성인이 되면 어떻게 해야 한다는 기대감이란 게 있죠. 좋은 직장이 있어야 한다. 자기 힘으로서야 한다. 가정을 꾸려야 한다. 하지만 그런 기대에 맞추는 것이 그리 쉬운 일은 아닙니다." 그런 순서대로 인생이 풀리지 않으면 주위 사람들이 성화를 부린다고 그는 지적한다. "너 뭐가 문제니? 왜 쓸만한 직업을 갖지 못하는 거니? 어디가 부족해서 가정을 꾸리지 못하는 거니? 전부 문제로만 보는 거죠." 하지만 그런 것을 규정한 시나리오가 아예 없다면 기대에 대한 부담도 한결 가벼워질 것이다.

부모와 사회가 젊은이들에게 바라는 것이 과연 무엇일까? 여기서 시계를 거꾸로 돌리고 싶은 생각은 추호도 없다. 결론적으로 말해, 우리가 진정 바라는 것은 젊은이들이 결국 혼자 힘으로 자신의 행복을 위해, 그리고 가족과 국가의 복지를 위해 살아가는 것이다. 그렇다면 크게 걱정할 필요가 없다. 대부분의 젊은이들은 착실하게 성인으로 가는 길을 밟아간다. 그들은 책임을 떠맡고, 자율을 추구하고, 공부와 일에 매진하고, 다른 사람들과 관계를 돈독히 하고, 사회에 참여하는 방법을 찾고, 주위 세상을 향해 관심을 드러낸다.

그러나 만약이란 것이 있다. 우리 사회의 불평등이 지금처럼 계속 심화되고 우리가 성공의 전제 조건으로 독립과 자율에 여전히 집착한다면, 마땅한 지원을 받지 못하는 불리한 환경의 젊은이들의 입지는 한층 좁아질 것이다. 이들의 장래를 가족에게 전적으로 맡길 수는 없는 일이다. 예전의 젊은이들에 비하면 그래도 자신의 직업에 대해 생각하고, 필요한 인간관계를 만들고, 정체성을 확보하는 데 필요한 시간이 많아졌기 때문에 긍정적인 측면도 있지만, 좀 더 큰 그림으로 보자면 아직도 많은 젊은이들이 버둥거리기만 할 뿐 별다른 진전이 없는 삶을 살고 있다. 언론매체가 보여주는 청춘의 초상이나 대중이 바라보는 젊은이들의 모습에서는 이런 모습을 찾아보기가 어렵다. 이들이 초점을 맞추는 곳에는 충분한 자원을 가지고 성인으로 이행하는 과정을 한껏 활용하는 운 좋은 젊은이들의 도습만 보일 뿐, 별다른 연줄도 없이 자신의 힘으로 서보려는 젊은이들은 빠져 있다.

이 장의 서두에서 언급한 대로, 성인으로서 삶을 시작하는 젊은이들에게 제시할 수 있는 가장 좋은 모델은 이제 독립이 아니라 상호 의존일 것이다. 과거에는 혼자 헤쳐나가는 것이 효과가 있었을지 모르지만, 요즘처럼 경쟁이 치열해지고, 관계가 복잡하게 얽혀 있고, 불평등이 갈수록 심화되고, 평균수명이 길어지는 상황에서는 각 단계마다 그때그때 필요한 관계를 만들어가는 것이 더 바람직한 일이다.

빠르게 움직이고 빠르게 변하는 세상에서 젊은이들이 목표를 세우고 책임감을 기르고 희망을 키우고, 성인으로서 갖춰야 할 기술을 쌓도록 도와줄 수 있는 체계적인 기관이 무엇보다 필요하다. 그렇게 되면 부모의 부담도 줄어들 것이다. 어느 정도 이상 도움을 줄 수 없는 부모들에게는 특히 그렇다. 이 부모들은 자원이 한정되어 있고, 또 자녀들에게 도움을 줄 수 있는 지식과 능력을 전혀 갖고 있지 못하기 때문이다.

성인으로 들어가는 과정의 변화에 적절히 대응하고 젊은이들에게 좀 더 확실한 발판을 만들어주기 위해서는 정치적으로나 사회적으로나 본격적인 토론이 이루어져야 할 것이다. 그러나 한 가지는 분명하다. 인생의 각 단계뿐 아니라 성인기 초기에 나타나는 커다란 동요가 지금 우리의 생활 패턴을 바꾸고 있다는 사실 말이다. 그 동요의 영향은 모두가 실감할 것이다. 이런 변화는 가족과 정부와 사회에 새로운 대응을 촉구할 것이다. 열아홉살이나 스물두 살, 또는 심지어 스물여섯 살짜리 청년들에게도 '어른 노릇'을 하라고 재촉하는 것은 더 이상 적절하지도 않고 바람직하지도 않은 요구다. 지금과 같은 사회적 기대는 현 상황에도 맞지 않고, 내일의 세상에도 맞을 수 없다. 우리 앞에는 한결 길어진 그들의 삶이 새로 놓여 있다. 그리고 이 시기를 살아가는 젊은이들은 더 이상 사춘기 청소년도 아니고 그렇다고 완전한 어른도 아니다.